U0104991

古典文獻研究輯刊

七 編

潘美月・杜潔祥 主編

第15冊

《易程傳》集校

毛 炳 生 集校

國家圖書館出版品預行編目資料

《易程傳》集校／毛炳生 集校 — 初版 — 台北縣永和市：花木蘭文化出版社，2008〔民97〕

序2+目2+302面；19×26公分
（古典文獻研究輯刊 七編；第15冊）

ISBN：978-986-6657-65-8（精裝）
1. 易經 2. 注釋

121.12 97012683

ISBN - 978-986-6657-65-8

古典文獻研究輯刊
七 編 第十五冊 ISBN：978-986-6657-65-8

《易程傳》集校

作　　者　毛炳生
主　　編　潘美月　杜潔祥
總 編 輯　杜潔祥
企劃出版　北京大學文化資源研究中心
出　　版　花木蘭文化出版社
發 行 所　花木蘭文化出版社
發 行 人　高小娟
聯絡地址　台北縣永和市中正路五九五號七樓之三
　　　　　電話：02-2923-1455／傳眞：02-2923-1452
電子信箱　sut81518@ms59.hinet.net
初　　版　2008年9月
定　　價　七編20冊（精裝）新台幣31,000元

《易程傳》集校

毛炳生　集校

作者簡介

毛炳生，廣東惠陽人，民國四十三年生。台灣師範大學國文系畢業，香港新亞研究所中國文學組碩士。曾任致理技術學院兼任講師、台北縣教育審議委員會委員，現任台北縣丹鳳國民中學教師兼補校主任。著作有《曹子建的詩經淵源研究》、《教師會何去何從》等書。

提　　要

《易程傳》又稱《程氏易傳》、《伊川易傳》、《周易程氏傳》，北宋河南程頤正叔撰。程子自謂六十歲後始著書，〈傳序〉自稱作於哲宗元符二年，時六十七矣。其後學者請授，謂尚覬有少進，不肯示人，其傳《易》態度謹慎如此。及寢疾，始以授門人張繹、尹焞。未幾繹卒，其書散亡。門人楊時後得其書，謂錯亂重複，幾不可讀，乃始校定。南宋呂祖謙謂其所藏舊本出尹和靖（焞）家，標注皆和靖親筆。並與朱元晦所訂本與一二同志手自參定，其異同兩存之，並刊行於學官。今所傳《覆元至正》本卷一有「晦庵先生校正」字，即呂氏謂朱元晦所訂本耶？或坊間之假借爾？存疑待考。頤長子端中謂《易傳》六卷，《至正》本即六卷也。

惟《至正》本桀誤頗多，又幾經翻印，文字模糊，難以卒讀，校者在點閱之餘，遂立志校正。先取《四庫全書》本參校，再輔以黃忠天《周易程傳註評》、梁書弦《程氏易傳導讀》、蘇俊源《白話易程傳》及王孝魚《二程集》等。黃、蘇之作，以《至正》為底本，餘皆四卷本也。各本皆有可取，其異同並存之，或有拾遺補缺之功焉。

尹焞曰：「先生平生用意，惟在《易傳》，求先生之學，觀此足矣。」欲深究程子易學之功與理學之要，《易程傳》不得不讀也。本書附錄程子及其書相關資料，俾便讀者查閱。

目次

凡　例

一、本書《易程傳》之點校工作，係以清光緒十年（1884）《古逸叢書》覆元至正九年（1349）積德書堂刊本為底本（簡稱「底本」），加上現行新式標點符號而成。該底本為臺灣世界書局民國七十五年（1986）十月出版（五版）。

二、主參校本為台灣商務印書館《文淵閣四庫全書》之《伊川易傳》；再輔以黃忠天《周易程傳註評》（2006 三版）與梁書弦《程氏易傳導讀》（簡體字，2003一版）。（以下簡稱《四庫》本、《註評》本及《導讀》本）

三、《註評》本以積德書堂刊本為底本；參校本為明福建巡按吉澄校刊本（簡稱《吉澄》本）、明嘉靖間建寧刊本、清康熙五十四年（1715）武英殿原刊本（簡稱《武英殿》本）。《導讀》本以《四庫》本為底本；參校本為清康熙二十五年（1686）呂留良刻本《二程全書》之《伊川易傳》（簡稱《呂》本）、《四庫全書》中《周易折中》之《程傳》、清同治五年（1866）李鴻章題跋之《程氏易傳》刻本（簡稱《李》本）、近人王孝魚《二程集》中之《周易程氏傳》（1981中華書局）。由於兩書所參校之典籍來源各異，均極具參考價值，在此敘明，不敢掠前賢校勘成果之美也。又：王孝魚《二程集》及蘇俊源《白話易程傳》（2004 台灣多識界圖書文化有限公司），一併列入參校。

四、至於標點方面，以現行新式標點符號斷句；惟不用專名號、破折號。為適應電腦作業，並符時代趨勢，書名號以《　》表示。如書名與篇名並列者，中間則以圓點・區隔，如《詩・載驅》是也。

五、現存《易程傳》有六卷本與四卷本兩種，其祇解六十四卦與《文言》、《彖》、《象》，而以《序卦》分置於諸卦之首，則皆無別也。其解缺《繫辭》、《說卦》、《雜卦》，或以為《程傳》「草具未成」（楊時語）故也。前賢以朱熹《易本義》補入，遂有作九卷者，或作十卷者，殊非程氏本意，故一概不取，以復其舊。

六、自來學者專家，多反對擅改古書，是爲校書不易之法。校者秉承先賢遺訓，於點校時亦不輕改一字，改必有據，悉於頁下註明。底本頗多俗體字、簡字，如躰（體）、寇（寇）、冦（寇）、皃（貌）等，點校時皆直接更正爲今日通行之字體，不另註明。至於古今字，通假字，同字異體等，非有必要，則不另校出，悉依底本。而底本於爻畫頗多桀誤，校者一一更正，亦不另註明，以免繁瑣之病也。宋諱字亦不另校出。

七、爲求閱讀方便，本書於點校時又訂定以下兩點原則：

1. 《傳》文依其長短及內容，作適度之分段；
2. 《傳》文原有之校字，一律移作頁下，凡未註明出處者，皆底本之原校字也。

八、校書在求善本；清人張之洞謂：「爲前輩通人用古刻數本，精校細勘，不譌不缺之本也。」簡言之，無譌文奪句之本，即爲善本。《註評》本與《導讀》本，精於註評與導讀，而略於點校；校者疏才淺學，不揣翦陋，欲戮力於《程傳》精義，而點校乃爲入門之階梯而已，非敢與前賢並肩也。點校書成，如於《程傳》有寸功，亦不及前賢研究成果於萬一。

九、本書自斷句、繕打、點校至定稿，皆校者於課餘獨力完成，未假手於人；如尚有錯漏，不敢卸責，而祈幸博雅君子之賜正也。

十、書末附錄相關資料供參，俾便讀者翻閱也。

毛炳生謹識

民國九十七年（2008）二月五日

易傳序

易，變易也，隨時變易以從道也。其爲書也，廣大悉備，將以順性命之理，通幽明之故，盡事物之情，而示開物成務之道也。聖人之憂患後世，可謂至矣。去古雖遠，遺經尚存；然而，前儒失意以傳言，後學誦言而忘味，自秦而下，蓋无傳矣！予生千〔註 1〕載之後，悼斯文之湮晦，將俾後人沿〔註 2〕流而求源，此《傳》所以作也。

《易》有聖人之道四焉：以言者尚其辭，以動者尚其變，以制器者尚其象，以卜筮者尚其占。吉凶消長之理，進退存亡之道，備於辭；推辭考卦，可以知變，象與占在其中矣。君子居，則觀其象而玩其辭；動，則觀其變而玩其占。得於辭，不達其意者有矣；未有不得於辭，而能通其意者也。

至微者，理也；至著者，象也。體用一源，顯微无間，觀會通以行其典禮，則辭无所不備。故善學者，求言必自近；易於近者，非知言者也。予所傳者，辭也；由辭以得〔註 3〕意，則有〔註 4〕乎人焉。有宋元符二年己卯正月庚申，河南程頤正叔序〔註 5〕。

〔註 1〕一有「餘」字。
〔註 2〕《二程集》：一作「泝」。
〔註 3〕《二程集》有「其」字。
〔註 4〕《二程集》作「在」。並小註：一作「存」。
〔註 5〕《二程集》：《徐》本「序」上有「謹」字。

《周易》上經　卷第一

程頤傳

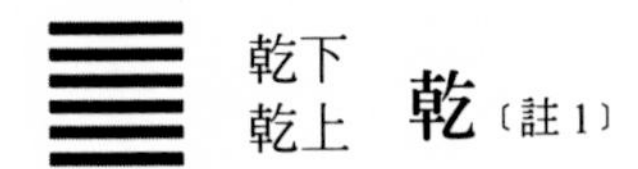

乾下
乾上　**乾**〔註1〕

乾：元、亨、利、貞〔註2〕。

上古聖人，始畫八卦，三才之道備矣。因而重之，以盡天下之變，故六畫而成卦。

重乾爲乾。乾，天也。天者，天之形體；乾者，天之性情。乾，健也，健而无息之謂乾。

夫天，專言之，則道也，天且弗違是也。分而言之，則以形體謂之天；以主宰謂之帝；以功用謂之鬼神；以妙用〔註3〕謂之神；以性情謂之乾。

乾者，萬物之始，故爲天、爲陽、爲父、爲君。

元、亨、利、貞，謂之四德。元者，萬物之始；亨者，萬物之長；利者，萬物之遂；貞者，萬物之成。唯乾、坤有此四德，在他卦，則隨事而變焉。故元，專爲善大；利，主於正固；亨、貞之體，各稱其事。四德之義，廣矣！大矣！

乾，竭然反。亨，許庚反。

〔註1〕《程傳》從屯卦起，各卦均先列卦名，再引《序卦》，唯乾、坤二卦無卦名。爲求體例一致，故增補乾、坤卦名。

〔註2〕《周易》經文，各家釋義固不盡相同，句讀亦然。本書之經文句讀，悉以《程傳》釋義爲本。《程傳》根據《彖傳》釋「元亨利貞」爲四德，故斷之爲四，各以頓號區隔。

〔註3〕一无「用」字。凡未註明出處，皆爲底本之原校文。

初九：潛龍，勿用。

下爻爲初。九，陽數之盛，故以名陽爻。

理，无形也，故假象以顯義。乾以龍爲象。龍之爲物，靈變不測，故以象乾道變化、陽氣消息、聖人進退。

初九在一卦之下，爲始物之端，陽氣方萌。聖人側微，若龍之潛隱，未可自用，當晦養以俟時。

潛，捷鹽反。

九二：見龍在田，利見大人。

田，地上也。出見於地上，其德已著。以聖人言之，舜之田漁時也。

利見大德之君，以行其道；君亦利見大德之臣，以共成其功；天下利見大德之人，以被其澤。大德之君，九五也。

乾、坤純體，不分剛柔，而以同德相應。

見，賢遍反。利見，如字；下皆同。

九三：君子終日乾乾，夕惕若厲，无咎。

三雖臣〔註 4〕位，已在下體之上，未離於下而尊顯者也。舜之玄德升聞時也。

日夕不懈而兢惕，則雖處危地而无咎。在下之人，而君德已著，天下將歸之，其危懼可知。雖言聖人事，苟不設戒，則何以爲教？作《易》之義也。

惕，他歷反。厲，力世反。无，音無。咎，其九反。《易》內同。

九四：或躍在淵，无咎。

淵，龍之所安也。或，疑辭，謂非必也；躍不躍，唯及時以就安耳。聖人之動，无不時也。舜之歷試，時也。

躍，羊灼反。

九五：飛龍在天，利見大人。

進位乎天位也。聖人既得天位，則利見在下大德之人，與共成天下之事。天下固利見夫大德之君也。

〔註 4〕據《導讀》本，《呂》本、《李》本「臣」作「人」。《二程集》亦作「人」。

上九：亢龍，有悔。

九五者，位之極中正者，得時之極，過此則亢矣。上九至於亢極，故有悔也。有過則有悔；唯聖人知進退存亡而无過，則不至於悔也。

亢，苦浪反。

用九：見群龍，无首，吉。

用九者，處乾剛之道，以陽居乾體，純乎剛者也。剛柔相濟爲中，而乃以純剛，是過乎剛也。

見群龍，謂觀諸陽之義，无爲首則吉也。以剛爲天下先，凶之道也。

彖曰：大哉乾元！萬物資始，乃統天。雲行雨施，品物流形。大明終始，六位時成。時乘六龍以御天。乾道變化，各正性命，保合大〔註 5〕和，乃利貞。首出庶物，萬國咸寧。

卦下之〔註6〕辭爲《彖》；夫子從而釋之，通謂之《彖》。《彖》者，言一卦之義；故知者觀其《彖辭》，則思過半矣。

大哉乾元，贊乾元始萬物之道大也。四德之元，猶五常之仁；偏言則一事，專言則包四者。

萬物資始，乃統天，言「元」也。乾元，統言天之道也。天道始〔註7〕萬物〔註8〕，物資始於天也。

雲行雨施，品物流形，言「亨」也。天道運行，生育萬物也。

大明天道之終始，則見卦之六位，各以時成。卦之初終，乃天道終始。乘此六爻之時，乃天運也。

以御天，謂以當天運。乾道變化，生育萬物，洪纖高下，各以其類，各正性命也。天所賦爲命，物所受爲性。

保合大和，乃利貞：保，謂常存；合，謂常和。保合大和，是以「利」且「貞」也。天地之道，常久而不已者，保合大和也。

〔註 5〕《四庫》本作「太」，古「大」、「太」二字通用，非有必要，不再校出。
〔註 6〕一无「之」字。
〔註 7〕《註評》本作「始生」，未明出處。
〔註 8〕一更有「萬」字。校者按：即另一版本多一「萬」字，與下句連讀。

天爲萬物之祖，王爲萬邦之宗。乾道首出庶物而萬彙亨，君道尊臨天位而四海從；王者體天之道，則萬國咸寧也。

象曰：天行健，君子以自彊不息。

卦下《象》，解一卦之象；爻下《象》，解一爻之象。諸卦皆取象以爲法。

乾道覆育之象至大，非聖人莫能體，欲人皆可取法也，故取其行健而已。至健，固足以見天道也。君子以自彊不息，法天行之健也。

潛龍勿用，陽在下也。

陽氣在下，君子處微，未可用也。

見龍在田，德施普也。

見於地上，德化及物，其施已普也。

終日乾乾，反復道也。

進退動息，必以道也。

復，芳服反。

或躍在淵，進无咎也。

量可而進〔註9〕，適其時則无咎也〔註10〕。

飛龍在天，大人造也。

大人之爲，聖人〔註11〕之事也。

造，徂早反。王肅：七到反。

亢龍有悔，盈不可久也。

盈則變，有悔也。

用九，天德不可為首也。

用九，天德也。天德陽剛，復用剛而好先，則過矣。

〔註 9〕一有「也」字。
〔註10〕一无「也」字。
〔註11〕一无「人」字。

文言曰：元者，善之長也；亨者，嘉之會也；利者，義之和也；貞者，事之幹也。

它卦，《彖》、《象》而已；獨乾、坤更設《文言》，以發明其〔註 12〕義，推乾之道，施於人事。

元、亨、利、貞，乾之四德。在人，則元者，眾善之首也；亨者，嘉美之會也；利者，和合於義也；貞者，幹事之用也。

長，上聲。幹，古旦反。

君子體仁，足以長人；

體法於乾之仁，乃爲君長之道，足以長人也。體仁，體元也。比而效〔註 13〕之，謂之體。

嘉會，足以合禮；

得會通〔註 14〕之嘉，乃合於禮也。不合禮則非理，豈得爲嘉？非理，安有亨乎？

利物，足以和義；

和於義，乃能利物。豈有不得其宜，而能利物者乎？

貞固，足以幹事。

貞〔註 15〕固，所以能幹事也。

君子行此四德者，故曰：「乾：元、亨、利、貞」。

行此四德，乃合於乾也。

初九曰「乾龍，勿用」，何謂也？子曰：「龍德而隱者也。不易乎世，不成乎名，遯世无悶。不見是而无悶，樂則行之，憂則違之，確乎其不可拔，潛龍也。」

自此以下，言乾之用，用九之道也。

初九，陽之微，龍德之潛隱，乃聖賢之在側陋也。守其道，不隨世而變；晦其行，

〔註 12〕一作「文」。

〔註 13〕《註評》本作「效法」，未明出處。

〔註 14〕《註評》本無「通」字。

〔註 15〕一作「正」。

不求知於時。自信自樂，見可而動，知難而避。其守堅不可奪，潛龍之德也。

樂，音洛。確，苦學反。

九二曰「見龍在田，利見大人」，何謂也？子曰：「龍德而正中者也。庸言之信，庸行之謹，閑邪存其誠，善世而不伐，德博而化。《易》曰：『見龍在田，利見大人。』君德也。」

以龍德而處正中者也。在卦之正中，爲得正中之義。

庸信、庸謹，造次必於是也。既處无過之地，則唯在閑邪。邪既閑，則誠存矣。

善世而不伐，不有其善也。德博而化，正己而物正也。皆大人之事，雖非君位，君之德也。

行，下孟反。邪，以嗟反。

九三曰「君子終日乾乾，夕惕若。厲，无咎」，何謂也？子曰：「君子進德脩業。忠信，所以進德也；脩辭立其誠，所以居業也。知至至之，可與幾也。知終終之，可與存義也。是故居上位而不驕，在下位而不憂；故乾乾因其時而惕，雖危无咎矣。」

三居下之上，而君德已著，將何爲哉？唯進德脩業而已。內積忠信，所以進德也；擇言篤志，所以居業也。

知至至之，致知也。求知所至，而後〔註16〕至之。知之在先，故可與幾，所謂「始條理者，知之事也」。

知終終之，力行也。既知所終，則力進而終之。守之在後，故可與存義，所謂「終條理者，聖之事也」。此學之始終也。君子之學如是，故知處上下之道而无驕憂，不懈而知懼，雖在危地，而无咎也。

幾，音機。

九四曰「或躍在淵，无咎」，何謂也？子曰：「上下无常，非為邪也。進退无恆，非離群也。君子進德脩業，欲及時也，故无咎。」

或躍或處，上下无常；或進或退，去就從宜。非爲邪枉，非離群類；進德脩業，欲及時耳。時行時止，不可恆也，故云「或」。

〔註16〕一无「後」字。

深淵者，龍之所安也。在淵，謂躍就所安。淵在深而言躍，但取進就所安之義。或，疑辭；隨時而未可必也。君子之順時，猶影之隨形；可離，非道也。

恆，胡登反。離，力智反。

九五曰「飛龍在天，利見大人」，何謂也？子曰：「同聲相應，同氣相求。水流濕，火就燥；雲從龍，風從虎，聖人作而萬物覩。本乎天者，親上；本乎地者，親下，則各從其類也。」

人之與聖人，類也。五以龍德升尊位，人之類莫不歸仰，況同德乎？上應於下，下從於上，同聲相應，同氣相求也。

流濕就燥，從龍從虎，皆以氣類，故聖人作，而萬物皆覩。上既見下，下亦見上。物，人也。古語云：「人物、物論。」謂人也。

《易》中「利見大人」，其言則同，義則有異。如訟之「利見大人」，謂宜見大德中正之人，則其辯明，言在見前。乾之二、五，則聖人既出，上下相見，共成其事。所利者，見大人也，言在見後。本乎天者，如日月星辰；本乎地者，如蟲獸草木。陰陽各從其類，人物莫不然也。

上九曰「亢龍，有悔」，何謂也？子曰：「貴而无位，高而无民，賢人在下位而无輔，是以動而有悔也。」

九居上，而不當尊位，是以无民无輔，動則有悔也。

潛龍勿用，下也。

此以下，言乾之時。勿用，以在下，未可用也。

見龍在田，時舍也。

隨時而止也。

舍，去聲。

終日乾乾，行事也。

進德脩業也。

或躍在淵，自試也。

隨時自用也。

飛龍在天，上治也。

得位而行，上之治也。

治，直吏反。

亢龍有悔，窮之災也。

窮極而災至也。

乾元用九，天下治也。

用九之道，天與聖人同；得其用，則天下治也。

潛龍勿用，陽氣潛藏。

此以下言乾之義。方陽微潛藏之時，君子亦當晦隱，未可用也。

見龍在田，天下文明。

龍德見於地上，則天下見其文明之化也〔註17〕。

終日乾乾，與時偕行。

隨時而進也。

或躍在淵，乾道乃革。

離下位而升上位，上下革矣。

飛龍在天，乃位乎天德。

正位乎上，位當天德〔註18〕。

亢龍有悔〔註19〕，與時偕極。

時既極，則處時者亦極矣。

乾元用九，乃見天則。

用九之道，天之則也。天之法則，謂天道也。

或問：「乾之六爻，皆聖人之事乎？」曰：「盡其道者，聖人也；得失則吉凶存焉，

〔註17〕一作「而化之」。

〔註18〕一作「德」。校者按：即無「天」字。

〔註19〕《二程集》作「侮」。應爲誤植。

豈特乾哉？諸卦皆然也。」

乾元者，始而亨者也。

又反復詳說以盡其義。既始則必亨，不亨則息矣。

利貞者，性情也。

乾之性情也。既始而亨，非利貞，其能不息乎？

乾始，能以美利利天下；不言所利，大矣哉！

乾始之道，能使庶類生成，天下蒙其美利。而不言所利者，蓋无所不利，非可指名也；故贊其利之大，曰「大矣哉」。

大哉乾乎！剛、健、中、正、純、粹，精也。六爻發揮旁通，情也。時乘六龍，以御天也。雲行雨施，天下平也。

大哉：贊乾道之大也。

以剛、健、中、正、純、粹六者，形容乾道。精，謂六者之精極，以六爻發揮旁通，盡其情義。乘六爻之時，以當天運，則天之功用著矣；故見〔註20〕雲行雨施，陰陽溥暢。天下和平之道也。

君子以成德為行，日可見之行也。潛之為言也，隱而未見，行而未成，是以君子弗用也。

德之成，其事可見者，行也。德成而後可施於用。初，方潛隱未見，其行未成。未成，未著也，是以君子弗用也〔註21〕。

行，下孟反。見，賢遍反。

君子學以聚之，問以辯〔註22〕之，寬以居之，仁以行之。《易》曰：「見龍在田，利見大人。」君德也。

聖人在下，雖已顯而未得位，則進德脩業而已。學聚、問辯，進德也；寬居、仁行，脩業也。

君德已著，利見大人，而進以行之耳。進居其位者，舜、禹也；進行其道者，伊、

〔註20〕一作「曰」。

〔註21〕據《導讀》本，《李》本作「勿用也」。

〔註22〕《四庫》本作「辨」；下同。

傳也。

辯，扶免反。

九三，重剛而不中。上不在天，下不在田，故乾乾。因其時而惕，雖危无咎矣。

三，重剛，剛之盛也。過中而居下之上，上未至於天，而下已離於田，危懼之地也。因時順處，乾乾兢惕以防危，故雖危而不至於咎。君子順時兢惕，所以能泰也。

重，直龍反。下同。

九四，重剛而不中，上不在天，下不在田，中不在人，故或之。或之者，疑之也，故无咎。

四，不在天，不在田，而出人之上矣，危地也。疑者，未決之辭，處非可必也。或進或退，唯所安耳，所以无咎也。

夫大人者，與天地合其德，與日月合其明，與四時合其序，與鬼神合其吉凶。先天而天弗違，後天而奉天時。天且弗違，而況於人乎？況於鬼神乎？

大人與天地、日月、四時、鬼神合者，合乎道也。天地者，道也。鬼神者，造化之跡也。聖人先於天而天同之，後於天而能順天者，合於道而已。合於道，則人與鬼神，豈能違也？

夫，音扶。先，悉焉反。

亢之為言也，知進而不知退，知存而不知亡，知得而不知喪。其唯聖人乎！知進退存亡，而不失其正者，其唯聖人乎！

極之甚爲亢。至於亢者，不知進退、存亡、得喪之理也。聖人則知而處之，皆不失其正，故不至於亢也。

喪，息浪反。

☷☷ 坤下
坤上 **坤**

坤：元、亨、利、牝馬之貞。

坤，乾之對也；四德同，而貞體則異。乾以〔註23〕剛固爲貞，坤則〔註24〕柔順而〔註25〕貞。牝馬柔順而健行，故取其象曰「牝馬之貞」。

牝，頻忍反。

君子有攸往。

君子所行，柔順而利且貞，合坤德也。

攸，音由。

先迷，後得，主利。

陰，從陽者也，待唱而和。陰而先陽，則爲迷錯；居後，乃得其常也。

主利：利萬物則主於坤；生成，皆地之功也。臣道亦然。君令臣行，勞於事者，臣之職也。

西南得朋，東北喪朋。安貞吉。

西南，陰方。東北，陽方。陰必從陽，離喪其朋類，乃能成化育之功，而有安貞之吉。得其常則安，安於常則貞，是以吉也。

喪，息浪反。

彖曰：至哉坤元！萬物資生，乃順承天。　坤厚載物，德合无疆。

資生之道，可謂大矣。乾既稱「大」，故坤稱「至」。至義差緩，不若大之盛也。聖人於尊卑之辨，謹嚴如此。

萬物資乾以始，資坤以生，父母之道也。順承天施，以成其功。坤之厚德，持載萬物，合於乾之无疆也。

疆，居良反；下同。

含弘光大，品物咸亨。牝馬地類，行地无疆。柔順利貞，君子攸行。

以含、弘、光、大四者，形容坤道，猶乾之剛、健、中、正、純、粹也。

含，包容也。弘，寬裕也。光，昭明也。大，博厚也。有此四者，故能成承〔註26〕

〔註23〕《註評》本作「之」。
〔註24〕一作「以」。
〔註25〕一作「爲」
〔註26〕底本作「故能成（承，一作順）天之功」。疑「承」字誤置於括號之内，據《四庫》

天之功，品物〔註27〕咸得亨遂。取牝馬爲象者，以其柔順而健行，地之類也。

行地无疆，謂健也。乾健坤順，坤亦健乎？曰：「非健，何以配乾？未有乾行而坤止也。其動也剛，不害其爲柔也。柔順而利貞，乃坤德也，君子之所行也。君子之道，合坤德也。」

先迷失道，後順得常。西南得朋，乃與類行。東北喪朋，乃終有慶。安貞之吉，應地无疆。

乾之用，陽之爲也。坤之用，陰之爲也。形而上曰天地之道，形而下曰陰陽之功。

先迷後得以下，言陰道也。先唱則迷失陰道，後和則順而得其常理。

西南，陰方；從其類，得朋也。東北，陽方；離其類，喪朋也。離其類而從陽，則能成生物之功，終有吉慶也。

與類行者，本也；從於陽者，用也。陰體柔躁，故從於陽，則能安貞而吉，應地道之无疆也。陰而不安貞，豈能應地之道？

《彖》有三无疆，蓋不同也：德合无疆，天之不已也；應地无疆，地之无窮也；行地无疆，馬之健行也。

象曰：地勢坤，君子以厚德載物。

坤道之大，猶乾也，非聖人孰能體之？地厚而其勢順傾，故取其順厚之象，而云「地勢坤」也。君子觀坤厚之象，以深厚之德，容載庶物。

初六：履霜，堅冰至。

陰爻稱六，陰之盛也；八則陽生矣，非純盛也。陰始生於下，至微也。聖人於陰之始生，以其將長，則爲之戒。

陰之始凝而爲霜，履霜，則當知陰漸盛，而至堅冰矣。猶小人始雖甚微，不可使長，長則至於盛也。

象曰：履霜堅冰，陰始凝也；馴致其道，至堅冰也。

陰始凝而爲霜，漸盛則至於堅冰〔註28〕。小人雖微，長則漸至於盛，故戒於初。馴，

本更正。

〔註27〕一作「類」

〔註28〕一有「也」字。

謂習；習而至於盛。習，因循也。

凝，魚冰反。馴，似遵反。

六二：直、方、大，不習，无不利。

二，陰位、在下，故爲坤之主，統言坤道。

中正在下，地之道也。以直、方、大三者形容其德〔註29〕用，盡地之道矣。由直、方、大，故不習，而无所不利。

不習，謂其自然。在坤道，則莫之爲而爲也；在聖人，則從容中道也。

直、方、大，孟子所謂「至大至剛以直」也。在坤體，故以「方」易「剛」，猶「貞」加「牝馬」也。言氣，則先大；大，氣之體也。於坤，則先直方，由直方而大也。直、方、大，足以盡地道，在人識之耳。

乾坤純體，以位相應。二，坤之主，故不取五應，不以君道處五也。乾則二、五相應。

象曰：六二之動，直以方也；不習，无不利，地道光也。

承天而動，直以方耳；直方則大矣。直方之義，其大无窮。地道光顯，其功順成，豈習而後利哉？

六三：含章可貞。或從王事，无成有終。

三，居下之上，得位者也。爲臣之道，當含晦其章美，有善則歸之於君，乃可常而得正。上无忌惡之心，下得柔〔註30〕順之道也。

可貞，謂可貞固守之，又可以常久而无悔咎〔註31〕也。

或從上之事，不敢當其成功，唯奉事以守其終耳。守職以終其事〔註32〕，臣之道也。

象曰：含章可貞，以時發也。

夫子懼人之守文而不達義也，又從而明之。言爲臣處下之道，不當有其功善，必含晦其美，乃正而可常；然義所當爲者，則以時而發，不有其功耳。不失其宜，乃以

〔註29〕《註評》本作「道」。
〔註30〕一作「恭」。
〔註31〕一作「吝」。
〔註32〕一作「者」字。

時也，非含藏終不爲也。含而不爲，不盡忠者也。

或從王事，知光大也。

《象》只舉上句解義，則并及下文，它卦皆然。

或從王事，而能无成有終者，是其知之光大也。唯其知之光大，故能含晦。淺暗之人，有善唯恐人之不知，豈能含章也？

六四：括囊，无咎、无譽。

四，居近五之位，而无相得之義，乃上下間〔註 33〕隔之時，其自處以正，危疑之地也。若晦藏其知，如括結囊口而不露，則可得无咎，不然則有害也。既晦藏，則无譽矣。

括，古活反。譽，音餘；又音預。

象曰：括囊无咎，慎不害也。

能慎如此，則无害也。

六五：黃裳，元吉。

坤雖臣道，五實君位，故爲之戒云「黃裳，元吉」。

黃，中色。裳，下服。守中而居下，則元吉，謂守其分也。

元，大而善也。《爻象》唯言守中居下則元吉，不盡發其義也。黃裳既元吉，則居尊爲天下，大凶可知。後之人未達，則此義晦矣，不得不辯也。

五，尊位也。在它卦，六居五，或爲柔順，或爲文明，或爲暗弱；在坤，則爲居尊位。陰者，臣道也，婦道也。臣居尊位，羿、莽是也，猶可言也。婦居尊位，女媧氏、武氏是也；非常之變〔註 34〕，不可言也，故有「黃裳」之戒，而不盡言也。

或疑：在革，湯武之事，猶盡言之，獨於此不言，何也？曰：「廢興，理之常也；以陰居尊位，非常之變也。」

象曰：黃裳元吉，文在中也。

黃中之文，在中不過也。內積至美而居下，故爲元吉。

〔註 33〕《四庫》本作「閑」。
〔註 34〕一作「大」。

上六：戰龍于野，其血玄黃。

陰，從陽者也；然盛極則抗而爭。六既極矣，復進不已，則必戰，故云「戰于野」。野，謂進至於外也。既敵矣，必皆傷，故「其血玄黃」。

象曰：龍戰于野，其道窮也。

陰盛至於窮極，則必爭而傷也。

用六：利永貞。

坤之用六，猶乾之用九，用陰之道也。陰道柔而難常，故用六之道，利在常永貞固。

象曰：用六永貞，以大終也。

陰既貞固不足，則不能永終；故用六之道，利在盛大於終。能大於終，乃永貞也。

文言曰：坤，至柔而動也剛，至靜而德方。後得主而有常，含萬物而化光。坤道其順乎！承天而時行。

坤道至柔，而其動則剛；坤體至靜，而其德則方。動剛，故應乾不違；德方，故生物有常。

陰之道，不唱而和，故居後為得，而主利成萬物。坤之常也，含容萬類，其功化光大也。主字下脫「利」字。

坤道其順乎，承天而時行：承天之施，行不違時，贊坤道之順也。

積善之家，必有餘慶；積不善之家，必有餘殃。臣弑其君，子弑其父，非一朝一夕之故，其所由來者漸矣，由辯之不早辯也。《易》曰：「履霜，堅冰至。」蓋言順也。

天下之事，未有不由積而成。家之所積者善，則福慶及於子孫；所積不善，則災殃流於後世。其大至於弑逆之禍，皆因積累而至，非朝夕所能成也。明者則知漸不可長，小積成大，辯之於早，不使順長，故天下之惡无由而成，乃知霜冰之戒也。霜而至於〔註35〕冰，小惡而至於〔註36〕大，皆事勢之順長也。

殃，於良反。弑，式志反。辯，如字。

〔註35〕一无「於」字。
〔註36〕一无「於」字。

直，其正也。方，其義也。君子敬以直內，義以方外，敬義立而德不孤。「直、方、大，不習，无不利。」則不疑其所行也。

直，言其正也。方，言其義也。君子主敬以直其內，守義以方其外；敬立而〔註37〕內直，義形而〔註38〕外方。義形於外，非在外也。

敬義既立，其德盛矣，不期大而大矣，德不孤也。无所用而不周，无所施而不利，孰爲疑乎？

陰雖有美，含之以從王事，弗敢成也：地道也，妻道也，臣道也。地道无成，而代有終也。

爲下之道，不居其功，含晦其章美，以從王事，代上以終其事，而不敢有其成功也。猶地道代天終物，而成功則主於天也。妻道亦然。

天地變化，草木蕃。天地閉，賢人隱。《易》曰：「括囊，无咎、无譽。」蓋言謹也。

四居上，近君，而无相得之義，故爲隔絕之象。天地交感，則變化萬物，草木蕃盛，君臣相際而道亨。天地閉隔，則萬物不遂，君臣道絕，賢者隱遯。

四，於閉隔之時，括囊晦藏，則雖无令譽，可得无咎，言當謹自守也。

蕃，伐袁反。

君子黃中通理，正位居體；美在其中，而暢於四支，發於事業，美之至也。

黃中，文居中也。君子文中而達於理，居正位而不失爲下之體。

五，尊位，在坤，則惟〔註39〕取中正之義。美積於中，而通暢於四體，發見於事業，德美之至盛也。

暢，勑亮反。

陰疑於陽必戰，為其嫌於无陽也，故稱「龍」焉。猶未離其類也，故稱「血」焉。夫玄黃者，天地之雜也；天玄而地黃。

陽大陰小，陰必從陽。陰既盛極，與陽偕矣，是疑於陽也；不相從則必戰。

〔註37〕一作「則」。
〔註38〕一作「則」。
〔註39〕一作「故唯」。

卦雖純陰，恐疑无陽，故稱「龍」，見其與陽戰也。于野，進不已而至於外也。盛極而進不已，則戰矣。雖盛極，不離陰類也，而與陽爭，其傷可知，故稱「血」。

陰既盛極，至與陽爭；雖陽不能无傷，故其血玄黃。玄黃，天地之色，謂皆傷也。

䷂ 震下坎上 **屯**〔註 40〕

《序卦》曰〔註 41〕：「有天地，然後萬物生焉。盈天地之間者，唯萬物，故受之以屯。屯者，盈也；屯者，物之始生也。」

萬物始生，鬱結未通，故爲盈塞於天地之間；至通暢茂盛，則塞意亡矣。天地生萬物，屯，物之始生，故繼乾、坤之後。

以二象言之，雲雷之興，陰陽始交也。以二體言之，震始交於下，坎始交於中，陰陽相交，乃成雲雷。

陰陽始交，雲雷相應而未成澤，故爲屯。若已成澤，則爲「解」也。又：動於險中，亦屯之義。

陰陽不交則爲否，始交而未暢則爲屯；在時，則天下屯難，未亨泰之時也。

屯：元、亨、利、貞。勿用有攸往，利建侯。

屯有大亨之道，而處之利在貞〔註 42〕固；非貞〔註 43〕固，何以濟屯？方屯之時，未可有所往也。天下之屯，豈獨力所能濟？必廣資輔助，故利建侯也。

屯，張倫反。

彖曰：屯，剛柔始交而難生，動乎險中。

以雲雷二象言之，則剛柔始交也。以坎、震二體言之，動乎險中也。剛柔始交，未能通暢則艱屯，故云「難生」。又：動於險中，爲艱屯之義。

難，乃旦反。下同。

〔註 40〕《程傳》屯卦以下，均列卦名。茲將卦名字體放大，總領一卦；以後各卦亦同，以求體例一致。

〔註 41〕一无「曰」字。

〔註 42〕一作「正」。

〔註 43〕一作「正」。

大亨貞，雷雨之動滿盈。

所謂「大亨而貞」〔註 44〕者，雷雨之動滿盈也。

陰陽始交，則艱屯未能通暢。及其和洽，則成雷雨，滿盈於天地之間，生物乃遂，屯有大亨之道也。所以能大亨，由夫〔註 45〕貞也；非貞固，安能出屯？人之處屯，有致大亨之道，亦在夫〔註 46〕貞固也。

天造草昧，宜建侯而不寧。

上文〔註 47〕言〔註 48〕天地生物之義〔註 49〕，此言時事。

天造，謂時運也。草，草亂无倫序。昧，冥昧不明。

當此時運，所宜建立輔助，則可以濟屯。雖建侯自輔，又當憂勤兢畏，不遑寧處，聖人之深戒也。

造，徂早反

象曰：雲雷，屯；君子以經綸。

坎，不云「雨」而云「雲」者，雲爲雨而未成者也。未能成雨，所以爲屯。君子觀屯之象，經綸天下之事，以濟於屯〔註 50〕難。經緯、綸緝，謂營爲也。

初九：磐桓，利居貞，利建侯。

初以陽爻在下，乃剛明之才，當屯難之世，居下位者也，未能便往濟屯，故磐桓也。方屯之初，不磐桓而遽進，則犯難矣，故宜居正而固其志。

凡人處屯難，則鮮能守正。苟无貞固之守，則將失義，安能濟時之屯乎？居屯之世，方屯於下，所宜有助，乃居屯、濟屯之道也；故取建侯之義，謂求輔助也。

磐，步于反。

象曰：雖磐桓，志行正也。

賢人在下，時苟未利，雖磐桓，未能遂往濟時之屯；然有濟屯之志與濟屯之用，志

〔註 44〕一作「正」。
〔註 45〕一无「夫」字。
〔註 46〕一无「夫」字。
〔註 47〕一有「既」字。
〔註 48〕一有「夫」字。
〔註 49〕一有「是以」字。
〔註 50〕一无「屯」字。

〔註51〕行其正也。

以貴下賤，大得民也。

九當屯難之時，以陽而來居陰下，爲以貴下賤之象。

方屯之時，陰柔不能自存，有一剛陽之才，衆所歸從也；更能自處卑下，所以大得民也。

或疑：方屯于下，何有貴乎？夫〔註52〕以剛明之才，而下於陰柔，以能濟屯之才，而下於不能，乃以貴下賤也。況陽之於陰，自爲貴乎。

六二：屯如邅如，乘馬班如，匪寇婚媾。女子貞，不字；十年乃字。

二以陰柔居屯之世，雖正〔註53〕應在上，而逼於初剛，故屯難。

邅，迴。如，辭〔註54〕也。

乘馬，欲行也。欲從正應，而復班如，不能進也。班，分布之義。下馬爲班，與馬異處也。

二當屯世，雖不能自濟，而居中得正，有應在上，不失義者也；然逼近於初。陰乃陽所求，柔者剛所陵。柔當屯時，固難自濟，又爲剛陽所逼，故爲難也。設匪逼於寇難，則往求於婚媾矣。

婚媾，正應也。寇，非理而至者。二守中正，不苟合〔註55〕於初，所以不字。苟貞〔註56〕固不易，至于十年，屯極必通，乃獲正應而字育矣。以女子陰柔，苟能守其志節，久必獲通，況君子守道不回乎？

初爲賢明剛正之人，而爲寇以侵逼於人，何也？曰：「此自據二以柔近剛而爲義，更不計初之德如何也。《易》之取義如此。」

邅，張連反。乘，繩證反。又音繩。

象曰：六二之難，乘剛也；十年乃字，反常也。

〔註51〕《四庫》本作「志在」。
〔註52〕底本誤作「于」。
〔註53〕一作「五」。
〔註54〕一有「助」字。
〔註55〕底本作「迨」，費解；今據《四庫》本更正。
〔註56〕一作「正」。

六二居屯之時，而又乘剛，為剛陽所逼，是其患難也。至於十年，則難久必過〔註 57〕矣；乃得反其常，與正應合也。十，數之終也。

六三：即鹿无虞，惟入于林中。君子幾，不如舍，往吝。

六三以陰〔註 58〕柔居剛，柔既不能安屯，居剛而不中正則妄動，雖貪於所求，既不足以自濟，又无應援，將安之乎？如即鹿而无虞人也。

入山林者，必有虞人以〔註 59〕導之〔註 60〕；无導之者〔註 61〕，則惟陷入于林莽中。君子見事之幾微，不若舍而勿逐，往則徒取窮吝而已。

幾，音機。舍，音捨；又：式夜反，止也。

象曰：即鹿无虞，以從禽也；君子舍之，往吝窮也。

事不可而妄動，以從欲也。无虞而即鹿，以貪禽也。當屯之時，不可動而動，猶无虞而即鹿，以有從禽之心也。君子則見幾，而舍之不從；若往，則可吝而困窮〔註 62〕也。

六四：乘馬班如，求婚媾。往吉，无不利。

六四以柔順居近君之位，得於上者也。而其才不能〔註 63〕以濟屯，故欲進而復止，乘馬班如也。己既不足以濟時之屯，若能求賢以自輔，則可濟矣。

初，陽剛〔註 64〕之賢，乃是正應己之婚媾也。若求此陽剛〔註 65〕之婚媾，往與共輔陽〔註 66〕剛中正之君，濟時之屯，則吉而无所不利也。居公卿之位，己之才雖不足以濟時之屯，若能求在下之賢，親而用之，何所不濟哉？

象曰：求而往，明也。

知己不足，求賢自輔而後往，可謂明矣。居得致之地〔註 67〕，己不能而遂已〔註 68〕，

〔註 57〕《四庫》本作「通」。
〔註 58〕一无「陰」字。
〔註 59〕據《導讀》本，《周易折中》、《呂》本、《李》本無「以」字。
〔註 60〕《四庫》本作「導之者」
〔註 61〕《四庫》本無「无導之者」四字。
〔註 62〕一作「窮困」。
〔註 63〕《四庫》本作「足」。
〔註 64〕一作「剛陽」。
〔註 65〕一作「剛陽」。
〔註 66〕一无「陽」字。
〔註 67〕一作「位」。
〔註 68〕《四庫》本無「已」字。

至暗者也。

九五：屯其膏，小貞吉，大貞凶。

五居尊得正，而當屯時，若有剛明之賢爲之輔，則能濟屯矣。以其无臣也，故屯其膏。

人君之尊，雖屯難之世，於其名位，非有損也。唯其施爲有所不行，德澤有所不下，是屯其膏，人君之屯也。既膏澤有所不下，是威權不在己也。威權去己，而欲驟正之，求凶之道，魯昭公、高貴鄉公之事〔註 69〕也。故小貞則吉也。

小貞，謂〔註 70〕漸正之也。若盤庚、周宣，脩德用賢，復先王之政，諸侯復朝，蓋〔註 71〕以道馴致，爲之不暴也。又非恬然不爲，若唐之僖、昭也。不爲則常屯，以至於亡矣。

象曰：屯其膏，施未光也。

膏澤不下及，是其〔註 72〕德施未能光大也；人君之屯也。

施，式豉反。

上六：乘馬班如，泣血漣如。

六以陰柔居屯之終，在險之極，而无應援，居則不安，動无所之；乘馬欲往，復班如不進，窮戹之甚，至於泣血漣如，屯之極也。若陽剛而有助，則屯既極，可濟矣。

漣，音連。

象曰：泣血漣如，何可長也？

屯難窮極，莫知所爲，故至泣血。顛沛如此，其能長久乎？

夫卦者，事也。爻者，事之時也。分三而又兩之，足以包括眾理；引而伸之，觸類而長之，天下之能事畢矣。

長，直良反。

 坎下艮上　**蒙**

〔註 69〕《四庫》本有「是」字。
〔註 70〕《四庫》本作「則」。
〔註 71〕《四庫》本作「謂」。
〔註 72〕《四庫》本作「以」。

《序卦》:「屯者，盈也；屯者，物之始生也。物生必蒙，故受之以蒙。蒙者，蒙也，物之穉也。」

屯者，物之始生。物始生穉小，蒙昧未發，蒙所以次屯也。爲卦艮上坎下。

艮爲山、爲止。坎爲水、爲險。山下有險，遇險而止，莫知所之，蒙之象也。水，必行之物，始出未有所之，故爲蒙；及其進，則爲「亨」義。

蒙：亨。匪我求童蒙，童蒙求我。初筮告，再三瀆，瀆則不告。利貞。

蒙有開發之理，亨之義也。卦才時中，乃致亨之道。

六五爲蒙之主，而九二發蒙者也。我，謂二也。二非蒙主，五既順巽於二，二乃發蒙者也，故主二而言。

匪我求童蒙，童蒙求我：五居尊位，有柔順之德，而方在童蒙，與二爲正應，而中德又同，能用二之道，以發其蒙也。二〔註73〕以剛中之德在下，爲君所信嚮，當以道自守，待君至誠求己，而後應之，則能用其道。匪我求於童蒙，乃童蒙來求於我也。

筮，占決也。初筮告，謂至誠一意以求己，則告之。再三則瀆慢矣，故不告也。發蒙之道，利以貞正。又：二雖剛中，然居陰，故宜有戒。

蒙，莫公反。告，古毒反。三，息暫反。瀆，音獨。

彖曰：蒙，山下有險；險而止，蒙。蒙亨，以亨行時中也。匪我求童蒙，童蒙求我，志應也。

山下有險，內險不可處，外止莫能進，未知所爲，故爲昏蒙之義。

蒙亨，以亨行時中也。蒙之能亨，以亨道行也。所謂「亨道」，時中也。時，謂得君之應；中，謂處得其中。得中則〔註74〕時也。

匪我求童蒙，童蒙求我，志應也：二以〔註75〕剛明之賢處於下，五以童蒙居上，非是二求於五，蓋五之志應於二也。賢者在下，豈可自進以求於君？苟自求之，必无能信用之理。古之人，所以必待人君致敬盡禮而後往者，非欲自爲尊大，蓋其尊德

〔註73〕底本作「三」，誤，應爲「二」。三爲陰爻，不得言剛；位於下卦之上，不得言中。「剛中之德」必指九二，故據《四庫》本更正。

〔註74〕一有「得」字。

〔註75〕一无「以」字。

樂道；不如是，不足與有爲也。

中，張仲反。

初筮告，以剛中也。再三瀆，瀆則不告，瀆蒙也。

初筮，謂誠一而來，求決其蒙，則當以剛中之道，告而開發之。

再三，煩數也。來筮之意煩數，不能誠一，則瀆慢矣，不當告也。告之必不能信受，徒爲煩瀆，故曰「瀆蒙」也。求者、告者，皆煩瀆矣。

蒙以養正，聖功也。

卦辭曰「利貞」，《彖》復伸其義，以明不止爲戒於二，實〔註76〕養蒙之道也。

未發之謂蒙。以純一未發之蒙，而養其正，乃作聖之功也。發而後禁，則扞格而難勝。

養正於蒙，學之至善也。蒙之六爻，二陽爲治蒙者，四陰皆處蒙者也。

象曰：山下出泉，蒙；君子以果行育德。

山下出泉，出而遇險，未有所之，蒙之象也。若人蒙穉，未知所適也。

君子觀蒙之象，以果行育德：觀其出而未能通行，則以果決其所行；觀其始出而未有所向，則以養育其明德也。

行，下孟反。

初六：發蒙，利用刑人；用說桎梏，以往吝。

初以陰闇居下，下民之蒙〔註77〕也。爻言發之之道。

發下民之蒙，當明刑禁以示之，使之知畏，然後從而教導之。自古聖王爲治，設刑罰以齊其眾，明教化以善其俗。刑罰立而後教化行，雖聖人尚德而不尚刑，未嘗偏廢也；故爲政之始，立法居先。治蒙之初，威之以刑者，所以說去其昏蒙之桎梏。

桎梏，謂拘束也。不去其昏蒙之桎梏〔註78〕，則善教无由而入。既以刑禁率之，雖使心未能喻，亦當畏威以從，不敢肆其昏蒙之欲，然後漸能知善道，而革其〔註79〕

〔註76〕《註評》本作「實亦」，未明出處。
〔註77〕一作「象」。
〔註78〕《四庫》本作「牿」。
〔註79〕一无「其」字

非心，則可以移風易俗矣。苟專用刑以爲治，則蒙雖畏，而終不能發。苟免而无恥，治化不可得而成也〔註 80〕，故以往則可吝。

說，吐活反。桎，音質。梏，古毒反。

象曰：利用刑人，以正法也。

治蒙之始，立其防限，明其罪罰，正其法也。使之由之，漸至於化也。

或疑：發蒙之初，遽用刑人，无乃不教而誅乎？不知立法制刑，乃所以教也；蓋後之論刑者，不復知教化在其中矣。

九二：包蒙，吉。納婦，吉。子克家。

包，含容也。二居蒙之世，有剛明之才，而與六五之君相應，中德又同，當時之任者也。必廣其含容，哀矜昏愚，則能發天下之蒙，成治蒙之功。其道廣，其施博，如是則吉也。

卦唯二陽爻，上九剛而過，唯九二有剛中之德，而應於五，用於時而獨明者也。苟恃其明，專於自任，則其德不弘；故雖婦人之柔闇，尙當納其所善，則其明廣矣。

又：以諸爻皆陰，故云「婦」。堯舜之聖，天下所莫及也，尙曰「清問下民」，取人爲善也。二能包納，則克濟其君之事，猶子能治其家也。五既陰柔，故發蒙之功，皆出〔註 81〕於二。

以家言之，五，父也；二，子也。二能主蒙之功，乃人子克治其家也。

象曰：子克家，剛柔接也。

子而克治其家者，父之信任專也。二能主蒙之功者，五之信任專也。二與五，剛柔之情相接，故得行其剛中之道，成發蒙之功。苟非上下之情相接，則二雖剛中，安能尸其事乎？

六三：勿用取女。見金夫，不有躬，无攸利。

三以陰柔處蒙闇，不中不正，女之妄動者也。正應在上，不能遠從；近見九二，爲群蒙所歸，得時之盛，故捨其正應而從之，是女之見金夫也。女之從人，當由正禮；乃見人之多金，說而從之，不能保有其身者也。无所往而利矣。

〔註 80〕《四庫》本作「矣」。
〔註 81〕《四庫》本作「在」。

取，七住反。

象曰：勿用取女，行不順也。

女之如此，其行邪僻不順，不可取也。

六四：困，吝。

四以陰柔而蒙闇，无剛明之親援，无由自發其蒙，困於昏蒙者也，其可吝甚矣。吝，不足也，謂可少也。

象曰：困蒙之吝，獨遠實也。

蒙之時，陽剛爲發蒙者。四，陰柔而最遠於剛，乃愚蒙之人，而不比近賢者，无由得明矣，故困於蒙。可羞吝者，以其獨遠於賢明之人也。不能親賢以致困，可吝之甚也。實，謂陽剛也。

遠，于萬反。

六五：童蒙，吉。

五以柔順居君位，下應於二，以柔中之德，任剛明之才，足以治天下之蒙，故吉也。童，取未發而資於人也。爲人君者，苟能至誠任賢，以成其功，何異乎出於己也？

象曰：童蒙之吉，順以巽也。

舍己從人，順從也。降志下求，卑巽也。能如是，優於天下矣。

上九：擊蒙，不利為寇，利禦寇。

九居蒙之終，是當蒙極之時。人之愚蒙既極，如苗民之不率，爲寇爲亂者，當擊伐之。然九居上，剛極而不中，故戒不利爲寇。治人之蒙，乃禦寇也。肆爲剛暴，乃爲寇也。若舜之征有苗、周公之誅三監，禦寇也。秦皇、漢武，窮兵誅伐，爲寇也。

擊，經歷反。

象曰：利用禦寇，上下順也。

利用禦寇，上下皆得其順也。上不爲過暴，下得擊去其蒙，禦寇之義也。

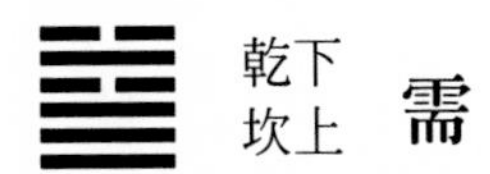

乾下
坎上　**需**

《序卦》:「蒙者,蒙也,物之穉也。物穉不可不養也,故受之以需。需者,飲食之道也。」

夫物之幼穉,必待養而成;養物之所需者,飲食也,故曰「需者,飲食之道也」。雲上於天,有蒸潤之象。飲食所以潤益於物,故需爲飲食之道,所以次蒙也。卦之大意,須待之義,《序卦》取所須之大者耳。乾健之性,必進者也;乃處坎險之下,險爲之阻,故須待而後進也。

需,音須。

需:有孚,光亨,貞吉,利涉大川。

需者,須待也。以二體言之,乾之剛健,上進而遇險,未能進也,故爲需待之義。以卦才言之,五居君位,爲需之主,有剛健中正之德,而誠信充實於中。中實,有孚也;有孚則光明而能亨通,得貞正〔註82〕而吉也。以此而需,何所不濟?雖險无難矣,故利涉大川也。

凡貞吉,有既正且吉者,有得正則吉者,當辯也。

彖曰:需,須也。險在前也,剛健而不陷,其義不困窮矣。

需之義,須也;以險在於前,未可遽進,故需待而行也。以乾之剛健,而能需待不輕動,故不陷於險,其義不至於困窮也。剛健之人,其動必躁,乃能需待而動,處之至善者也,故夫子贊之云「其義不困窮」〔註83〕。

需,有孚,光亨,貞吉:位乎天位,以正中也。

五以剛實居中,爲孚之象;而得其所需,亦爲有孚之義。以乾剛而至誠,故其德光明而能亨通,得貞正而吉也。所以能然者,以居天位而得正中也。居天位,指五;以正中,兼二言,故云「正中」。

孚,徐音敷。又作旉。

利涉大川,往有功也。

既有孚而貞正,雖涉險阻,往則有功也,需道之至善也。以乾剛而能需,何所不利?

象曰:雲上於天,需;君子以飲食宴樂。

〔註82〕一无「正」字。

〔註83〕《四庫》本有「矣」字。

雲氣蒸而上升於天，必待陰陽和洽，然後成雨。雲方上於天，未成雨也，故爲須待之義。陰陽之氣，交感而未成雨澤，猶君子畜其才德，而未施於用也。君子觀雲上於天，需而爲雨之象，懷其道德，安以待時；飲食以養其氣體，宴樂以和〔註 84〕其心志，所謂「居易以俟命」也。

上，時掌反。宴，烏練反。樂，音洛。

初九：需于郊，利用恆，无咎。

需者，以遇險，故需而後進。初最遠於險，故爲需于郊。郊，曠遠之地也。處於曠遠，利在安守其常，則无咎也。不能安常，則躁動犯難，豈能〔註 85〕需於遠而无過也？

象曰：需于郊，不犯難行也；利用恆，无咎，未失常也。

處曠遠者，不犯冒險難而行也。陽之爲物，剛健上進者也；初能需待於曠遠之地，不犯險難而進，復宜安處，不失其常，則可以无咎矣。雖不進，而志動者，不能安其常也。

君子之需時也，安靜自守；志雖有須，而恬然若將終身焉，乃能用常也。

九二：需于沙，小有言，終吉。

坎爲水，水近則有沙。二去險漸近，故爲需于沙。漸近於險難，雖未至於患害，已小有言矣。

凡患難之辭，大小有殊，小者至於有言；言語之傷，至小者也。二以剛陽之才，而居柔守中，寬裕自處，需之善也。雖去險漸近，而未至於險，故小有言語之傷，而无大害，終得其吉也。

沙，鄭作沚。

象曰：需于沙，衍在中也；雖小有言，以吉終也。

衍，寬綽也。二雖近險，而以寬裕居中，故雖小有言語及之，終得其吉，善處者也。

衍，以善反。

九三：需于泥，致寇至。

泥，逼於水也。既進逼於險，當致寇難之至也。三，剛而不中，又居健體之上，有

〔註 84〕一作「養」。
〔註 85〕《註評》本作「能因」，未明出處。

進動之象，故致寇也。苟非敬慎，則致喪敗矣。

象曰：需于泥，災在外也；自我致寇，敬慎不敗也。

三，切逼上體之險難，故云「災在外也」。災，患難之通稱。對眚而言，則分也。

三之致寇，由己進而逼〔註 86〕之，故云「自我」。寇自己致，若能敬慎，量宜而進，則无喪敗也。需之時，須而後進也。其義在相時而動，非戒其不得進也。直使敬慎，毋失其宜耳。

六四：需于血，出自穴。

四以陰柔之質處於險，而下當三陽之進，傷於險難者也，故云「需于血」。既傷於險難，則不能安處，必失其居，故云「出自穴」。穴，物之所安也。

順以從時，不競於險難，所以不至於凶也。以柔居陰，非能競者也。若陽居之，則必凶矣。蓋无中正之德，徒以剛競於險，適足以致凶耳。

象曰：需于血，順以聽也。

四以陰柔居於險難之中，不能固處，故退出自穴。蓋陰柔〔註 87〕不能與時競，不能處則退，是順從以聽於時，所以不至於凶也。

九五：需于酒食，貞吉。

五以陽剛居中得正，位乎天位，克盡其道矣。以此而需，何需不獲？故宴安酒食以俟之，所需〔註 88〕必得也。既得貞正，而所需必遂，可謂吉矣。

象曰：酒食貞吉，以中正也。

需于酒食而貞且吉者，以五得中正而盡其道也。

上六：入于穴，有不速之客三人來，敬之終吉。

需以險在前，需時而後進。上六居險之終，終則變矣；在需〔註 89〕之極，久而得矣。陰止於六，乃安其處，故爲「入于穴」。穴，所安也。安而既止，後者必至。

不速之客三人，謂下之三陽。乾之三陽，非在下之物，需時而進者也。需既極矣，

〔註 86〕《四庫》本作「迫」。

〔註 87〕一作「柔弱」。

〔註 88〕《四庫》本作「須」。

〔註 89〕底本作「須」。卦爲需，應作「需」爲是，據《四庫》本更正。

故皆上進。不速，不促之而自來也。上六既需，得其安處，群剛之來，苟不起忌疾忿競之心，至誠盡敬以待之，雖甚剛暴，豈有侵陵之理？故終吉也。

或疑：以陰居三陽之上，得爲安乎？曰：「三陽乾體，志在上進。六，陰位，非所止之正，故无爭奪之意，敬之則吉也。」

象曰：不速之客來，敬之終吉；雖不當位，未大失也。

不當位，謂以陰而在上也。爻以六居陰爲所安，《象》復盡其義，明陰宜在下，而居上，爲不當位也。然能敬慎以自處，則陽不能陵，終得其吉；雖不當位，而未至於大失也。

䷅ 坎下乾上 訟

《序卦》：「飲食必有訟，故受之以訟。」

人之所需者，飲食；既有所須，爭訟所由起也，訟所以次需也。爲卦乾上坎下。以二象言之，天陽上行，水性就下，其行相違，所以成訟也。以二體言之，上剛下險，剛險相接，能无訟乎？

又：人，內險阻而外剛強，所以訟也。

訟：有孚窒惕，中吉，終凶。

訟之道，必有其孚實；中无其實，乃是誣妄，凶之道也。卦之中實，爲有孚之象。

訟者，與人爭辯，而待決於人，雖有孚，亦須窒塞未通；不窒，則已明无訟矣。事既未辨，吉凶未可必也，故有畏惕。中吉，得中則吉也。終凶，終極其事則凶也。

窒，張栗反。

利見大人，不利涉大川。

訟者，求辯其曲直也，故利見於大人；大人則能以其剛明中正決所訟也。訟非和平之事，當擇安地而處，不可陷於危險，故不利涉大川也。

彖曰：訟，上剛下險；險而健，訟。

訟之爲卦，上剛下險，險而又健也。又爲險健相接，內險外健，皆所以爲訟也。若健而不險，不生訟也；險而不健，不能訟也。險而又健，是以訟也。

訟，有孚窒惕，中吉；剛來而得中也。

訟之道固如是，又據卦才而言。

九二以剛自外來而成訟，則二乃訟之主也。以剛處中，中實之象，故爲有孚。處訟之時，雖有孚信，亦必艱阻窒塞，而有惕懼，不窒則不成訟矣。又居險陷之中，亦爲窒塞惕懼之義。

二以剛陽自外來而得中，爲以剛來訟而不過之義，是以吉也。卦有更取成卦之由爲義者，此是也。卦義不取成卦之由，則更不言所變之爻也。據卦辭，二乃善也，而爻中不見其善。蓋卦辭取其有孚得中而言，乃善也；爻則以自下訟上爲義，所取不同也。

終凶，訟不可成也。

訟非善事，不得已也，安可終極其事？極意於其事，則凶矣，故曰「不可成也」。成，謂窮盡其事也。

利見大人，尚中正也。

訟者，求辯其是非也。辯之當，乃中正也，故利見大人，以所尚〔註90〕中正也。聽者〔註91〕非其人，則或不得其中正也。中正大人，九五是也。

不利涉大川，入于淵也。

與人訟者，必處其身於安平之地，若蹈危險，則陷其身矣，乃入于深淵也。卦中有中正險陷之象。

象曰：天與水違行，訟；君子以作事謀始。

天上水下，相違而行；二體違戾，訟之由也。若上下相順，訟何由興？君子觀象，知人情有爭訟之道，故凡所作事，必謀其始，絕訟端於事之始，則訟无由生矣。謀始之義廣矣，若慎交結、明契券之類是也。

初六：不永所事，小有言，終吉。

六以柔弱居下，不能終極其訟者也；故於訟之初，因六之才，爲之戒曰：「若不長永其事，則雖小有言，終得吉也。」蓋訟非可長之事，以陰柔之才而訟於下，難以吉矣。以上有應援，而能不永其事，故雖小有言，終得吉也。有言，災之小者也。不

〔註90〕《四庫》本作「尚者」。
〔註91〕一有「或」字。

永其事，而不至於凶，乃訟之吉也。

象曰：不永所事，訟不可長也。

六以柔弱而訟於下，其義固不可長永也。永其訟，則不勝而禍難及矣。

又：於訟之初，即戒訟非可長之事也。

雖小有言，其辯明也。

柔弱居下，才不能訟，即〔註92〕不永所事。既訟矣，必有小災，故小有言也。既不永其事，又上有剛陽之正應，辯理之明，故終得其吉也。不然，其能免乎？在訟之義，同位而相應，相與者也，故初於四爲獲其辯明。同位而不相得，相訟者也，故二與五爲對敵也。

九二：不克訟，歸而逋。其邑人三百戶，无眚。

二、五相應之地，而兩剛不相與，相訟者也。九二自外來，以剛處險，爲訟之主，乃與五爲敵。五以中正處君位，其可敵乎？是爲訟而義不克也。若能知其義之不可敵〔註93〕，歸而逋避，以寡約自處，則得无過眚也。必逋者，避爲敵之地也。

三百戶，邑之至小者；若處強大，是猶競也，能无眚乎？眚，過也，處不當也，與知惡而爲有分也。

逋，補吳反。眚，生領反。

象曰：不克訟，歸逋，竄也。

義既不敵，故不能訟，歸〔註94〕而逋竄，避去其所也。

自下訟上，患至掇也。

自下而訟其上，義乖勢屈，禍患之至，猶拾掇而取之，言易得也。

掇，都活反。

六三：食舊德，貞；厲終吉。

三雖居剛而應上，然質本〔註95〕陰柔，處險而介二剛之間；危懼，非爲訟者也。

〔註92〕《四庫》本作「雖」。

〔註93〕《四庫》本作「退」，與下連讀爲「退歸而逋避」。

〔註94〕《四庫》本無「歸」字。

〔註95〕底本作「木」，疑爲形譌，今據《四庫》本更正。

祿者，稱德而受。食舊德，謂處其素分。貞，謂堅固自守。厲終吉，謂雖處危地，能知危懼，則終必獲吉也。守素分而无求，則不訟矣。處危，謂在險而承〔註96〕乘皆剛，與居訟之時也。

或從王事，无成。

柔從剛者也，下從上者也。三不爲訟，而從上九所爲，故曰「或從王事」。无成，謂從上而成，不在己也。訟者，剛健之事；故初則不永，三則從上，皆非能訟者也。二爻皆以陰〔註97〕柔不終而得吉，四亦以不克而渝得吉。訟以能正爲善也。

象曰：食舊德，從上吉也。

守其素分，雖〔註98〕從上之〔註99〕所爲，非由己也，故无成而終得其吉也。

九四：不克訟，復即命；渝安貞，吉。

四以陽剛而居健體，不得中正，本爲訟者也；承五履三而應〔註100〕初。五，君也，義不克訟。三居下而柔，不與之訟。初正應而順從，非與訟者也。四雖剛健欲訟，无與對敵，其訟无由而興，故不克訟也。又居柔而〔註101〕應柔，亦爲能止之義。既義不克訟，若能克其剛忿欲訟之心，復即就於命，革其心，平其氣，變而爲安貞，則吉矣。

命，謂正理。失正理爲方命，故以即命爲復也。方，不順也。《書》云：「方命圮族。」《孟子》云：「方命虐民。」夫剛健而不中正則躁動，故不安；處非中正，故不貞。不安貞，所以好訟也。若義不克訟而不訟，反就正理；變其不安貞爲安貞，則吉矣。

渝，以朱反。

象曰：復即命，渝安貞，不失也。

能如是，則爲无失矣，所以吉也。

九五：訟，元吉。

以中正居尊位，治訟者也。治訟得其中正，所以元吉也。元吉，大吉而盡善也。吉

〔註96〕《四庫》本作「成」。
〔註97〕一作「處」。
〔註98〕一无「雖」字。
〔註99〕一无「之」字。
〔註100〕一有「於」字。
〔註101〕《四庫》本作「以」。

大而不盡善者有矣。

象曰：訟，元吉，以中正也。

中正之道，何施而不元吉？

上九：或錫之鞶帶，終朝三褫之。

九以陽居上，剛健之極；又處訟之終，極其訟者也。人之肆其剛強，窮極於訟，取禍喪身，固其理也。設或使之善訟能勝，窮極不已，至於受服命之賞，是亦與人仇爭所獲，其能安保之乎？故終一朝而三見褫奪也。

錫，星歷反。鞶，步于反；王肅作槃。三，息暫反。褫，勑紙反。

象曰：以訟受服，亦不足敬也。

窮極訟事，設使受服命之寵，亦且不足敬，而可賤惡，況又禍患隨至乎？

䷆ 坎下坤上 師

《序卦》:「訟必有眾起，故受之以師。」

師之興，由有爭也，所以次訟也。爲卦坤上坎下。

以二體言之，地中有水，爲眾聚之象。以二卦之義言之，內險外順，險道而以順行，師之義也。以爻而言〔註 102〕，一陽而爲眾陰之主，統眾之象〔註 103〕。比，以一陽爲眾陰〔註 104〕主而在上，君之象也；師，以一陽爲眾陰〔註 105〕主而在下，將帥之象也。

師：貞。丈人吉，无咎。

師之道，以正爲本；興師動眾以毒天下，而不以正，民弗從也，強驅之耳，故師以貞爲主。其動雖正也，帥之者必丈人，則吉而无咎也。蓋有吉而有咎者，有无咎而不吉者；吉且无咎，乃盡善也。

丈人者，尊嚴之稱。帥師總眾，非眾所尊信畏服，則安能得人心之從？故司馬穰苴

〔註 102〕「而言」,《四庫》本作「言之」。
〔註 103〕《四庫》本有「也」字。
〔註 104〕《四庫》本有「之」字。
〔註 105〕《四庫》本有「之」字。

擢自微賤，授之以眾，乃以眾心未服，請莊賈爲將也。所謂「丈人」，不必素居崇貴，但其才謀德業，眾所畏服〔註 106〕，則是也。如穰苴既誅莊賈，則眾心畏服，乃丈人矣。又如淮陰侯起於微賤，遂爲大將，蓋其謀爲有以使人尊畏也。

彖曰：師，眾也。貞，正也。能以眾正，可以王矣。

能使眾人皆正，可以王天下矣。得眾心服從而歸正，王道止於是也。

剛中而應，行險而順。

言二也。以剛處中，剛而得中道也。六五之君爲正應，信任之專也。雖行險道，而以順動，所謂義兵，王者之師也。上順下險，行險而順也。

以此毒天下，而民從之，吉，又何咎矣？

師旅之興，不无傷財害人，毒害天下；然而民心從之者，以其義動也。古者東征西怨，民心從也。如是，故吉而无咎。吉，謂必克。无咎，謂合義。又何咎矣，其義故〔註 107〕无咎也。

象曰：地中有水，師；君子以容民畜眾。

地中有水，水聚於地中，爲眾聚之象，故爲師也。君子觀地中有水之象，以容保其民，畜聚其眾也。

畜，敕六反。

初六：師出以律；否臧，凶。

初，師之始也，故言出師之義，及行師之道。

在邦國興師〔註 108〕而言，合義理，則是以律法也，謂以禁亂誅暴而動。苟動不以義，則雖善亦凶道也。善，謂克勝。凶，謂殃民害義也。

在行師而言，律，謂號令節制。行師之道，以號令節制爲本，所以統制於眾。不以律，則雖善亦凶；雖使勝捷，猶凶道也。制師无法，幸而不敗且勝者，時有之矣，聖人之所戒也。

否，音鄙。臧，作郎反。

〔註 106〕一作「嚴畏」。
〔註 107〕一作「固」。
〔註 108〕一作「動眾」。

象曰：師出以律，失律凶也。

師出當以律，失律則凶矣。雖幸而勝，亦凶道也。

九二：在師，中吉、无咎。王三錫命。

師卦唯九二一陽，爲眾陰所歸；五居君位，是其正應。二乃師之主，專制其事者也。居下而專制其事，唯在師則可。自古命將，閫外之事，得專制之。在師，專制而得中道，故吉而无咎。蓋恃專，則失爲下之道；不專，則无成功之理，故得中爲吉。

凡師之道，威和並至，則吉也。既處之盡其善，則能成功而安天下，故王錫寵命，至于三也。凡事至于三者，極也。

六五在上，既專倚〔註109〕任，復厚其寵數。蓋禮不稱，則威不重而下不信也。它卦，九二爲六五所任者有矣，唯師專主其事，而爲眾陰所歸，故其義最大。

人臣之道，於事无所敢專，唯閫外之事，則專制之。雖制之在己，然因師之力而能致者，皆君所與，而職當爲也。世儒有論魯祀周公以天子禮樂，以爲周公能爲人臣不能爲之功，則可用人臣不得用之禮樂，是不知人臣之道也。夫居周公之位，則〔註110〕爲周公之事。由其位而能爲者，皆所當爲也，周公乃盡其職耳。子道亦然。唯孟子爲知此義，故曰：「事親若曾子者，可也。」未嘗以曾子之孝爲有餘也。蓋子之身所能爲者，皆所當爲也。

象曰：在師中吉，承天寵也；王三錫命，懷萬邦也。

在師中吉者，以其承天之寵任也。天，謂王也。人臣非君寵任之，則安得專征之權，而有成功之吉？《象》以二專主其事，故發此義，與前所云世儒之見異矣。王三錫以恩命，褒其成功，所以〔註111〕懷萬邦也。

六三：師或輿尸，凶。

三居下卦之上，居位當任者也，不唯其才陰柔不中正。師旅之事，任當專一。二〔註112〕既以剛中之才，爲上信倚，必專其事，乃有成功。若或更使眾人主之，凶之道也。輿尸，眾主也，蓋指三也。以三居下之上，故發此義。軍旅之事，任不專一，覆敗必矣。

〔註109〕《四庫》本作「意」。
〔註110〕一有「能」字。
〔註111〕一有「威」字。
〔註112〕底本作「三」。「剛中之才」指九二，據《四庫》本更正爲「二」。

象曰：師或輿尸，大无功也。

倚付二，三安能成功？豈唯无功，所〔註113〕以致凶也。

六四：師左次，无咎。

師之進，以強勇也。四以柔居陰，非能進而克捷者也。知不能進而退，故左次。左次，退舍也。量宜進退，乃所當也，故无咎。見可而進，知難而退，師之常也。唯取其退之得宜，不論其才之能否也。度不能勝〔註114〕而完師以退，愈於覆敗遠矣。可進而退，乃爲咎也。《易》之發此義以示後世，其仁深矣。

象曰：左次无咎，未失常也。

行師之道，因時施宜，乃其常也，故左次，未必〔註115〕爲失也。如四退次，乃得其宜，是以无咎。

六五：田有禽，利執言，无咎。長子帥師，弟子輿尸，貞凶。

五，君位，興師之主也，故言興師任將之道。

師之興，必以蠻〔註116〕夷猾夏、寇賊奸宄，爲生民之害；不可懷來，然後奉辭以誅之。若禽獸入于田中，侵害稼穡，於義宜獵取，則獵取之。如此而動，乃得无咎。若輕動以毒天下，其咎大矣。

執言，奉辭也，明其罪以〔註117〕討之也。若秦皇、漢武，皆窮山林以索禽獸者也，非田有禽也。任將授師之道，當以長子帥師。二〔註118〕在下而爲師之主，長子也。若以弟子眾主之，則所爲雖正，亦凶也。弟子，凡非長〔註119〕者也。自古任將不專，而致覆敗者，如晉荀林父邲之戰，唐郭子儀相州之敗是也。

長，上聲。

象曰：長子帥師，以中行也；弟子輿師，使不當也。

長子，謂二以中正之德合於上，而受任以行，若復使其餘者眾尸其事，是任使之不

〔註113〕《四庫》本作「必」。
〔註114〕一本作「進」。《四庫》本亦作「進」。
〔註115〕一无「必」字。
〔註116〕一作「戎」。
〔註117〕《四庫》本作「而」。
〔註118〕底本作「三」，據《四庫》本更正爲「二」。
〔註119〕一有「子」字。

當也，其凶宜矣。

上六：大君有命，開國承家，小人勿用。

上，師之終也，功之成也，大君以爵命賞有功也。開國，封之爲諸侯也。承家，以爲卿大夫也。承，受也。小人者，雖有功，不可用也，故戒使勿用。

師旅之興，成功非一道，不必皆君子也，故戒以小人有功不可用也，賞之以金帛祿位可也，不可使有國家而爲政也。小人平時易致驕盈，況挾其功乎？漢之英、彭所以亡也。聖人之深慮遠戒也。

此專言師終之義，不取爻義，蓋以其大者。若以爻言，則六以柔居順之極，師既終而在无位之地，善處而无咎者也。

象曰：大君有命，以正功也；小人勿用，必亂邦也。

大君持恩賞之柄，以正軍旅之功。師之終也，雖賞其功，小人則不可以有功而任用之，用之必亂邦。小人恃功而亂邦者，古有之矣。

䷇ 坤下坎上　比

《序卦》:「眾必有所比，故受之以比。」

比，親輔也〔註120〕。人之類，必相親輔，然後能安；故既有眾，則必有所比，比所以次師也。爲卦上坎下坤。

以二體言之，水在地上。物之相切比无間，莫如水之在地上，故爲比也。又：眾爻皆陰，獨五以陽剛居君位，眾所親附；而上亦親下，故爲比也。

比：吉。原筮，元、永、貞，无咎。

比，吉道也。人相親比，自爲吉道，故《雜卦》云:「比樂師憂。」人相親比，必有其道；苟非其道，則有悔咎，故必推原占決，其可比者而比之。

筮，謂占決卜度，非謂以蓍龜也。所比得元、永、貞，則无咎。元，謂有君長之道。永，謂可以常久。貞，謂得正道。上之比下，必有此三者；下之從上，必求此三者，則无咎也。

〔註120〕一作「比，輔比也」；一作「比，輔也」。

不寧方來，後，夫凶。

人之不能自保其安寧，方且來求親比，得所比則能保其安。當其不寧之時，固宜汲汲以求比；若獨立自恃，求比之志不速而後，則雖夫亦凶矣。夫猶凶，況柔弱者乎？夫，剛立之稱。《傳》曰：「子南，夫也。」又曰：「是謂我非夫。」

凡生天地之間者，未有不相親比而能自存者也；雖剛強〔註 121〕之至，未有能獨立者也。比之道，由兩志相求；兩志不相求，則睽矣。君懷撫其下，下親輔〔註 122〕於上；親戚、朋友、鄉黨皆然，故當上下合意〔註 123〕以相從。

苟无相求之意，則離而凶矣。大抵人情相求則合，相持則睽。相持，相待莫先也。人之相親固有道，然而欲比之志，不可緩也。

彖曰：比吉也，比輔也，下順從也。

比吉也：比者，吉之道也。物相親比，乃吉道也。

比輔也，釋比之義。比者，相親輔也。

下順從也，解卦所以爲比也。五以陽居尊位，群下順從，以親輔之，所以爲比也。

原筮，元、永、貞，无咎，以剛中也。

推原筮〔註 124〕，決相比之道，得元、永、貞而後可以无咎。所以〔註 125〕元、永、貞，如五是也。以陽剛居中正，盡比道之善者也。以陽剛當尊位，爲君德，元也。居中得正，能永而貞也。卦辭本泛言比道，《彖》言元、永、貞者，九五以剛處中正是也。

不寧方來，上下應也。

人之生，不能保其安寧，方且來求附比。民不能自保，故戴君以求寧；君不能獨立，故保民以爲安。不寧而來比者，上下相應也。

以聖人之公言之，固至誠求天下之比，以安民也。以後王之私言之，不求下民之附，則危亡至矣，故上下之志，必相應也。在卦言之，上下群陰比於五，五比其眾，乃上下應也。

〔註 121〕《四庫》本作「柔」。
〔註 122〕一作「附」。
〔註 123〕《四庫》本作「志」。
〔註 124〕一作「占」。
〔註 125〕《四庫》本作「謂」。

後夫凶，其道窮也。

眾必相比，而後能遂其生。天地之間，未有不相親比而能遂者也。若相從之志，不疾而後，則不能成比，雖夫亦凶矣。无所親比，困屈以致凶，窮之道也。

象曰：地上有水，比；先王以建萬國、親諸侯。

夫物相親比而无間者，莫如水在地上，所以爲比也。先王觀比之象，以建萬國、親諸侯。建立萬國，所以比民也；親撫諸侯，所以比天下也。

初六：有孚比之，无咎。

初六，比之始也。相比之道，以誠信爲本；中心不信而親人，人誰與之？故比之始，必有孚誠，乃无咎也。孚，信之在中也。

有孚盈缶，終來有它吉。

誠信充實於內，若物之盈滿於缶中也。缶，質素之器；言若缶之盈實其中，外不加文飾，則終能來有它吉也。它，非此也，外也。若誠實充於內，物无不信，豈用飾外以求比乎？誠信中實，雖它外，皆當感而來從。孚信，比之本也。

它，敕多反。缶，方有反。

象曰：比之初六，有它吉也。

言比之初六者，比之道在乎始也。始能有孚，則終致有它之吉。其始不誠，終焉得吉？上六之凶，由无首也。

六二：比之自內，貞吉。

二與五爲正應，皆得中正，以中正之道相比者也。二處於內；自內，謂由己也。擇才而用，雖在乎上，而以身許國，必由於己。己以得君道，合而進，乃得正而吉也。以中正之道應上之求，乃自內也，不自失也。汲汲以求比者，非君子自重之道，乃自失也。

象曰：比之自內，不自失也。

守己中正之道，以待上之求，乃不自失也。《易》之爲戒嚴密，二雖中正，質柔體順，故有貞吉、自失之戒。

戒之自守，以待上之求，无乃涉後凶乎？曰：「士之脩己，乃求上之道；降志辱身，非自重之道也。故伊尹、武侯救天下之心非不切，必待禮至，然後出也。」

六三：比之匪人。

三不中正，而所比皆不中正。四，陰柔而不中；二，有〔註 126〕應而比初，皆不中正，匪人也。比於匪人，其失可知，悔吝〔註 127〕不假言也，故可傷。二之中正，而謂之匪人，隨時取義，各不同也。

匪，非鬼反。

象曰：比之匪人，不亦傷乎！

人之相比，求安吉也。乃比於匪人，必將〔註 128〕反得悔吝〔註 129〕，其亦可傷矣。深戒失所比也。

六四：外比之，貞吉。

四與初不相應，而五比之；外比於五，乃得貞正而吉也。君臣相比，正也。相比相與，宜也。五，剛陽中正，賢也；居尊位，在上也。親賢從上，比之正〔註 130〕也，故爲貞吉。以六居四，亦爲得正之義。

又：陰柔不中之人，能比於剛明中正之賢，乃得正而吉也。又：比賢從上，必以正道則吉也。數說相須，其義始備。

象曰：外比於賢，以從上也。

外比，謂從五也。五，剛明中正之賢，又居君位，四比之，是比賢；且從上，所以吉也。

九五：顯比，王用三驅，失前禽，邑人不誡，吉。

五居君位，處中得正，盡比道之善者也。人君比天下之道，當顯明其比道而已。如誠意以待物，恕己以及人；發政施仁，使天下蒙其惠澤，是人君親比天下之道也。如是，天下孰不親比於上？若乃暴其小仁，違道干譽，欲以求下之比，其道亦已〔註 131〕狹矣，其能得天下之比乎？故聖人以九五盡比道之正，取三驅爲喻，曰「王用三驅，失前禽，邑人不誡，吉」。

〔註 126〕《四庫》本作「存」。
〔註 127〕一作「咎」。
〔註 128〕一无「必將」字。
〔註 129〕一作「咎」。
〔註 130〕《註評》本作「正道」，未明出處
〔註 131〕《四庫》本無「已」字。

先王以四時之畋不可廢也，故推其仁心，爲三驅之禮。乃禮，所謂天子不合圍也。成湯祝網，是其義也。天子之畋，圍合其三面，前開一路，使之可去，不忍盡物，好生之仁也。止取其不用命者，不出而反入者也。禽獸前去者皆免矣，故曰「前失禽」也。

王者顯明其比道，天下自然來比。來者撫之，固不煦煦〔註 132〕然求比於物，若田之三驅，禽之去者，從而不追，來者則取之也。此王道之大，所以其民皞皞，而莫知爲之者也。

邑人不誡吉，言其至公不私，无遠邇親踈之別也。邑者，居邑；《易》中所言邑皆同。王者所都，諸侯國中也。誡，期約也。待物之一，不期誡於居邑，如是則吉也。

聖人以大公无私治天下，於顯比見之矣。非唯人君比天下之道如此，大率人之相比莫不然。以臣於君言之，竭其忠誠，致其才力，乃顯其比〔註 133〕君之道也。用之與否，在君而已；不可阿諛逢迎，求其比己也。在朋友亦然。脩身誠意以待之，親己與否，在人而已；不可巧言令色，曲從苟合，以求人之比己也。於鄉黨、親戚，於眾人，莫不皆然，三驅失前禽之義也。

驅，匡愚反。鄭作毆。

象曰：顯比之吉，位正中也。

顯比所以吉者，以其所居之位得正中也。處正中之地，乃由正中之道也。比以不偏爲善，故云「正中」。

凡言正中者，其處正得中也，比與隨是也。言中正者，得中與正也，訟與需是也。

舍逆取順，失前禽也。

禮取不用命者，乃是舍〔註 134〕順取逆也；順命而去者皆免矣。比以向背而言，謂去者爲逆，來者爲順也，故所失者，前去之禽也。言來者撫之，去者不追也。

舍，音捨。

邑人不誡，上使中也。

不期誡於親近，上之使下，中平不偏，遠近如一也。

〔註 132〕一作「呴呴」。

〔註 133〕一作「比其」。

〔註 134〕《四庫》本無「舍」字。

上六：比之无首，凶。

六居上，比之終也。首，謂始也。凡比之道，其始善，則其終善矣。有其始而无其終者，或有矣；未有无其始而有終者也。故比之无首，至終則凶也。此據比終而言。然上六陰柔不中，處險之極，固非克終者也。始比不以道，隙於終者，天下多矣。

象曰：比之无首，无所終也。

比既无首，何所終乎？相比有首，猶或終違；始不以道，終復何保？故曰「无所終也」。

䷈ 乾下巽上 小畜

《序卦》：「比必有所畜，故受之以小畜。」

物相比附則為聚；聚，畜也。又：相親比，則志相畜，小畜所以次比也。畜，止也，止則聚矣。為卦巽上乾下。

乾，在上之物，乃居巽下。夫畜止剛健，莫如巽順，為巽所畜，故為畜也。然巽，陰也，其體巽〔註135〕順，唯能以巽順柔其剛健，非能力止之也。畜道之小者也。

又：四以一陰得位，為五陽所說，得位得柔，巽之道也；能畜群陽之志，是以為畜也。小畜，謂以小畜大。所畜聚者小、所畜之事小，以陰故也。

《彖》專以六四畜諸陽，為成卦之義，不言二體，蓋舉其重者。

小畜：亨。密雲不雨，自我西郊。

雲，陰陽之氣。二氣交而和，則相畜固而成雨。陽唱而陰和；順也，故和。若陰先陽唱，不順也，故不和；不和則不能成雨。雲之畜聚雖密，而不〔註136〕成雨者，自西郊故也。東北，陽方。西南，陰方。自陰唱，故不和，而不能成雨。

以人觀之，雲氣之興，皆自四遠，故云「郊」。據四而言，故云「自我」。畜陽者四，畜之主也。

畜，敕六反。

〔註135〕《四庫》本作「柔」。
〔註136〕一有「能」字。

彖曰：小畜，柔得位，而上下應之，曰小畜。

言成卦之義也。

以陰居四，又處上位，柔得位也。上下五陽皆應之，爲所畜也。以一陰而畜五陽，能係而不能固，是以爲小畜也。《彖》解成卦之義，而加「曰」字者，皆重卦名，文勢當然。單名卦，唯革有「曰」字，亦文勢然也。

健而巽，剛中而志行，乃亨。

以卦才言也，內健而外巽，健而能巽也。二、五居中，剛中也。陽性上進，下復乾體，志在於行也。剛居中，爲剛而得中，又爲中剛。言畜陽，則以柔巽；言能亨，則由剛中。

以成卦之義言，則爲陰畜陽；以卦才言，則陽爲剛中。才如是，故畜雖小而能亨也。

密雲不雨，尚往也。自我西郊，施未行也。

畜道不能成大，如密雲而不成雨。陰陽交而和，則相固而成雨；二氣不和，陽尚往而上，故不成雨。蓋自我陰方之氣先唱，故不和而不能成雨，其功施未行也。小畜之不能成大，猶西郊之雲不能成雨也。

施，始豉反。

象曰：風行天上，小畜；君子以懿文德。

乾之剛健，而爲巽所畜。夫剛健之性，唯柔順爲能畜止之。雖可以畜止之，然非能固制其剛健也，但柔順以擾係之耳，故爲小畜也。

君子觀小畜之義，以懿美其文德。畜聚，爲蘊畜之義。君子所蘊畜者，大則道德經綸之業，小則文章才藝。君子觀小畜之象，以懿美其文德。文德，方之道，義爲小也。

初九：復自道，何其咎？吉。

初九，陽爻而乾體。陽，在上之物，又剛健之才，足以上進，而復與在上同志。其進復於上，乃其道也，故云「復自道」。復既自道，何過咎之有？无咎而又有吉也。

諸爻言无咎者，如是則无咎矣，故云：「无咎者，善補過也。」雖使爻義本善，亦不害於「不如是則有咎」之義。初九乃由其道而行，无有過咎，故云「何其咎」；无咎之甚明也。

象曰：復自道，其義吉也。

剛陽之才，由其道而復，其義吉也。初與四爲正應，在畜時，乃相畜者也。

九二：牽復，吉。

二以陽居下體之中，五以陽居上體之中，皆以陽剛居中，爲陰所畜，俱欲上復。五雖在四上，而爲其所畜則同，是同志者也。夫同患相憂，二、五同志，故相牽連而復。二陽並進，而〔註137〕陰不能勝，則〔註138〕遂其復矣，故吉也。

曰「遂其復」，則離畜矣乎？曰：「凡爻之辭，皆謂「如是則可以如是」；若已然，則時已變矣，尚何教誡乎？」

五爲巽體，巽畜於乾，而反與二相牽，何也？曰：「舉二體而言，則巽畜乎乾；全卦而言，則一陰畜五陽也。在《易》，隨時取義，皆如是也。」

象曰：牽復在中，亦不自失也。

二居中，得中〔註139〕者也；剛柔進退，不失乎中道也。陽之復，其勢必強。二以處中，故雖強於進，亦不至於過剛；過剛乃自失也。爻止言牽復而吉之義，《象》復發明其在中之美。

九三：輿說輻，夫妻反目。

三以陽爻居不得中，而密比於四，陰陽之情相求也。

又：暱比而不中，爲陰畜制者也，故不能前進，猶車輿說去輪輻，言不能行也。

夫妻反目：陰制於陽者也；今反制陽，如夫妻之反目也。反目，謂怒目相視，不順其夫，而反制之也。婦人爲夫寵惑，既而遂反制其夫。未有夫不失道，而妻能制之者也；故說輻、反目，三自爲之〔註140〕也。

輿，音餘。輻。音福。一本亦作輹。

象曰：夫妻反目，不能正室也。

夫妻反目，蓋由不能正其室家也。三自處不以道，故四得制之，不使進，猶夫不能正其室家，故致反目也。

〔註137〕《四庫》本作「則」。
〔註138〕《四庫》本作「得」。
〔註139〕《四庫》本作「正」。
〔註140〕《四庫》本無「之」字。

六四：有孚，血去惕出，无咎。

四於畜時，處近君之位，畜君者也。若內有孚誠，則五志信之，從其畜也。卦獨一陰，畜眾陽者也。諸陽之志係于〔註 141〕四，四苟欲以力畜之，則一柔敵眾剛，必見傷害。唯盡其孚誠以應之，則可以感之矣；故其傷害遠見〔註 142〕，其危懼免也。如此，則可以无咎；不然，則不免乎害矣。此以柔畜剛之道也。以人君之威嚴，而微細之臣，有能畜止其欲者，蓋有孚信以感之也。

血，馬作恤。去，起呂反。

象曰：有孚惕出，上合志也。

四既有孚，則五信任之，與之合志，所以得惕出而无咎也。惕出，則血去可知，舉其輕者也。五既合志，眾陽皆從之矣。

九五：有孚攣如，富以其鄰。

小畜，眾陽為陰所畜之時也。五以中正居尊位，而有孚信，則其類皆應之矣；故曰「攣如」，謂牽攣〔註 143〕相從也。五必援挽，與之相濟，是富以其鄰也。五以居尊位之勢，如富者推其財力，與鄰比共之也。

君子為小人所困，正人為群邪所厄，則在下者，必攀挽於上，期於同進；在上者，必援引於下，與之戮力，非獨推己力以及人也，固資在下之助，以成其力耳。

攣，力專反。

象曰：有孚攣如，不獨富也。

有孚〔註 144〕攣如，蓋其鄰類皆牽攣而〔註 145〕從之，與眾同欲，不獨有其富也。君子之處艱〔註 146〕厄，唯其至誠，故得眾力之助，而能濟其眾也。

上九：既雨既處，尚德載，婦貞厲。

九以巽順之極，居卦之上，處畜之終，從畜而止者也；為四所止也。

〔註 141〕《四庫》本作「乎」。
〔註 142〕《四庫》本無「見」字。
〔註 143〕《四庫》本作「連」。
〔註 144〕一有「而」字。
〔註 145〕一无「而」字。
〔註 146〕《四庫》本作「難」。

既雨，和也。既處，止也。陰之畜陽，不和則不能止；既和而止，畜之道成矣〔註 147〕。大畜，畜之大，故極而散。小畜，畜之小，故極而成。

尙德載：四用柔巽之德，積滿而至於成也。陰柔之畜剛，非一朝一夕能成，由積累而至，可不戒乎？載，積滿也。詩云：「厥聲載路。」

婦貞厲：婦，謂陰。以陰而畜陽，以柔而制剛，婦若貞固守此，危厲之道也，安有婦制其夫？臣制其君，而能安者乎？

月幾望，君子征，凶。

月望，則與日敵矣。幾望，言其盛將敵矣〔註 148〕。

陰已能畜陽，而云「幾望」，何也？此以柔巽畜其志也，非力能制也。然，不已則將盛於陽而凶矣。於幾望而爲之戒曰：「婦將敵矣，君子動則凶也。」君子，謂陽。征，動也。幾望，將盈之時。若已望，則陽已消矣，尙何戒乎？

象曰：既雨既處，德積載也；君子征凶，有所疑也。

既雨既處，言畜道積滿而成也。陰將〔註 149〕盛〔註 150〕極，君子動則有凶也。陰敵陽則必消陽，小人抗君子則必害君子，安得不疑慮乎？若前知疑慮而警懼，求所以制之，則不至於凶矣。

䷉ 兌下乾上 履

《序卦》：「物畜然後有禮，故受之以履。」

夫物之聚，則有大小之別、高下之等、美惡之分，是物畜然後有禮，履所以繼畜也。

履，禮也；禮，人之所履也。爲卦天上澤下。天而在上，澤而處下；上下之分，尊卑之義，理之當也，禮之本也，常履之道也，故爲履。

履，踐也，藉也。履物爲踐，履於物爲藉；以柔藉剛，故爲履也。不曰「剛履柔」，而曰「柔履剛」者，剛乘柔，常理不足道，故《易》中唯言柔乘剛，不言剛乘柔也。言履藉於剛，乃見卑順說應之義。

〔註 147〕一作「畜道之成也」。
〔註 148〕《四庫》本作「也」。
〔註 149〕一作「既」。
〔註 150〕一有「則」字。

履虎尾，不咥人，亨。

履，人所履之道也。天在上而澤處下，以柔履藉於剛，上下各得其義，事之至順，理之至當也。人之履行如此，雖履至危之地，亦无所害；故履虎尾而不見咥嚙，所以能亨也。

履，利耻反。咥，直結反。

彖曰：履，柔履剛也。說而應乎乾，是以履虎尾，不咥人，亨。

兌以陰柔履藉乾之陽剛，柔履剛也。兌以說順應乎乾剛而履藉之，下順乎上，陰承乎陽，天下之正〔註151〕理也。所履如此，至順至當，雖履虎尾，亦不見傷害。以此履行，其亨可知。

說，音悅；下同。

剛中正，履帝位而不疚，光明也。

九五以陽剛〔註152〕中正尊履帝位，苟无疚病，得履道之至善，光明者也。疚，謂疵病，夬〔註153〕履是也。光明，德盛而輝光也。

疚，久又反。

象曰：上天下澤，履；君子以辯上下，定民志。

天在上，澤居下，上〔註154〕下之正理也。人之所履當如是，故取其象而爲履。

君子觀履之象，以辨別上下之分，以定其民志。夫上下之分明，而〔註155〕後民志有定。民志定，然後可以言治；民志不定，天下不可得而治也。

古之時，公卿大夫而下，位各稱其德，終身居之，得其分也。位未稱德，則君舉而進之。士修其學，學至而君求之，皆非有預於己也。農工商賈勤其事，而所享有限，故皆有定志，而天下之心可一。

後世自庶士至于公卿，日志于尊榮；農工商賈，日志于富侈。億兆之心，交騖於利，天下紛然，如之何其可一也？欲其不亂，難矣。此由上下无定志也。

〔註151〕《四庫》本作「至」。

〔註152〕《四庫》本作「光」。

〔註153〕底本作「央」，據《四庫》本更正。夬履，指九五爻辭「夬履貞厲」也。

〔註154〕一作「天」。

〔註155〕《四庫》本作「然」。

君子觀履之象，而分辯上下，使各當其分，以定民之心志也。

初九：素履，往，无咎。

履不處者，行之義。初處至下，素在下者也；而陽剛之才，可以上進，若安其卑下之素而往，則无咎矣。

夫人不能自安於貧賤之素，則其進也，乃貪躁而動，求去乎貧賤耳，非欲有爲也。既得其進，驕溢必矣，故往則有咎。賢者則安履其素，其處也樂；其進也，將有爲也。故得其進，則有爲而无不善，乃守其素履者也。

象曰：素履之往，獨行願也。

安履其素而往者，非苟利也，獨行其志願耳。獨，專也。若欲貴之心與行道之心，交戰于中，豈能安履其素也？

九二：履道坦坦，幽人貞吉。

九二居柔，寬裕得中，其所履坦坦然，平易之道也。雖所履得坦易之道，亦必幽靜安恬之人處之，則能貞固而吉也。九二陽志上進，故有幽人之戒。

坦，吐旦反。

象曰：幽人貞吉，中不自亂也。

履道在於安靜。其中恬正，則所履安裕；中若躁動，豈能安其所履？故必幽人，則能堅固而吉。蓋其中心安靜，不以利欲自亂也。

六三：眇能視，跛能履。履虎尾，咥人，凶。武人為于大君。

三以陰居陽，志欲剛，而體本陰柔，安能堅其所履？故如盲眇之視，其見不明；跛躃之履，其行不遠。才既不足，而又處不得中，履非其正，以柔而務〔註 156〕剛。其履如此，是履於危地，故曰「履虎尾」。以不善履，履危地，必及禍患，故曰「咥人凶」。

武人爲于大君：如武暴之人，而居人上，肆其躁率而已，非能順履而遠到也，不中正而志剛，乃爲群陽所〔註 157〕與，是以剛躁蹈危而得凶也。

眇，妙小反。跛，波我反。

〔註 156〕一作「勝」。
〔註 157〕一有「不」字。

象曰：眇能視，不足以有明也；跛能履，不足以與行也。

陰柔之人，其才不足，視不能明，行不能遠；而乃務剛，所履如此，其能免於害乎？

咥人之凶，位不當也。武人為于大君，志剛也。

以柔居三，履非其正，所以致禍害，被咥而凶也。以武人爲喻者，以其處陽，才弱而志剛者〔註 158〕也。志剛則妄動，所履不由其道，如武人而爲大君也。

九四：履虎尾，愬愬，終吉。

九四陽剛而乾體，雖居四，剛勝者也。在近君多懼之地，无相得之義；五復剛決之過，故爲履虎尾。愬愬，畏〔註 159〕懼之貌。若能畏懼，則當終吉。蓋九雖剛而志柔，四雖近而不處，故能兢〔註 160〕慎畏懼，則終免於危而獲吉也。

愬，山革反。

象曰：愬愬終吉，志行也。

能愬愬畏懼，則終得其吉者，志在於行而不處也；去危則獲吉矣。陽剛，能行者也；居柔，以順自處者也。

九五：夬履，貞厲。

夬，剛決也。五以陽剛乾體，居至尊之位，任其剛決而行者也。如此，則雖得正，猶危厲也。

古之聖人，居天下之尊，明足以照，剛足以決，勢足以專；然而未嘗不盡天下之議，雖芻蕘之微必取，乃其所以爲聖也，履帝位而光明者也。

若自任剛明，決行不顧，雖使得正，亦危道也，可固守乎？有剛明之才，苟專自任，猶爲危道，況剛明不足者乎？《易》中云「貞厲」，義各不同，隨卦可見也〔註 161〕。

象曰：夬履貞厲，位正當也。

戒夬履者，以其正當尊位也。居至尊之位，據能專之勢，而自任剛決，不復畏慎〔註 162〕，雖使得正，亦危道也。

〔註 158〕《四庫》本無「者」字。

〔註 159〕《四庫》本作「長」。

〔註 160〕底本作「競」，據《四庫》本更正。

〔註 161〕《四庫》本無「也」字。

〔註 162〕《四庫》本作「懼」。

上九：視履考祥，其旋元吉。

上處履之終，於其終，視其所履行，以考其善惡禍福。若其旋，則善且吉也。旋，謂周旋完備，无不至也。

人之所履，考視其終。若終始周完无疚，善之至也，是以元吉。人之吉凶，係其所履善惡之多寡、吉凶之大小也。

祥，本作詳。

象曰：元吉在上，大有慶也。

上，履之終也。人之所履，善而至吉；其終周旋无虧，乃大有福慶之人也。人之行，貴乎有終。

《周易》上經　卷第一終〔註163〕

〔註163〕底本作「晦庵先生校正《伊川易傳》上經卷終」。

《周易》上經　卷第二

程頤傳

☷ 乾下
☰ 坤上 **泰**

《序卦》:「履而泰，然後安，故受之以泰。」

履得其所則舒泰，泰則安矣，泰所以次履也。爲卦坤陰在上，乾陽居下。天地陰陽之氣，相交而和，則萬物生成，故爲通泰。

泰：小往大來，吉亨。

小，謂陰。大，謂陽。往，往之〔註 1〕於外也。來，來居於內也。陽氣下降，陰氣上交也。陰陽和暢，則萬物生遂，天地之泰也。

以人事言之，大則君上，小則臣下；君推誠以任下，臣盡誠以事君，上下之志通，朝廷之泰也。陽爲君子，陰爲小人；君子來處於內，小人往處於外，是君子得位，小人在下，天下之泰也。

泰之道，吉而且亨也。不云「元吉」、「元亨」者，時有污隆，治有小大，雖泰，豈一概哉？言「吉亨」則可包也〔註 2〕。

彖曰：泰，小往大來，吉亨；則是天地交而萬物通也，上下交而其志同也。

小往大來，陰往而陽來也；則是天地陰陽之氣相交，而萬物得遂其通泰也。在人，則上下之情交通，而其志意同也。

內陽而外陰，內健而外順；內君子而外小人，君子道長，小人道消也。

〔註 1〕一作「居」。

〔註 2〕《四庫》本作「矣」。

陽來居內，陰往居外，陽進而陰退也。乾健在內，坤順在外，為內健而外順，君子之道也。

君子在內，小人在外，是君子道長，小人道消，所以為泰也。既取陰陽交和，又取君子道長。陰陽交和，乃君子之道長也。

長，上聲。

象曰：天地交泰，后以財成天地之道，輔相天地之宜，以左右民。

天地交而陰陽和，則萬物茂遂，所以泰也。人君當體天地通泰之象，而以財成天地之道，輔相天地之宜，以左右生民也。財成，謂體天地交泰之道，而財制成其施為之方也。

輔相天地之宜：天地通泰，則萬物茂遂，人君體之而為法制，使民用天時、因地利，輔助化育之功，成其豐美之利也。如春氣發生萬物，則為播殖〔註 3〕之法；秋氣成實萬物，則為收斂之法。乃輔相天地之宜，以左右輔助於民也。

民之生，必賴君上為之法制，以教率輔翼之，乃得遂其生養，是左右之也。

左，音佐。右，音佑。

初九：拔茅茹，以其彙征，吉。

初以陽爻居下，是有剛明之才而在下者也。時之否，則君子退而窮處；時既〔註 4〕泰，則志在上進也。

君子之進，必與其朋類相牽援，如茅之根然；拔其一則，牽連而起矣。茹，根之相牽連者，故以為象。

彙，類也。賢者以其類進，同志以行其道，是以吉也。君子之進，必以其類，不唯志在相先，樂於與善，實乃相賴以濟。故君子、小人，未有能獨立不賴朋類之助者也。

自古君子得位，則天下之賢萃於朝廷，同志協力，以成天下之泰。小人在位，則不肖者並進，然後其黨勝，而天下否矣。蓋各從其類也。

拔，蒲八反。茹，汝據反。彙，音胃。

象曰：拔茅征吉，志在外也。

〔註 3〕《四庫》本作「植」。
〔註 4〕一作「將」。

時將泰，則群賢皆欲上進；三陽之志欲進，同也，故取茅茹彙征之象。志在外，上進也。

九二：包荒，用馮河，不遐遺，朋亡；得尚于中行。

二以陽剛得中，上應於五；五以柔順得中，下應於二。君臣同德，是以剛中之才，爲上所專任；故二雖居臣位，主治泰者也；所謂上下交，而其志同也。故治泰之道，主二而言。

包荒、用馮河、不遐遺、朋亡四者，處泰之道也。人情安肆，則政舒緩而法度廢弛，庶事无節。治之之道，必有包含荒穢之量，則其施爲寬裕詳密，弊革事理，而人安之。若无含弘之度，有忿疾之心，則无深遠之慮；有暴擾之患，深弊未去，而近患已生矣。故在「包荒」也。

用馮河：泰寧之世，人情習於久安，安於守常，惰於因循，憚於更變，非有馮河之勇，不能有爲於斯時也。馮河，謂其剛果，足〔註5〕以濟深越險也。自古泰治之世，必漸至於衰替，蓋由狃習安逸，因循而然。自非剛斷之君，英烈之輔，不能挺持〔註6〕奮發，以革其弊也。故曰「用馮河」。

或疑：上云「包荒」，則是包含寬容；此云「用馮河」，則是奮發改革，似相反也。不知以含容〔註7〕之量，施剛果之用，乃聖賢之爲也。

不遐遺：泰寧之時，人心狃於泰，則苟安逸而已，烏〔註8〕能復深思遠慮，及於遐遠之事哉？治夫泰者，當周及庶事，雖遐遠不可遺。若事之微隱，賢才之在僻〔註9〕陋，皆遐遠者也，時泰則固遺之矣。

朋亡：夫時之既泰，則人習於安；其情肆而失節，將約而正之，非絕去其朋與之私，則不能也。故云「朋亡」。

自古立法制事，牽於人情，卒不能行者多矣。若夫禁奢侈，則害於近戚；限田產，則妨於貴家。如此之類，既不能〔註10〕斷以太公而必行，則是〔註11〕牽於朋比也。

〔註5〕一作「可」。
〔註6〕《四庫》本作「特」。
〔註7〕一作「弘」。
〔註8〕《四庫》本作「惡」。
〔註9〕一作「側」。
〔註10〕一无「既不能」字。
〔註11〕一有「不」字。

治泰不能朋亡，則爲之難矣。

治泰之道，有此四者，則能合於九二之德，故曰「得尙于中行」，言能配合中行之義也。尙，配也。

包，必交反。荒，本作巟，音同。馮，音憑。

象曰：包荒，得尚于中行，以光大也。

《象》舉「包荒」一句，而通解四者之義。言如此，則能配合中行之德，而其道光明顯大也。

九三：无平不陂，无往不復，艱貞无咎。勿恤其孚，于食有福。

三居泰之中，在諸陽之上，泰之盛也。物理如循環，在下者必升，居上者必降，泰久而必否；故於泰之盛，與陽之將進，而爲之戒曰：「无常安平而不險陂者，謂无常泰也。无常往而不返者，謂陰當復也。」平者陂，往者復，則爲否矣。當知天理之必然。

方泰之時，不敢安逸，常艱危其思慮，正固其施爲，如是則可以无咎。處泰之道，既能艱貞，則可常保其泰，不勞憂恤，得其所求也。

不失所期爲孚；如是，則於其祿食有福益也。祿食，謂福祉。善處泰者，其福可長也。蓋德善日積，則福祿日臻。德踰於祿，則雖盛而非滿。自古隆盛，未有不失道而喪敗者也。

象曰：无往不復，天地際也。

无往不復，言天地之交際也。陽降于下，必復于上；陰升于上，必復于下。屈伸、往來之常理也〔註12〕。因天地交際之道，明否泰不常之理，以爲戒也。

六四：翩翩，不富以其鄰，不戒以孚。

六四處泰之過中，以陰在上，志在下復；上二陰，亦志在趨下。翩翩，疾飛之貌。四，翩翩就下，與其鄰同也。鄰，其類也，謂五與上。

夫人富而其類從者，爲利也。不富而從者〔註13〕，其志同也。三陰皆在下之物，居上乃失其實，其志皆欲下行，故不富而相從，不待告戒〔註14〕，而誠意相合也。

〔註12〕一作「理之常也」。
〔註13〕一无「者」字。
〔註14〕《四庫》本作「戒告」。

夫陰陽之升降，乃時運之否泰，或交或散，理之常也。泰既過中，則將變矣。聖人於三，尚云「艱貞則有福」。蓋三爲將中，知戒則可保。四已過中矣，理必變也，故專言始終反復之道。五，泰之主，則復言處泰之義。

象曰：翩翩不富，皆失實也；不戒以孚，中心願也。

翩翩下往之疾，不待富而鄰從者，以三陰在上，皆失其實故也。陰本在下之物，今乃居上，是失實也。不待告戒，而誠意相與者，蓋其中心所願故也。理當然者，天也；眾所同者，時也。

六五：帝乙歸妹以祉，元吉。

史謂湯爲天乙，厥後有帝祖乙，亦賢王也。後又有帝乙，《多士》曰：「自成湯至于帝乙，罔不明德恤祀。」稱帝乙者，未知誰是。

以爻義觀之，帝乙，制王姬下嫁之禮法者也。自古帝女雖皆下嫁，至帝乙然後制爲〔註15〕禮法，使降其尊貴，以順從其夫也。

六五以陰柔居君位，下應於九二剛明之賢。五能倚任其賢〔註16〕而順從之，如帝乙之歸妹然。降其尊而順從於陽，則以之受祉，且元吉也。元吉，太吉而盡善者也，謂成治泰之功也。

象曰：以祉元吉，中以行願也。

所以能獲祉福且元吉者，由其以中道合而行其志願也。有中德，所以能任剛中之賢；所聽從者，皆其志願也。非其〔註17〕所欲，能從之乎？

上六：城復于隍，勿用師。自邑告命，貞吝。

掘隍土，積累以成城；如治道，積累以成泰。及泰之終，將反于否，如城土頹圮，復反于隍也。上，泰之終，六以小人處之，行將否矣。

勿用師：君之所以能用其眾者，上下之情通而心從也。今泰之將終，失泰之道，上下之情不通矣。民心離散，不從其上，豈可用也？用之則亂。眾既不可用，方自其親近而告命之，雖使所告命者得其正，亦可羞吝。

邑所居，謂親近；大率告命必自近始。凡「貞凶」、「貞吝」有二義：有貞固守此則

〔註15〕一作「其」。
〔註16〕《四庫》本有「臣」字。
〔註17〕《註評》本無「其」字，未明所據。

凶吝者；有雖得正，亦凶吝者。此不云「貞凶」，而云「貞吝」者〔註 18〕，將否而方告命，爲可羞吝。否，不由於告命也。

象曰：城復于隍，其命亂也。

城復于隍矣，雖其命之，亂不可止也。

☰ 坤下乾上 否

《序卦》：「泰者，通也。物不可以終通，故受之以否。」

夫物理往來，通泰之極則必否，否所以次泰也。爲卦天上地下。天地相交，陰陽和暢，則爲泰。天處上，地處下，是天地隔絕，不相交通，所以爲否也。

否之匪人。

天地交，而萬物生於中，然後三才備。人爲最靈，故爲萬物之首。凡生天地之中者，皆人道也。天地不交，則不生萬物，是无人道，故曰「匪人」，謂非人道也。消長闔闢，相因而不息。泰極則復，否終則傾。无常而不變之理，人道豈能无也？既否則泰矣。

不利君子貞，大往小來。

夫上下交通，剛柔和會〔註 19〕，君子之道也。否則反是，故不利君子貞。君子正道否塞不行也。

大往小來，陽往而陰來也。小人道長，君子道消之象，故爲否也。

彖曰：否之匪人，不利君子貞，大往小來；則是天地不交，而萬物不通也。上下不交，而天下无邦也。內陰而外陽，內柔而外剛，內小人而外君子。小人道長，君子道消也。

夫天地之氣不交，則萬物无生成之理；上下之義不交，則天下无邦國之道。建邦國，所以爲治也。上施政以治民，民戴君而從命；上下相交，所以治安也。今上下不交，是天下无邦國之道也。

陰柔在內，陽剛在外。君子往居於外，小人來處於內；小人道長，君子道消之時也。

〔註 18〕一无「者」字。

〔註 19〕《四庫》本作「合」。

象曰：天地不交，否；君子以儉德辟難，不可榮以祿。

天地不相交通，故爲否。否塞之時，君子道消，當觀否塞之象，而以儉損之〔註 20〕德，避免禍難，不可榮居祿位也。否者，小人得志之時，君子居顯榮之地，禍患必及其身，故宜晦處窮約也。

初六：拔茅茹，以其彙貞，吉亨。

泰與否皆取茅爲象者，以群陽群陰同在下，有牽連之象也。

泰之時，則以同征爲吉；否之時，則以同貞爲亨。始以內小人、外君子爲否之義，復以初六否而在下，爲君子之道。《易》隨時取義，變動无常。

否之時，在下者君子也。否之三陰，上皆有應。在否隔之時，隔絕不相通，故无應義。初六能與其類貞固其節，則處否之吉，而其道之亨也。當否而能進者，小人也；君子則伸道免禍而已。君子進退，未嘗不與其類同也。

象曰：拔茅貞吉，志在君也。

爻以六自守於下，明君子處下〔註 21〕之道；《象》復推明以盡〔註 22〕君子之心。

君子固守其節以處下者，非樂於不進，獨善也。以其道方否，不可進，故安之耳，心固未嘗不在天下也。其志常在，得君而進，以康濟天下，故曰「志在君也」。

六二：包承，小人吉，大人否亨。

六二，其質則陰柔，其居則中正。以陰柔小人而言，則方否於下，志所包畜者，在承順乎上，以求濟其否；爲身之利，小人之吉也。大人當否，則以道自處，豈肯枉己屈道，承順於上？唯自守其否而已。身之否，乃其道之亨也。

或曰：「上下不交，何所承乎？」曰：「正則否矣；小人順上之心，未嘗无也。」

象曰：大人否亨，不亂群也。

大人於否之時，守其正節，不雜亂於小人之群類，身雖否，而道之亨也，故曰「否亨」。

不以道而身亨，乃道之否也。不云「君子」而云「大人」，能如是，則〔註 23〕其道

〔註 20〕《四庫》本作「其」。
〔註 21〕一作「否」。
〔註 22〕《四庫》本作「象」。
〔註 23〕一无「則」字。

大也〔註24〕。

六三：包羞。

三以陰柔不中不正而居否，又切近於上，非能守道安命；窮斯濫矣，極小人之情狀者也。其所包畜謀慮，邪濫无所不至，可羞恥也。

象曰：包羞，位不當也。

陰柔居否，而不中不正，所爲可羞者，處不當故也。處不當位，所爲不以道也。

九四：有命无咎，疇離祉。

四以陽剛健體，居近君之位，是有〔註25〕濟否之才，而得高位者也，足以輔上濟否。然當君道方否之時，處逼近之地，所惡在居功取忌而已。若能使動必出於君命，威柄一歸於上，則无咎，而其志行矣。能使事皆出於君命，則可以濟時之否，其疇類皆附離其福祉。離，麗也。

君子道行，則與其類同進，以濟天下之否，疇離祉也。小人之進，亦以其類同也。

象曰：有命无咎，志行也。

有君命則得无咎，乃可以濟否，其志得行也。

九五：休否，大人吉。其亡其亡，繫于苞桑。

五以陽剛中正之德居尊〔註26〕位，故能休息天下之否，大人之吉也。夫〔註27〕人當位，能以其道休息天下之否，以循〔註28〕致於泰，猶未離於否也，故有「其亡」之戒。

否既休息，漸將反〔註29〕泰，不可便爲安肆；當深慮遠戒，常虞否之復來。曰：「其亡矣！其亡矣！」其係于包桑，謂爲安固之道，如維係于苞桑也。桑之爲物，其根深固。苞，謂叢生者，其固尤甚，聖人之戒深矣。漢王允、唐李德裕，不知此戒，所以致禍敗也。《繫辭》曰：「危者，安其位者也；亡者，保其存者也；亂者，有其治者也。是故君子安而不忘危，存而不忘亡，治而不忘亂，是以身安而國家可保也。」

〔註24〕《四庫》本作「矣」。
〔註25〕《四庫》本作「以」。
〔註26〕一作「君」。
〔註27〕《四庫》本作「大」。
〔註28〕《四庫》本作「馴」。
〔註29〕一作「及」。

象曰：大人之吉，位正當也。

有大人之德，而得至尊之正位，故能休〔註30〕天下之否，是以吉也。无其位，則雖有其道，將何爲乎？故聖人之位，謂之大寶。

上九：傾否，先否後喜。

上九，否之終也。物理極而必反，故泰極則否，否極則泰。上九否既極矣，故否道傾覆而變也。先極，否也；後傾，喜也。否傾則泰矣，後喜也。

象曰：否終則傾，何可長也？

否終則必傾，豈有長否之理？極而必反，理之常也。然反危爲安，易亂爲治，必有剛陽之才而後能也。故否之上九則能傾否，屯之上六則不能變屯也。

☰☲ 離下 乾上 **同人**

《序卦》：「物不可以終否，故受之以同人。」

夫天地不交則爲否，上下相同則爲同人，與否義相反，故相次。又：世之方否，必與人同力〔註31〕乃能濟，同人所以次否也。爲卦乾上離下。

以二象言之，天在上者也，火之性炎上，與天同也，故爲同人。以二體言之，五居正位，爲乾之主，二爲離之主，二爻以中正相應，上下相同，同人之義也。

又：卦唯一陰，眾陽所欲同，亦同人之義也。它卦固有一陰者，在同人之時，而二五相應，天火相同，故其義大。

同人：于野，亨；利涉大川，利君子貞。

野，謂曠野，取遠與外之義。

夫同人者，以天下大同之道，則聖賢大公之心也。常人之同者，以其私意所合，乃暱比之情耳；故必于野，謂不以暱近情之所私，而于郊野曠遠之地。既不係所私，乃至公大同之道，无遠不同也，其亨可知。能〔註32〕與天下大同，是天下皆同之也。天下皆同，何險阻之不可濟？何艱危之不可亨？故利涉大川，利君子貞。

〔註30〕一有「息」字。
〔註31〕一作「欲」。
〔註32〕一作「既」。

上言于野，止謂不在暱比，此復言宜以君子正道。君子之貞，謂天下至公大同之道。故雖居千里之遠，生千歲之後，若合符節。推而行之，四海之廣，兆民之眾，莫不同〔註33〕。小人則唯用其私意，所比者，雖非亦同；所惡者，雖是亦異。故其所同者，則爲阿黨，蓋其心不正也。故同人之道，利在君子之貞正。

彖曰：同人，柔得位得中而應乎乾，曰同人。
言成卦之義。

柔得位，謂二以陰居陰，得其正位也。五，中正，而二以中正應之，得中而應乎乾也。五，剛健中正，而二以柔順中正應之，各得其正，其德同也，故爲同人。五，乾之主，故云「應乎乾」。《象》取天火之象，而《彖》專以二言。

同人曰。
此三字羨文。

同人于野，亨。利涉大川，乾行也。

至誠无私，可以蹈〔註34〕險難者，乾之行也。无私，天德也。

文明以健，中正而應，君子正也。
又以二體言其義。有文明之德而剛健，以中正之道相應，乃君子之正道也。

唯君子為能通天下之志。
天下之志萬殊，理則一也。君子明理，故能通天下之志。

聖人視億兆之心，猶一心者，通於理而已。文明則能燭理，故能明大同之義；剛健則能克己，故能盡大同之道。然後能中正，合乎乾行也。

象曰：天與火，同人；君子以類族辨物。
不云「火在天下，天下有火」，而云「天與火」者，天在上，火性炎上，火與天同，故爲同人之義。

君子觀同人之象，而以類族辨物，各以其類族辨物之同異也。若君子、小人之黨，善惡、是非之理，物情之離合，事理之異同。凡同異〔註35〕者，君子能辨明之，故

〔註33〕一作「合」。
〔註34〕底本作「陷」。「利涉大川」之「涉」爲「蹈」義，據《四庫》本、《註評》本更正。
〔註35〕《四庫》本作「異同」。

處物不失其方也。

初九：同人于門，无咎。

九居同人之初，而无〔註36〕係應，是无所〔註37〕偏私，同人之公者也，故爲出門同人。出門，謂在外；在外則无私昵之偏，其同溥〔註38〕而公；如此，則无過咎也。

象曰：出門同人，又誰咎也。

出門同人於外，是其所同者廣，无所偏私。人之同也，有厚薄親踈之異，過咎所由生也。既无所偏黨，誰其咎之？

六二：同人于宗，吝。

二與五爲正應，故曰「同人于宗」。宗，謂宗黨也。同於所系應，是有所偏與，在同人之道爲私。狹矣，故可吝。

二若陽爻，則爲剛中之德，乃以中道相同，不爲私也。

象曰：同人于宗，吝道也。

諸卦以中正相應爲善，而在同人則爲可吝，故五不取君義。蓋私比，非人君之道；相同以私，爲可吝也。

九三：伏戎于莽，升其高陵，三歲不興。

三以陽居剛而不得中，是剛暴之人也。在同人之時，志在於同，卦唯〔註39〕一陰，諸陽之志，皆欲同之，三又與之比。然二以中正之道，與五相應；三以剛強居二、五之間，欲奪而同之。然理不直，義不勝，故不敢顯發，伏藏兵戎于林莽之中。懷惡而內負不直，故又畏懼，時升高陵以顧望。如此至於三歲之久，終不敢興。此爻深見小人之情狀，然不曰「凶」者，既不敢發，故未至凶也。

莽，莫蕩反。

象曰：伏戎于莽，敵剛也；三歲不興，安行也？

所敵者五，既剛且正，其可奪乎？故畏憚伏藏也。至於三歲不興矣，終安能行乎？

〔註36〕《二程集》小注：一有「所」字。
〔註37〕《四庫》本無「所」字。
〔註38〕《四庫》本作「博」。
〔註39〕一有「二」字。

九四：乘其墉，弗克攻，吉。

四剛而不中正，其志欲同二，亦與五爲仇者也。

墉垣，所以限隔也。四切近於五，如隔墉耳。乘其墉，欲攻之，知義不直而不克也。苟能自知義之不直而不攻，則爲吉也。若肆其邪欲，不能反思義理，妄行攻奪，則其凶大矣。

三以剛居剛，故終其強而不能反。四以剛居柔，故有困而能反之義。能反則吉矣。畏義而能改，其吉宜矣。

墉，音容。

象曰：乘其墉，義弗克也；其吉，則困而反則也。

所以乘其墉而弗克攻之者，以其義之弗〔註40〕克也。以邪攻正，義不勝也。其所以得吉者，由其義不勝，困窮而反於法則也。

二者，眾陽所同欲也。獨三、四有爭奪之義者，二爻居二、五之間也。初終遠，故取義別。

九五：同人，先號咷而後笑。大師克，相遇。

九五同於二，而爲三、四二陽所隔。五自以義直理勝，故不勝憤抑，至於號咷。然邪不勝正，雖爲所隔，終必得合，故後笑也。

大師克，相遇：五與二正應，而二陽非理隔奪，必用大師克勝之，乃得相遇也。云「大師」、云「克」者，見二陽之強也。

九五君位，而爻不取人君同人之義者，蓋五專以私暱應於二，而失其中正之德。人君當與天下大同，而獨私一人，非君道也。

又：先隔則號咷，後遇則笑〔註41〕，是私暱之情，非大同之體也。二之在下，尚以同于宗爲吝，況人君乎？五既於君道无取，故更不言君道，而明二人同心，不可間隔之義。《繫辭》云：「君子之道，或出或處，或默或語。二人同心，其利斷金。」中誠所〔註42〕同，出處語默无不同，天下莫能間也。

同者，一也。一不可分，分乃二也。一可以通金石、冒水火，无所不能入。故云「其

〔註40〕一作「不」。
〔註41〕一有「正」字。
〔註42〕《四庫》本作「相」。

利斷金」。其理至微，故聖人贊之曰：「同心之言，其臭如蘭。」謂其言意味深長也。

號，呼報反。咷，道刀反。

象曰：同人之先，以中直也；大師相遇，言相克也。

先所以號咷者，以中誠理直，故不勝其忿切而然也。雖其敵剛強，至用大師，然義直理勝，終能克之，故言能相克也。相克，謂能勝，見二陽之強也。

上九：同人于郊，无悔。

郊，在外而遠之地。求同者必相親相與，上九居外而无應，終无與同者也。始，有同則至；終，或有睽悔。處遠而无與，故雖无同，亦无悔。雖欲同之志不遂，而其終无所悔也。

象曰：同人于郊，志未得也。

居遠莫同，故終无所悔。然而在同人之道，求同之志不得〔註43〕遂，雖无悔，非善處也。

䷍ 乾下離上　大有

《序卦》：「與人同者，物必歸焉，故受之以大有。」

夫與人同者，物之所歸也，大有所以次同人也。爲卦火在天上。火之處高，其明及遠，萬物之眾，无不照見，爲大有之象。

又：一柔居尊，眾陽並應；居尊執柔，物之所歸也。上下應之，爲大有之義。大有，盛大豐有也。

大有：元亨。

卦之才可以元亨也。凡卦德，有卦名自有其義者，如「比：吉。」「謙：亨。」是也。有因其卦義，便爲訓戒者，如「師：貞丈人，吉。」「同人：于野，亨。」是也。有以其卦才而言者，「大有：元亨。」是也。由剛健文明，應天時行，故能元亨也。

彖曰：大有，柔得尊位，大中而上下應之，曰大有。

言卦之所以爲大有也。

〔註43〕據《導讀》本，《呂》本、《周易折中》無「得」字。

五以陰居君位，柔得尊位也；處中，得大中之道也。爲諸陽所宗，上下應之也。夫居尊執柔，固眾之所歸也；而又有虛中文明大中〔註 44〕之德，故上下同志應之，所以爲大有也。

其德剛健而文明，應乎天而時行，是以元亨。

卦之德，內剛健而外文明。六五之君，應於乾之九二。五之〔註 45〕性，柔順而明，能順應乎二。二，乾之主也，是應乎乾也；順應乾行，順乎天時也，故曰「應乎天而時行」。其德如此，是以元亨也。

王弼云：「不大通，何由得大有乎？大有則必元亨矣。」此不識卦義「離乾成大有」之義。非大有之義便有元亨，由其才故得元亨。大有而不善者，與不能亨者，有矣。諸卦具元、亨、利、貞，則《彖》皆釋爲「大亨」，恐疑與乾、坤同也。不兼利貞，則釋爲「元亨」，盡元義也。元，有大善之義。有元亨者四卦：大有、蠱、升、鼎也。唯升之《彖》，誤隨它卦作「大亨」。

曰：「諸卦之元，與乾不同，何也？」曰：「元之在乾，爲原始之義，爲首出庶物之義，它卦則不能有此義，爲善、爲大而已。」

曰：「元之爲大可矣，爲善何也？」曰：「元者，物之先也。物之先，豈有不善者乎？事成而後有敗，敗非先成者也。興而後有衰，衰固後於興也。得而後有失，非得則何以有〔註 46〕失也？至於善惡、治亂、是非，天下之事，莫不皆然。必善爲先，故《文言》曰：『元者，善之長也。』」

象曰：火在天上，大有；君子以遏惡揚善，順天休命。

火高在天上，照見萬物之眾多，故爲大有。大有，繁庶之義。君子觀大有之象，以遏絕眾惡，揚明善類，以奉順天休美之命。萬物眾多，則有善惡之殊。君子享〔註 47〕大有之盛，當代天工，治養庶類。治眾之道，在遏惡揚善而已。惡懲善勸，所以順天命而安群生也。

遏，於葛反。

初九：无交害，匪咎；艱則无咎。

〔註 44〕一无「大中」字。
〔註 45〕一有「體」字。
〔註 46〕一作「爲」。
〔註 47〕《四庫》本作「亨」。

九居大有之初，未至於盛，處卑无應與，未有驕盈之失；故无交害，未涉於害也。大凡富有，鮮不有害；以子貢之賢，未能盡免，況其下者乎？

匪咎，艱則无咎，言富有本匪有咎也，人因富有，自爲咎耳。若能享富有而知難處，則自无咎也。處富有而不能思艱兢畏，則驕侈之心生矣，所以有咎也。

象曰：大有初九，无交害也。

在大有之初，克念艱難，則驕溢之心无由生矣，所以不交涉於害也。

九二：大車以載，有攸往，无咎。

九以陽剛居二，爲六五之君所倚任。剛健則才勝，居柔則謙順，得中則无過。其才如此，所以能勝大有之任，如大車之材強壯，能勝載重物也。可以任重行遠，故有攸往而无咎也。大有豐盛之時，有而未極，故以二之才，可往而无咎。至於盛極，則不可以往矣。

象曰：大車以載，積中不敗也。

壯大之車，重積載於其中，而不損敗，猶九二材力之強，能勝大有之任也。

九三：公用亨于天子，小人弗克。

三居下體之上，在下而居人上，諸侯、人君之象也。公侯上承天子，天子居天下之尊，率土之濱，莫非王臣，在下者，何敢專其有？凡土地之富，人民之眾，皆王者之有也，此理之正也。故三當大有之時，居諸侯之位，有其富盛，必用亨〔註48〕通乎天子，謂以其有爲天子之有也，乃人臣之常義也。若小人處之，則專其富有以爲私，不知公以奉上之道，故曰「小人弗克」也。

象曰：公用亨于天子，小人害也。

公當用〔註49〕亨于天子；若小人處之，則爲害也。

自古諸侯能守臣節，忠順奉上者，則蕃養其眾，以爲王之屏翰；豐殖其財，以待上之徵賦。若小人處之，則不知爲臣奉上之道，以其有〔註50〕爲己之私。民眾財豐，則反擅其富強，益爲不順，是小人大有，則爲害。

又：大有，爲小人之害也。

〔註48〕《四庫》本作「享」。
〔註49〕一无「用」字。
〔註50〕《四庫》本無「有」字。

九四：匪其彭，无咎。

九四居大有之時，已過中矣，是大有之盛者也。過盛則凶，咎所由生也。故處之之道，匪其彭，則得无咎。謂能謙損，不處其大盛，故〔註51〕得无咎也。四，近君之高位，苟處太盛，則致凶咎。

彭，盛多之貌。《詩．載驅》云：「汶水湯湯，行人彭彭。」行人盛多之狀。《雅．大明》云：「駟騵彭彭。」言武王戎馬之盛也。

彭，步郎反。

象曰：匪其彭，无咎，明辯晳也。

能不處其盛而得无咎者，蓋有明辯之智也。晳，明智也。賢智之人，明辯物理，當其方盛，則知咎之將至，故能損抑，不敢至於滿極也。

六五：厥孚交如，威如，吉。

六五當大有之時，居君位，虛中，爲孚信之象。人君執柔守中，而以孚信接於下，則下亦盡其信誠以事於上，上下孚信相交也。

以柔居尊位，當大有之時，人心易安〔註52〕，若專尚柔順，則陵慢生矣，故必威如則吉。威如，有威嚴之謂也。既以柔和孚信接於下，眾志說從；又有威嚴使之有畏，善處有者也，吉可知矣。

象曰：厥孚交如，信以發志也；威如之吉，易而无備也。

下之志，從乎上者也。上以孚信接於下，則下亦以誠信事其上，故「厥孚交如」。由上有孚信，以發其下孚信之志，下之從上，猶響之應聲也〔註53〕。威如之所以吉者，謂若无威嚴，則下易慢而无戒備也，謂无恭畏備上之道。備，謂備上之求責也。

上九：自天祐之，吉无不利。

上九在卦之終，居无位之地，是大有之極，而不居其有者也。處離之上，明之極也。唯至明，所以不居其有，不至於過極也。有極而不處，則无盈滿之災，能順乎理者也。

五之孚信，而履其上，爲蹈履誠信之義。五有文明之德，上能降志以應之，爲尚賢

〔註51〕《四庫》本作「則」

〔註52〕《四庫》本作「安易」。

〔註53〕一有「威如之吉，易而无備也」九字。

崇善之義。其處如此，合道之至也，自當亨〔註54〕其福慶，自天祐之。行順乎天而獲天祐，故所往皆吉，无所不利也。

象曰：大有上吉，自天祐也。

大有之上，有極當變。由其所爲順天合道，故天祐助之，所以吉也。

君子滿而不溢，乃天祐也。《繫辭》復申之云：「天之所助者，順也；人之所助者，信也。履信思乎順，又以尚賢也；是以自天祐之，吉无不利也。」

履信，謂履五。五虛中，信也。思順，謂謙退不居。尚賢，謂志從於五。大有之世，不可以盈豐；而復處盈焉，非所宜也。六爻之中，皆樂據權位，唯初、上不處其位，故初九无咎，上九无不利。上九在上，履信思順，故在上而得吉，蓋自天祐也。

䷎ 艮下坤上 謙

《序卦》：「有大者，不可以盈，故受之以謙。」

其有既大，不可至於盈滿，必在謙損，故大有之後，受之以謙也。爲卦坤上艮下，地中有山也。地體卑下，山高大之物，而居地之下，謙之象也。以崇高之德，而處卑之下，謙之義也。

謙：亨，君子有終。

謙，有亨之道也。有其德而不居，謂之謙。人以謙巽自處，何往而不亨乎？

君子有終：君子志存乎謙巽。達理，故樂天而不競；內充，故退讓而不矜。安履乎謙，終身不易。自卑，而人益尊之；自晦，而德益光顯，此所謂「君子有終」也。在小人，則有欲必競，有德必伐；雖使勉慕於謙，亦不能安行而固守，不能有終也。

彖曰：謙亨，天道下濟而光明，地道卑而上行。

濟，當爲際。此明謙而能亨之義。

天之道，以其氣下際，故能化育萬物，其道光明。下際，謂下交也。地之道，以其處卑，所以其氣上行，交於天，皆以卑降而亨也。

〔註54〕《四庫》本作「享」。

天道虧盈而益謙。

以天行而言，盈者則虧，謙者則益，日月陰陽是也。

地道變盈而流謙。

以地勢而言，盈滿者，傾變而反陷；卑下者，流注而益增也。

鬼神害盈而福謙。

鬼神，謂造化之跡。盈滿者，禍害之；謙損者，福祐之。凡過而損，不足而益者，皆是也。

人道惡盈而好謙。

人情疾惡於盈滿，而好與於謙巽也。謙者，人之至德，故聖人詳言，所以戒盈而勸謙也。

謙尊而光，卑而不可踰，君子之終也。

謙爲卑巽也，而其道尊大而光顯。自處雖卑屈，而其德實高，不可加尙，是不可踰也。君子至誠於謙，恆而不變，有終也，故尊光。

象曰：地中有山，謙；君子以裒多益寡，稱物平施。

地體卑下，山之高大而在地中，外卑下而內蘊高大之象，故爲謙也。不云「山在地中」，而曰「地中有山」，言卑下之中，蘊其崇高也。若言崇高蘊於卑下之中，則文理不順。諸《象》皆然，觀文可見。

君子以裒多益寡，稱物平施：君子觀謙之象，山而在地下，是高者下之，卑者上之；見抑高舉下，損過益不及之義。以施於事，則裒取多者，增益寡者。稱物之多寡，以均其施與，使得其平也。

裒，蒲侯反。

初六：謙謙君子，用涉大川，吉。

初六以柔順處謙，又居一卦之下，爲自處卑下之至，謙而又謙也，故曰「謙謙」。能如是者，君子也。自處至謙，眾所共與也。雖用涉險難，亦无患害，況居平易乎！何所不吉也？

初處謙，而以柔居下，得无過於謙乎？曰：「柔居下，乃其常也；但見其謙之至，故爲謙謙，未見其失也。」

象曰：謙謙君子，卑以自牧也。

謙謙，謙之至也，謂君子以謙卑之道自牧也。自牧，自處也。《詩》云：「自牧歸荑。」

六二：鳴謙，貞吉。

二以柔順居中，是爲謙德積於中。謙德充積於中，故發於外，見於聲音顏色，故曰「鳴謙」。居中得正，有中正之德也，故云「貞吉」。凡貞吉，有爲貞且吉者，有爲得貞〔註55〕則吉者；六二之貞吉，所自有也。

象曰：鳴謙貞吉，中心得也。

二之謙德，由至誠積於中，所以發於聲音，中心所自得也，非勉〔註56〕爲之也。

九三：勞謙，君子有終，吉。

三以陽剛之德而居下體，爲眾陰所宗，履得其〔註57〕位，爲下之上，是上爲君所任，下爲眾所從，有功勞而持謙德者也，故曰「勞謙」。古之人有當之者，周公是也。身當天下之大任，上奉幼弱之主，謙恭自牧，夔夔如畏然，可謂有勞而能謙矣。既能勞謙，又須君子行之有終，則吉。

夫樂高喜勝，人之常情。平時能謙，固已鮮矣，況有功勞可尊乎？雖使知謙之善，勉而爲之，若矜負之心不忘，則不能常久，欲其有終，不可得也。唯君子安履謙順，乃其常行，故久而不變，乃所謂「有終」，有終則吉也。九三以剛居正，能終者也。此爻之德最盛，故《象辭》特重。

象曰：勞謙君子，萬民服也。

能勞謙之君子，萬民所尊服也。《繫辭》云：「勞而不伐，有功而不德，厚之至也，語以其功下人者也。德言盛，禮言恭；謙也者，致恭以存其位者也。」

有勞而不自矜伐，有功而不自以爲德，是其德弘厚之至也。言以其功勞而自謙，以下於人也。

德言盛，禮言恭：以其德言之，則至盛；以其自處之禮言之，則至恭，此所謂謙也。夫謙也者，謂致恭以存其位者也。存，守也。致其恭巽以守其位，故高而不危，滿

〔註55〕一有「正」字。
〔註56〕一有「強」字。
〔註57〕一作「正」。

而不溢，是以能終吉也。

夫君子履謙，乃其常行，非爲保其位而爲之也。而言存其位者，蓋能致恭，所以能存其位。言謙之道如此。如言爲善有令名，君子豈爲令名而爲善也哉？亦言有〔註58〕令名者，爲善之故〔註59〕也。

六四：无不利，撝謙。

四居上體，切近君位。六五之君，又以謙柔自處；九三又有大功德，爲上所任，眾所宗。而己居其上，當恭畏以奉謙德之君，卑巽以讓勞謙之臣。動作施爲，无所不利於撝謙也。

撝，施布之象，如人手之撝也。動息進退，必施其謙。蓋居多懼之地，又在賢臣之上故也。

撝，毀皮反。

象曰：无不利，撝謙，不違則也。

凡人之謙，有所宜施，不可過其宜也，如六五或用侵伐是也。唯四以處近君之地，據勞臣之上，故凡所動作，靡不利於施謙。如是，然後中於法則，故曰「不違則也」，謂得其宜也。

六五：不富以其鄰；利用侵伐，无不利。

富者，眾之所歸；唯財爲能聚人。

五以君位之尊，而執謙順以接於下，眾所歸也，故不以〔註60〕富，而能有其鄰也。鄰，近也。不富而得人之親也，爲人君而持謙順，天下所歸心也。

然君道不可專尚謙柔，必須威武相濟，然後能懷服天下，故利用行侵伐也。威德並著，然後盡君道之宜，而无所不利也。蓋五之謙柔，當防於過，故發此義。

象曰：利用侵伐，征不服也。

征其文德謙巽所不能服者也。文德所不能服，而不用威武，何以平治天下？非人君之中道，謙之過也。

〔註58〕《四庫》本作「其」。
〔註59〕一作「效」
〔註60〕《四庫》本無「以」字。

上六：鳴謙，利用行師，征邑國。

六以柔處柔順之極，又處謙之極，極乎謙者也。以極謙而反居高，未得遂其謙之志，故至發於聲音。又：柔處謙之極，亦必見於聲色，故曰「鳴謙」。

雖居无位之地，非任天下之事；然人之行己，必須剛柔相濟。上，謙之極也，至於太甚，則反爲過矣，故利在以剛武自治。

邑國，己之私有。行師，謂用剛武。征邑國，謂自治其私。

象曰：鳴謙，志未得也。可用行師，征邑國也。

謙極而居上，欲謙之志未得，故不勝其切，至於鳴也。雖不當位，謙既過極，宜以剛武自治其私，故云「利用行師，征邑國」也。

䷏ 坤下震上　豫

《序卦》:「有大而能謙必豫，故受之以豫。」承二卦之義而爲次也。

有既大而能謙，則有豫樂也。豫者，安和說樂之義。爲卦震上坤下，順動之象。動而和順，是以豫也。

九四爲動之主，上下群陰所共應也；坤又承之以順，是以動而上下順應，故爲和豫之義。

以二象言之，雷出於地上，陽始潛閉〔註61〕於地中；及其動而出地，奮發其聲，通暢和豫，故爲豫也。

豫：利建侯行師。

豫，順而動也。豫之義，所利在於建侯行師。

夫建侯樹屏，所以共安天下。諸侯和順，則萬〔註62〕民說服；兵師之興，眾心和說，則順從而有功。故說豫之道，利於建侯行師也。

又：上動而下順，諸侯從王，師眾順令之象。君萬邦，聚大眾，非和說不能使之服從也。

〔註61〕一作「閉潛」。

〔註62〕一作「兆」。

彖曰：豫，剛應而志行，順以動，豫。

剛應，謂四爲群陰所應，剛得眾應也。志行，謂陽志上行，動而上下順從，其志得行也。

順以動，豫：震動而坤順，爲動而順理，順理而動。又爲動而眾順，所以豫也。

豫順以動，故天地如之，而況建侯行師乎？

以豫順而動，則天地如之而弗違，況建侯行師，豈有不順乎？天地之道，萬物之理，唯至順而已。大人所以先天後天而不違者，亦順乎理而已。

天地以順動，故日月不過，而四時不忒；聖人以順動，則刑罰清而民服。

復詳言順動之道。

天地之運，以其順動，所以日月之度不過差，四時之行不愆忒。聖人以順動，故經正而民興於善，刑罰清簡，而萬民服也。

豫之時義大矣哉！

既言豫順之道矣，然其旨味淵永，言盡而意有餘也；故復贊之云「豫之時義大矣哉」，欲人研味其理，優柔涵泳而識之也。

時義，謂豫之時義。諸卦之時與義用「大」者，皆贊其「大矣哉」，豫以下十一卦是也。豫、遯、姤、旅，言時義；坎、睽、蹇，言時用；頤、大過、解、革，言時，各以其大者也。

象曰：雷出地奮，豫。先王以作樂崇德，殷薦之上帝，以配祖考。

雷者，陽氣憤發，陰氣相薄而成聲也。陽始潛閉地中，及其動，則出地奮震也。始閉鬱，及奮發，則通暢和豫，故爲豫也。

坤順震發，和順積中而發於聲，樂之象也。先王觀雷出地而奮，和暢發於聲之象，作聲樂以褒崇功德，其殷盛至於薦之上帝，推配之以祖考。殷，盛也。禮有殷奠，謂盛也。薦上帝、配祖考，盛之至也。

初六：鳴豫，凶。

初六以陰柔居下；四，豫之主也，而應之，是不中正之小人，處豫而爲上所寵，其志意滿極，不勝其豫，至發於聲音，輕淺如是，必至於凶也。鳴，發於聲也。

象曰：初六鳴豫，志窮凶也。

云「初六」，謂其以陰柔〔註 63〕處下，而志意窮極，不勝其豫，至於鳴也；必驕肆而致〔註 64〕凶矣。

六二：介于石，不終日，貞吉。

逸豫之道，放則失正；故豫之諸爻，多不得正，不〔註 65〕與時合也。唯六二一爻，處中正，又无應，爲自守之象。當豫之時，獨能以中正自守，可謂特立之操，是其節介如石之堅也。介于石，其介如石也。

人之於豫樂，心說之，故遲遲，遂至於耽戀，不能已也。二以中正自守，其介如石，其去之速，不俟終日，故貞正而吉也。

處豫不可安且久也，久則溺矣；如二，可謂見幾而作者也。夫子因二之見幾，而極言知幾之道，曰：「知幾，其神乎！君子上交不諂，下交不瀆，其知幾乎！幾者，動之微，吉之先見者也。君子見幾而作，不俟終日。《易》曰：『介于石，不終日，貞吉。』介如石焉，寧用終日，斷可識矣。君子知微知彰，知柔知剛，萬夫之望。」

夫見事之幾微者，其神妙矣乎！君子上交不至於諂，下交不至於瀆者，蓋知幾也；不知幾，則至於過而不已。交於上以恭巽，故過則爲諂；交於下以和易，故過則爲瀆。君子見於幾微，故不至於過也。

所謂幾者，始動之微也。吉凶之端，可先見而未著者也；獨言吉者，見之於先，豈復至有凶也？君子明哲，見事之幾微，故能其介如石。其守既堅，則不惑而明；見幾而動，豈俟終日也。

斷，別也，其判別可見矣。微與彰，柔與剛，相對者也；君子見微則知彰矣，見柔則知剛矣。知幾如是，眾所仰也，故贊之曰「萬夫之望」。

象曰：不終日，貞吉，以中正也。

能不終日而貞且吉者，以有中正之德也。中正，故其守堅，而能辯之早，去之速。爻言六二處豫之道，爲教之意深矣。

六三：盱豫，悔。遲，有悔。

〔註 63〕一无「柔」字。
〔註 64〕一作「至」。
〔註 65〕《四庫》本作「才」。

六三陰而居陽，不中不正之人也。以不中正而處豫，動皆有悔。

盱，上視也。上〔註66〕瞻望於四，則以不中正不爲四所取，故有悔也。四，豫之主，與之切近，苟遲遲而不前，則見棄絕，亦有悔也。

蓋處身不正，進退皆有悔吝，當如之何？在正身而已。君子處己有道，以禮制心，雖處豫時，不失中正，故无悔也。

盱，匈〔註67〕于反。

象曰：盱豫有悔，位不當也。

自處不當，失中正也，是以進退有悔。

九四：由豫，大有得，勿疑，朋盍簪。

豫之所以爲豫者，由〔註68〕九四也，爲動之主；動而眾陰說順，爲豫之義。四，大臣之位，六五之君順從之，以陽剛而任上之事，豫之所由也，故云「由豫」。

大有得，言得大行其志，以致天下之豫也。

勿疑，朋盍簪：四居大臣之位，承柔弱之君，而當天下之任，危疑之地也。獨當上之倚任，而下无同德之助，所以疑也。唯當盡其至誠，勿有疑慮，則〔註69〕朋類自當合〔註70〕聚。夫欲上下之信，唯至誠而已；苟盡其至誠，則何患乎其〔註71〕无助也。簪，聚也。簪之名簪，取聚髮也。

或曰：「卦唯一陽，安得同德之助？」曰：「居上位而至誠求助，理必得之。姤之九五曰：『有隕自天。』是也。四以陽剛迫〔註72〕近君位，而專主乎豫，聖人宜爲之戒，而不然者，豫，和順之道也，由和順之道，不失爲臣之正也。如此而專主於豫，乃是任天下之事，而致時於豫者也，故唯戒以至誠勿疑。」

盍，胡臘反。簪，測林反。

象曰：由豫，大有得，志大行也。

〔註66〕《註評》本作「往上」。

〔註67〕底本「匈」作「�」，據《註評》本更正。

〔註68〕一无「由」字。

〔註69〕一有「其」字。

〔註70〕《四庫》本作「盍」。

〔註71〕一无「乎」字；一无「其」字。

〔註72〕一作「逼」。

由己而致天下於樂豫，故爲「大有得」，謂其志得大行也。

六五：貞疾，恒不死。

六五以陰〔註73〕柔居君位，當豫之時，沈溺於豫，不能自立者也。權之所主，眾之所歸，皆在於四。四之陽剛得眾，非耽惑柔弱之君所能制也；乃柔弱不能自立之君，受制於專權之臣也。居得君位，貞也；受制於下，有疾苦也。六居尊位，權雖失而位未亡也，故云「貞疾，恒不死」，言貞而有疾，常疾而不死，如漢、魏末世之君也。

人君致危亡之道非一，而以豫爲多。在四不言失正，而於五乃見其強逼者，四本无失，故於四言大臣任天下之事之義；於五則言柔弱居尊，不能自立，威權去己之義。各據爻以取義，故不同也。若五不失君道，而四主於豫，乃是任得其人，安享其功，如太甲、成王也。

蒙亦以〔註74〕陰居尊位，二以陽爲蒙之主，然彼吉而此疾者，時不同也。童蒙而資之於人，宜也；耽豫而失之於人，危亡之道也。故蒙相應，則倚任者也；豫相逼，則失權者也。

又：上下之心專歸於四也。

象曰：六五貞疾，乘剛也；恒不死，中未亡也。

貞而疾，由乘剛，爲剛所逼也。恒不死，中之尊位未亡也。

上六：冥豫成。有渝，无咎。

上六陰柔，非有中正之德，以陰居上，不正也。而當豫極之時，以君子居斯時，亦當戒懼，況陰柔乎？乃耽肆於豫，昏迷不知反者也。在豫之終，故爲昏冥已成也。若能有渝變，則可以无咎矣。在豫之終，有變之義。人之失，苟能自變，皆可以无咎；故冥〔註75〕雖已成，能變則善也。聖人發此義，所以勸遷善也；故更不言冥之凶，專言渝之无咎。

渝，容朱反。

象曰：冥豫在上，何可長也？

昏冥於豫，至於終極，災咎行及矣，其可長然乎？當速渝也。

〔註73〕一无「陰」字。
〔註74〕一无「以」字。
〔註75〕《四庫》本作「冥豫」。

䷐ 震下兌上 隨

《序卦》：「豫必有隨，故受之以隨。」

夫說豫之道，物所隨也，隨所以次豫也。爲卦兌上震下。兌爲說，震爲動；說而動，動而說，皆隨之義。女，隨人者也，以少女從長男，隨之義也。

又：震爲雷，兌爲澤；雷震於澤中，澤隨而動，隨之象也。

又：以卦變言之，乾之上，來居坤之下；坤之初，往居乾之上，陽來下於陰也。以陽下陰，陰必說隨，爲隨之義。

凡成卦，既取二體之義，又有取爻義者；復有更取卦變之義者，如隨之取義，尤爲詳備。

隨：元亨，利貞，无咎。

隨之道，可以致大亨也。君子之道，爲眾所隨，與己隨於人，及臨事擇所隨，皆隨也。隨得其道，則可以致大亨也。凡人君之徙〔註 76〕善，臣下之奉命，學者之徙義，臨事而從長，皆隨也。

隨之道，利在於貞正。隨得其正，然後能大亨而无咎；失其正，則有咎矣，豈能亨乎？

彖曰：隨，剛來而下柔，動而說，隨。大亨貞，无咎，而天下隨時。

卦所以爲隨，以剛來而下柔，動而說也。謂乾之上九，來居坤之下；坤之初六，往居乾之上。以陽剛來下於陰柔，是以上下下，以貴下賤。能如是，物之所說隨也。

又：下動而上說，動而可說也，所以隨也；如是則可〔註 77〕大亨而得正。能大亨而得正，則爲无咎；不能亨，不得正，則非可隨之道，豈能使天下隨之乎？天下所隨者，時也，故云「天下隨時」。

下，遐嫁反。說，音悅。下同。

隨時之義大矣哉！

君子之道，隨時而動，從宜適變，不可爲典要，非造道之深，知幾能權者，不能與

〔註 76〕《四庫》本作「從」。
〔註 77〕一有「以」字。

於此也，故贊之曰「隨時之義大矣哉」。凡贊之者，欲人知其義之大，玩而識之也。此贊隨時之義大，與豫等諸卦不同。諸卦時與義是兩事〔註 78〕。

象曰：澤中有雷，隨；君子以嚮晦入宴息。

雷震於澤中，澤隨震而動，爲隨之象。君子觀象，以隨時而動。隨時之宜，萬事皆然，取其最明且近者言之。

君子以嚮晦入宴息：君子晝則自強不息，及嚮昏晦，則入居於內，宴息以安其身。起居隨時，適其宜也。禮，君子晝不居內，夜不居外，隨時之道也。

嚮，音向。宴，烏練反。

初九：官有渝，貞吉。出門，交有功。

九，居隨時而震體，且動之主，有所隨者也。官，主守也。既有所隨，是其所主守有變易也，故曰「官有渝，貞吉」，所隨得正則吉也。有渝而不得正，乃過動也。

出門，交有功：人心所從，多所親愛者也。常人之情，愛之則見其是，惡之則見其非。故妻孥之言，雖失而多從；所憎之言，雖善爲惡也。苟以親愛而隨之，則是私情所與，豈合正理？故出門而交，則有功也。出門，謂非私暱。交不以私，故其隨當而有功。

象曰：官有渝，從正吉也。

既有隨而變，必所從得正則吉也；所從不正，則有悔吝。

出門，交有功，不失也。

出門而交，非牽於私，其交必正矣；正則无失而有功。

六二：係小子，失丈夫。

二應五而比初，隨先於近柔，不能固守，故爲之戒云：「若係小子，則失丈夫也。」

初陽在下，小子也。五正應在〔註 79〕上，丈夫也。二若志係於初，則失九五之正應，是失丈夫也〔註 80〕。係小子而失丈夫，捨正應而從不正，其咎大矣。二有中正之德，非必至如是也。在隨之時，當爲之戒也。

〔註 78〕一作「與豫卦以下諸卦不同，時義是兩事」；一作「與豫等諸卦不同，時與義是兩事」。
〔註 79〕一作「居」。
〔註 80〕一无「也」字。

象曰：係小子，弗兼與也。

人之所隨，得正則遠邪，從非則失是，无兩從之理。二苟係初，則失五矣，弗能兼與也；所以戒人從正，當專一也。

六三：係丈夫，失小子。隨有求得，利居貞。

丈夫，九四也。小子，初也。陽之在上者，丈夫也。居下者，小子也。三雖與初同體，而切近於四，故係於四也。大抵陰柔不能自立，常親係於所近者。上係於四，故下失於初；舍初從上，得隨之宜也。上隨則善也，如昏之隨明，事之從善，上隨也。背是從非，舍明逐暗，下隨也。四亦无應，无隨之者也。近得三之隨，必與之親善。故三之隨四，有求必得也。人之隨於上，而上與之，是得所求也。又：凡所求者，可得也。

雖然，固不可非理枉道以隨於上。苟取愛說以遂所求，如此乃小人邪諂趨利之爲也。故云「利居貞」。自處於正，則所謂有求而必〔註81〕得者，乃正事，君子之隨也。

象曰：係丈夫，志舍下也。

既隨於上，則是其志舍下而不從也。舍下而從上，舍卑而從高也，於隨爲善矣。

舍，音捨。

九四：隨有獲，貞凶。有孚，在道以明，何咎？

九四以陽剛之才，處臣位之極，若於隨有獲，則雖正亦凶。有獲，謂得天下之心隨於己。爲臣之道，當使恩威一出於上，眾心皆隨於君；若人心從己，危疑之道也，故凶。

居此地者奈何？唯孚誠積於中，動爲合於道；以明哲處之，則又何咎？古之人有行之者，伊尹、周公、孔明是也，皆德及於〔註82〕民，而民隨之。其得民之隨，所以成其君之功，致其國之安。

其至誠存乎中，是有孚也。其所施爲，无不中道，在道也。唯其明哲，故能如是以明也，復何過咎之有？是以下信而上不疑，位極而无逼上之嫌，勢重而无專強〔註83〕之過，非聖人大賢則不能也。其次，如唐之郭子儀，威震主而主不疑，亦由中有誠孚，而處无甚失也。非明哲，能如是乎？

隕，羽敏反。

〔註81〕一无「必」字

〔註82〕一无「於」字

〔註83〕一作「權」。

象曰：隨有獲，其義凶也；有孚在道，明功也。

居近君之位而有獲，其義固凶；能有孚而在道，則无咎，蓋明哲之功也。

九五：孚于嘉，吉。

九五居尊，得正而中實，是其中誠在於隨善，其吉可知。嘉，善也。自人君至于庶人，隨道之吉，唯在隨善而已。下應二之正中，爲隨善之義。

象曰：孚于嘉吉，位正中也。

處正中之位，由正中之道。孚誠所隨者，正中也，所謂嘉也，其吉可知。所孚之嘉，謂六二也。隨以得中爲善。隨之所防者，過也；蓋心所說隨，則不知其過矣。

上六：拘係之，乃從維之。王用亨于西山。

上六以柔順而居隨之極，極乎隨者也。拘係之，謂隨之極，如拘持縻係之。乃從維之，又從〔註84〕而維係之也。謂隨之固結如此。

王用亨於西山，隨之極如是。昔者，大王用此道，亨王業于西山。大王避狄之難，去豳來岐，豳人老稚扶攜以隨之，如歸市。蓋其人心之隨，固結如此。用此，故能亨盛其王業於西山。西山，岐山也。周之王業，蓋興於此。

上居隨極，固爲太過；然在得民〔註85〕之隨，與隨善之固，如此乃爲善也；施於它則過矣。

拘，句于反。縻，忙皮反。難，去聲。豳，音彬。岐，音祁。稚，音治。

象曰：拘係之，上窮也。

隨之固，如拘係〔註86〕維持〔註87〕，隨道之窮極也。

䷑ 巽下艮上 **蠱**

《序卦》：「以喜隨人者，必有事，故受之以蠱。」

承二卦之義以爲次也。夫喜說以隨於人者，必有事也；无事，則何喜何隨？蠱所以

〔註84〕底本作「後」，據《四庫》本更正。
〔註85〕一有「心」字。
〔註86〕一无「係」字。
〔註87〕一无「持」字。

次隨也。

蠱，事也。蠱非訓事，蠱乃有事也。爲卦山下有風。風在山下，遇山而回則物亂，是爲蠱象。

蠱之義，壞亂也。在文爲蟲皿；皿之有蟲，蠱壞之義。《左氏傳》云：「風落山，女惑男。」以長女下於少男，亂其情也。風遇山而回，物皆撓亂，是爲有事之象，故云「蠱者，事也」。既蠱而治之，亦事也。以卦之象言之，所以成蠱也；以卦之才言之，所以治蠱也。

蠱，音古。撓，女巧反。

蠱：元亨，利涉大川。

既蠱，則有復治之理。自古治必因亂，亂則開治，理自然也。如卦之才以治蠱，則能致元亨也。蠱之大者，濟時之艱難險阻也，故〔註 88〕利涉大川。

先甲三日，後甲三日。

甲，數之首、事之始也，如〔註 89〕辰之甲乙。甲第、甲令，皆謂首也，事之端也。治蠱之道，當思慮其先後三日。蓋推原先後，爲救弊可久之道。先甲，謂先於此，究其所以然也。後甲，謂後於此，慮其將然也。

一日、二日，至於三日，言慮之深、推之遠也。究其所以然，則知救之之道；慮其將然，則知備〔註 90〕之之方。善救，則前弊可革；善備，則後利可久，此古之聖王，所以新天下而垂後世也。後之治蠱者，不明聖人先甲後甲之誡，慮淺而事近，故勞於救亂〔註 91〕，而亂不革；功未及成，而弊已生矣。

甲者，事之首。庚者，變更之首。制作政教之類，則云「甲」，舉其首也。發號施令之事，則云「庚」。庚，猶更也，有所更變也。

彖曰：蠱，剛上而柔下，巽而止，蠱。

以卦變及二體之義而言。

剛上而柔下，謂乾之初九，上而爲上九；坤之上六，下而爲初六也。陽剛，尊而在

〔註 88〕《四庫》本有「曰」字。
〔註 89〕底本作「加」，費解。《四庫》本作「如」，義較長，據《四庫》本更正。
〔註 90〕《註評》本作「防備」，未明所據。
〔註 91〕《四庫》本作「世」。

上者也，今往居於上；陰柔，卑而在下者也，今來居於下。男雖少而居上，女雖長而在下，尊卑得正，上下順理，治蠱之道也。由剛之上，柔之下，變而爲艮巽。艮，止也。巽，順也。〔註92〕以巽順之道治蠱，是以元亨也。

蠱，元亨，而天下治也。

治蠱之道，如卦之才，則元亨而天下治矣。夫治亂者，苟能使尊卑上下之義正，在下者巽順，在上者能止齊安定之，事皆止於順，則何蠱之不治也？其道大善而亨也；如此，則天下治矣。

利涉大川，往有事也。

方天下壞亂之際，宜涉艱險，以往而濟之，是往有所事也。

先甲三日，後甲三日，終則有始，天行也。

夫有始則必有終，既終則必有始，天之道也。聖人知終始之道，故能原始而究其所以然，要終而備其將然。先甲、後甲而爲之慮，所以能治蠱，而致元亨也。

象曰：山下有風，蠱；君子以振民育德。

山下有風，風遇山而回，則物皆散亂，故爲有事之象。君子觀有事之象，以振濟於民，養育其德也。在己則養德，於天下則濟民；君子之所事，无大於此二者。

初六：幹父之蠱，有子，考无咎；厲，終吉。

初六雖居最下，成卦由之，有主之義。居內在下而爲主，子幹父蠱也。子幹父蠱之道，能堪其事，則爲有子，而其考得无咎；不然，則爲父之累，故必惕厲，則得終吉也。

處卑而尸尊事，自當兢畏。以六之才，雖能巽順，體乃陰柔，在下无應而主幹，非有能濟之義。若以不克幹而〔註93〕言，則其義甚小，故專言爲子幹蠱之道，必克濟，則不累其父；能厲，則可以終吉。乃備見爲子幹蠱之大法也。

象曰：幹父之蠱，意承考也。

子幹父蠱之道，意在承當於父之事也。故祇敬其事，以置父於无咎之地；常懷惕厲，則終得其吉也。盡誠於父事，吉之道也。

九二：幹母之蠱，不可貞。

〔註92〕《四庫》本有「下巽而上止，止於巽順也」二句。

〔註93〕一无「而」字。

九二以〔註 94〕剛陽〔註 95〕爲六五所應，是以剛陽〔註 96〕之才在下，而幹夫在上陰柔之事也，故取子幹母蠱爲義。以剛陽之臣，輔柔弱之君，義亦相近。

二，巽體而處柔，順義爲多，幹母之蠱之道也。夫子之於母，當以柔巽輔導之，使得於義〔註 97〕，不順而致敗蠱，則子之罪也。從容將順，豈无道乎？

以婦人言之，則陰柔可知。若伸己剛陽之道，遽然矯拂，則傷恩，所害大矣，亦安能入乎？在乎屈己下意，巽順將承，使之身正事治而已。故曰「不可貞」，謂不可貞固，盡其剛直之道，如是乃中道也，又安能使之爲甚高之事乎？若於柔弱之君，盡誠竭忠，致之於中道則可矣，又安能使之大有爲乎？且以周公之聖輔成王，成王非甚柔弱也，然能使之爲成王而已，守成不失道則可矣，固不能使之爲羲、黃、堯、舜之事也。

二，巽體而得中，是能巽順而得中道，合「不可貞」之義，得幹母蠱之道也。

象曰：幹母之蠱，得中道也。

二得中道而不過剛，幹母蠱之善者也。

九三：幹父之蠱，小有悔，无大咎。

三以剛陽之才，居下之上，主幹者也，子幹父之蠱也。以陽處剛而不中，剛之過也；然而，在巽體，雖剛過，而不爲无順。順，事親之本也；又居得正，故无大過。以剛陽之才，克幹其事，雖以剛過，而有小小之悔，終无大過咎也。然有小悔，已非善事親也。

象曰：幹父之蠱，終无咎也。

以三之才，幹父之蠱，雖小有悔，終无大咎也。蓋剛斷能幹，不失正而有順，所以終无咎也。

六四：裕父之蠱，往見吝。

四以陰居陰，柔順之才也。所處得正，故爲寬裕以處其父事者也。夫柔順之才而處正，僅能循常自守而已；若往幹過常之事，則不勝而見吝也。以陰柔而无應助，往安能濟？

〔註 94〕《四庫》本無「以」字。
〔註 95〕《四庫》本作「陽剛」。
〔註 96〕《四庫》本作「陽剛」。
〔註 97〕一有「母」字。

裕，羊戍反。

象曰：裕父之蠱，往未得也。

以四之才，守常居寬豫之時則可矣；欲有所往，則未得也。加其所任〔註 98〕，則不勝矣。

六五：幹父之蠱，用譽。

五居尊位，以陰柔之質，當大〔註 99〕君之幹，而下應於九二，是能任剛陽之臣也。雖能下應剛陽之賢而倚任之，然己實陰柔，故〔註 100〕不能爲創始開基之事，承其舊業則可矣，故爲幹父之蠱。

夫創業垂統之事，非剛明之才則不能。繼世之君，雖柔弱之資，苟能〔註 101〕任剛賢，則可以爲善繼，而成令譽也。太甲、成王，皆以臣而用譽者也。

象曰：幹父用譽，承以德也。

幹父之蠱，而用有令譽者，以其在下之賢，承輔之以剛中之德也。

上九：不事王侯，高尚其事。

上九居蠱之終，无係應〔註 102〕於下，處事之外，无所事之地也。以剛明之才无應援，而處无事之地，是賢人君子不偶於時，而高潔自守，不累於世務者也，故云「不事王侯，高尚其事」。古之人有行之者，伊尹、太公望之始，曾子、子思之徒是也。

不屈道以徇時，既不得施設於天下，則自善其身，尊高敦尚其事，守其志節而已。士之自高尚，亦〔註 103〕非一道：有懷抱道德不偶於時，而高潔自守者；有知止足之道，退而自保者；有量能度分，安於不求知〔註 104〕者；有清介自守，不屑天下之事，獨潔其身者。所處雖有得失小大之殊，皆自〔註 105〕高尚其事者也。《象》所謂「志可則」者，進退合道者也。

〔註 98〕《二程集》：一作「往」。另註：《徐》本此句作「如有所往」

〔註 99〕《四庫》本作「人」。

〔註 100〕一作「固」。

〔註 101〕一有「信」字。

〔註 102〕一无「應」字。

〔註 103〕一无「亦」字。

〔註 104〕一无「知」字。

〔註 105〕底本作「目」。上云「士之自高尚」，故下文宜作「自」，今據《四庫》本更正。

象曰：不事王侯，志可則也。

如上九之處事外，不累於世〔註 106〕務，不臣事於王侯，蓋進退以道，用捨隨時，非賢者能之乎？其所存之志，可爲法則也。

《周易》上經　卷第二

〔註 106〕底本作「出」，費解，故據《四庫》本，《註評》本更正。

《周易》上經　卷第三

程頤傳

䷒ 兌下坤上 臨

《序卦》:「有事而後可大,故受之以臨。」

臨者,大也。蠱者,事也。有事則可大矣,故受之以臨也。韓康伯云:「可大之業,由事而生。」二陽方長而盛大,故為臨也。為卦澤上有地。澤上之地,岸也;與水相際,臨近乎水,故為臨。

天下之物,密近〔註1〕相臨者,莫若地與水;故地上有水則為比,澤上有地則為臨也。

臨者,臨民、臨事,凡所臨皆是。在卦,取自上臨下,臨民為義。

臨:元亨,利貞。

以卦才言也。臨之道,如卦之才,則大亨而正也。

至于八月,有凶。

二陽方長於下,陽道嚮盛之時,聖人豫為之戒曰:「陽雖方長,至於八月,則其道消矣,是有凶也。」

大率聖人為戒,必於方盛之時。方盛而慮衰,則可以防其滿極,而圖其永久;若既衰而後戒,亦无及矣。自古天下安治,未有久而不亂者,蓋不能戒於盛也。方其盛而不知戒,故狃安富則〔註2〕驕侈生,樂舒肆則綱紀壞,忘禍亂則釁孽萌。是以浸

〔註1〕一作「邇」。
〔註2〕《四庫》本作「而」。

淫，不知亂之至也。

彖曰：臨，剛浸而長，說而順；剛中而應，大亨以正，天之道也。

浸，漸也，二陽長於下而漸進也。下兌上坤，和說而順也。剛得中道而有應助，是以能大亨而得正，合天之道。

剛正而和順，天之道也。化育之功所以不息者，剛正和順而已。以此臨人、臨事、臨天下，莫不大亨而得正也。兌爲說，說乃和也。夬，《彖》云：「決而和。」

至于八月有凶，消不久也。

臨，二陽生，陽方漸盛之時，故聖人爲之戒云：「陽雖方長，然至于八月，則消而凶矣。」八月，謂陽生之八月。陽始生於復，自復至遯，凡八月，自建子至建未也。二陰長而陽消矣，故云「消不久也」。

在陰陽之氣言之，則消長如循環，不可易也。以人事言之，則陽爲君子，陰爲小人。方君子道長之時，聖人爲之誡，使知極則有凶之理，而虞備之常，不至於滿極，則无凶也。

象曰：澤上有地，臨；君子以教思无窮，容保民无疆。

澤之上有地，澤岸也，水之際也。物之相臨與含容，无若水之在地，故澤上有地爲臨也。

君子觀親臨之象，則教思无窮。親臨於民，則有〔註 3〕教導之意思也。无窮，至誠无斁也。觀含容之象，則有容保民之心。无疆，廣大无疆限也。含容，有廣大之意，故爲无窮、无疆之義。

初九：咸臨，貞吉。

咸，感也。陽長之時，感動於陰；四應於初，感之者也，比它卦相應尤重。

四，近君之位。初得正位，與四感應，是以正道爲當位所信任，得行其志。獲乎上而得行其正道，是以吉也。它卦，初、上爻不言得位、失位，蓋初、終之義爲重也。臨，則以初得位居正爲重。

凡言「貞吉」，有既正且吉者；有得正則吉者；有貞固守之則吉者，各隨其事〔註 4〕

〔註 3〕一无「有」字。
〔註 4〕一作「時」。

也。

象曰：咸臨貞吉，志行正也。

所謂「貞吉」，九之志在於行正也。以九居陽，又應四之正，其志正也。

九二：咸臨，吉，无不利。

二方陽長而漸盛，感〔註 5〕動於六五中順之君，其交之親，故見信任，得行其志，所臨吉而无不利也。吉者，已然如是，故吉也。无不利者，將然；於所施爲，无所不利也。

象曰：咸臨，吉，无不利，未順命也。

未者，非遽之辭。《孟子》：「或問：『勸齊伐燕，有諸？』曰：『未也。』」又云：「仲子所食之粟，伯夷之所樹歟？抑亦盜蹠〔註6〕之所樹歟？是未可知也。」《史記》：「侯嬴曰：『人固未易知。』」古人用字之意皆如此。

今人大率用對「已」字，故意似異，然實不殊也。九二與五感應以臨下。蓋以剛德之長，而又得中，至誠相感，非由順上之命也，是以吉而无不利。五順體，而二說體，又陰陽相應，故《象》特明其非由說順也。

六三：甘臨，无攸利；既憂之，无咎。

三居下之上，臨人者也，陰柔而說體，又處不中正，以甘說臨人者也。在上而〔註 7〕以甘說臨下，失德之甚，无所利也。

兌性既說，又乘二陽之上，陽方長而上進，故不安而益甘，既知危懼而憂之，若能持謙守正，至誠以自處，則无咎也。邪說由己，能憂而改之，復何咎乎？

象曰：甘臨，位不當也；既憂之，咎不長也。

陰柔之人，處不中正，而居下之上，復乘二陽，是處不當位也。既能知懼而憂之，則必強勉自改，故其過咎不長也。

六四：至臨，无咎。

四居上之下，與下體相比，是切臨於下，臨之至也。臨道尚近，故以比爲至。四居

〔註 5〕一作「咸」。
〔註 6〕《四庫》本作「盜跖」。
〔註 7〕一无「而」字。

正位，而下應於剛陽之初，處近君之位，守正而任賢，以親臨於下，是以无咎，所處當也。

象曰：至臨无咎，位當也。

居近君之位，爲得其任；以陰處四，爲得其正；與初相應，爲下賢。所以无咎，蓋由位之當也。

六五：知臨，大君之宜，吉。

五以柔中順體，居尊位，而下應於二剛中之臣，是能倚任於二，不勞而治，以知臨下者也。

夫以一人之身，臨乎天下之廣，若區區自任，豈能周於萬事？故自任其知者，適足爲不知。唯能取天下之善，任天下之聰明，則无所不周。是不自任其知，則其知大矣。五順應於九二剛中之賢，任之以臨下，乃己以明知臨天下，大君之所宜也，其吉可知。

象曰：大君之宜，行中之謂也。

君臣道合，蓋以氣類相求。五有中德，故能倚任剛中之賢，得〔註 8〕大君之宜，成知臨之功；蓋由行其中德也。人君之於賢才，非道同德合，豈能用也？

上六：敦臨，吉，无咎。

上六，坤之極，順之至也；而居臨之終，敦厚於臨也。與初、二雖非正應，然大率陰求於陽，又其至順，故志在從乎二陽。尊而應卑，高而從下；尊賢取善，敦厚之至也，故曰「敦臨」。

所以吉而无咎：陰柔在上，非能臨者，宜有咎也；以其敦厚於順剛，是以吉而无咎。六居臨之終，而不取極義；臨无過極，故止爲厚義。上，无位之地，止以在上言。

象曰：敦臨之吉，志在內也。

志在內，應乎初與二也。志順剛陽而敦篤，其吉可知〔註 9〕。

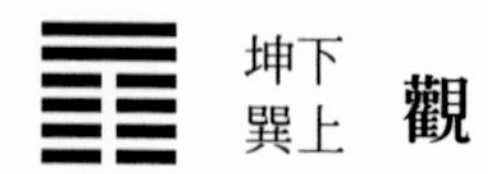
坤下
巽上 **觀**

〔註 8〕《四庫》本作「成」。
〔註 9〕《四庫》本有「也」字。

《序卦》:「臨者，大也。物大然後可觀，故受之以觀。」觀所以次臨也。

凡觀視於物，則為觀（平聲）；為觀於下，則為觀（去聲）〔註 10〕。如樓觀謂之觀者，為觀於下也。人君上觀天道，下觀民俗，則為觀；修德行政，為民瞻仰，則為觀。

風行地上，徧觸萬類，周觀之象也。二陽在上，四陰在下；陽剛居尊，為群下所觀，仰觀之義也。在諸爻，則唯取觀見，隨時為義也。

觀：盥而不薦，有孚顒若。

予聞之胡翼〔註 11〕之先生曰:「君子居上，為天下之〔註 12〕表儀，必極其莊敬，則下觀仰而化也。故為天下之觀，當如宗廟之祭。始盥之時，不可如既薦之後；則下民盡其至誠，顒然瞻仰之矣。」

盥，謂祭祀之始，盥手酌鬱鬯於地，求神之時也。薦，謂獻腥、獻熟之時也。盥者，事之始，人心方盡其精誠，嚴肅之至也。至既薦之後，禮數繁縟，則人心散，而精一不若始盥之時矣。居上者，正其表儀，以為下民之觀，當〔註 13〕莊嚴〔註 14〕如始盥之初，勿使誠意少散，如既薦之後；則天下之人，莫不盡其孚誠，顒然瞻仰之矣。顒，仰望也。

彖曰：大觀在上，順而巽，中正以觀天下。

五居尊位，以剛陽中正之德，為下所觀，其德甚大，故曰「大觀在上」。下坤而上巽，是能順而巽也。五居中正，以巽順中正之德，為觀於天下也。

觀，盥而不薦，有孚顒若，下觀而化也。

為觀之道，嚴敬如始盥之時，則下民至誠瞻仰〔註 15〕而從化也。不薦，謂不使誠意少散也。

觀天之神道，而四時不忒；聖人以神道設教，而天下服矣。

天道至神，故曰「神道」。觀天之運行，四時无有差忒，則見其神妙。聖人見天道之

〔註 10〕《四庫》本無「平聲」、「去聲」等字。
〔註 11〕底本作「益」。《四庫》本作「翼」。按：胡瑗，字翼之，作「翼」為是。
〔註 12〕一无「之」字。
〔註 13〕一作「常」。
〔註 14〕一作「敬」。
〔註 15〕一作「仰觀」。

神，體神道以設教，故天下莫不服也。

夫天道至神，故運行四時，化育萬物，无有差忒。至神之道，莫可名言，唯聖人默契，體其妙用，設爲政教。故天下之人，涵泳其德，而不知其功；鼓舞其化，而莫測其用，自然仰觀而戴服，故曰「以神道設教，而天下服矣」。

象曰：風行地上，觀；先王以省方觀民設教。

風行地上，周及庶物，爲由歷周覽之象。故先王體之，爲省方之禮，以觀民俗，而設政教也。

天子巡省四方，觀視民俗，設爲政教，如奢則約之以儉，儉則示之以禮是也。省方，觀民也。設教，爲民觀也。

初六：童觀，小人无咎，君子吝。

六以陰柔之質，居遠於陽，是以〔註16〕觀見者淺近，如童稚然，故曰「童觀」。

陽剛中正在上，聖賢之君也。近之，則見其道德之盛，所觀深遠。初乃遠之，所見不明，如童蒙之觀也。小人，下民也；所見昏淺，不能識君子之道，乃常分也。不足，謂之過咎；若君子而如是，則可鄙吝也。

象曰：初六童觀，小人道也。

所觀不明，如童稚，乃小人之分，故曰「小人道也」。

六二：闚觀，利女貞。

二應於五，觀於五也。五，剛陽中正之道，非二陰暗柔弱所能觀見也，故但如闚覘之觀耳。闚覘之觀，雖少見而不能甚〔註17〕明也。二既不能明見剛陽中正之道，則利如女子之貞，雖見之不能甚明，而能順從者，女子之道也，在女子爲貞也。二既不能明見九五之道，能如女子之順從，則不失中正，乃爲利也。

象曰：闚觀女貞，亦可醜也。

君子不能觀見剛陽中正之大道，而僅〔註18〕闚覘其彷彿，雖能順從，乃同女子之貞，亦可羞醜也。

〔註16〕一作「其」。
〔註17〕一作「盡」。
〔註18〕一有「能」字。

六三：觀我生，進退。

三居非其位，處順之極，能順時以進退者也。若居當其位，則无進退之義也。

觀我生：我之所生，謂動作施為出於己者。觀其所生，而隨宜進退，所以處雖非正，而未至失道也。隨時進退，求不失道，故无悔咎〔註19〕，以能順也。

象曰：觀我生進退，未失道也。

觀己之生，而進退以順乎宜，故未至於失道也。

六四：觀國之光，利用賓于王。

觀，莫明於近。五以剛陽中正居尊位，聖賢之君也；四切近之，觀見其道，故云「觀國之光」，觀見國之盛德光輝也。不指君之身而云「國」者，在人君而言，豈止觀其行一身乎？當觀天下之政化，則人君之道德可見矣。四雖陰柔，而巽體居正，切近於五，觀見而能順從者也。

利用賓于王：夫聖明在上，則懷抱才德之人，皆願進於朝廷輔戴之，以康濟天下。四既觀見人君之德，國家之治，光華盛美，所宜賓于王朝，效其智力，上輔於君，以施澤天下，故云「利用賓于王」也。古者，有賢德之人，則人君賓禮之，故士之仕進於王朝，則謂之「賓」。

象曰：觀國之光，尚賓也。

君子懷負才業，志在乎兼善天下；然有卷懷自守者，蓋時无明君，莫能用其道，不得已也，豈君子之志哉？故孟子曰：「中天下而立，定四海之民，君子樂之。」既觀見國之盛德光華，古人所謂「非常之遇」也〔註20〕；所以志願登進王朝，以行其道，故云「觀國之光，尚賓也」。尚，謂志尚，其志意願慕賓于王朝也。

九五：觀我生，君子无咎。

九五居人君之位，時之治亂，俗之美惡，繫乎己而已。觀己之生，若天下之俗，皆君子矣，則是己之所為政化善也，乃无咎矣。若天下之俗，未合君子之道，則是己之所為政治未善，不〔註21〕能免於咎也。

象曰：觀我生，觀民也。

〔註19〕一作「吝」。
〔註20〕一无「也」字。
〔註21〕一作「未」。

我生，出於己者。人君欲觀己之施為善否，當觀於民；民俗善，則政化善也。王弼云：「觀民以察己之道。」是也。

上九：觀其生，君子无咎。

上九以剛陽〔註22〕之德處於上，為下之所觀，而不當位，是賢人君子不在於位，而道德為天下所觀仰者也。觀其生，觀其所生也；謂出於己者，德業行義也。既為天下所觀仰，故自觀其所生，若皆君子矣，則无過咎也；苟未君子，則何以使人觀仰矜式？是其咎也。

象曰：觀其生，志未平也。

雖不在位，然以人觀其德，用為儀法，故當自慎省。觀其所生，常不失於君子，則人不失所望而化之矣。不可以不在於位故，安然放意，无所事也。是其志意未得安也，故云「志未平也」。平，謂安寧也。

䷔ 震下離上 噬嗑

《序卦》：「可觀而後有所合，故受之以噬嗑。嗑者，合也。」既有可觀，然後有來合之者也。噬嗑所以次觀也。

噬，齧也。嗑，合也。口中有物間之，齧而後合之也。卦，上下二剛爻而中柔，外剛中虛，人頤口之象也。中虛之中，又一剛爻，為頤中有物之象。口中有物，則隔其上下，不得嗑；必齧之，則得嗑，故為噬嗑。

聖人以卦之象，推之於天下之事。在口，則為有物隔而不得合；在天下，則為有強梗或讒邪間隔於其間，故天下之事不得合也〔註23〕。當用刑法〔註24〕，小則懲誡，大則誅戮，以除去之，然後天下之治得成矣。

凡天下至於一國，一家至於萬事，所以不和合者，皆由有間也，无間則合矣。以至天地之生，萬物之成，皆合而後能遂。凡未合者，皆有間也。若君臣、父子、親戚、朋友之間，有離貳怨隙者，蓋讒邪間於其間也，除去之，則和合矣。故間隔者，天下之大害也。聖人觀噬嗑〔註25〕之象，推之於天下萬事，皆使去其間隔而合之，則

〔註22〕《四庫》本作「陽剛」。
〔註23〕一无「也」字。
〔註24〕《四庫》本作「罰」。
〔註25〕一作「齧合」。

无不和且治〔註26〕矣。

噬嗑者，治天下之大用也。去天下之間，在任刑罰，故卦取用刑爲義。在二體，明照而威震，乃用刑之象也。

噬嗑：亨，利用獄。

噬嗑亨，卦自有亨義也。天下之事，所以不得亨者，以有間也；噬而嗑之，則亨通矣。

利用獄：噬而嗑之之道，宜用刑獄也。天下之間，非刑獄何以〔註27〕去之？不云「利用刑」，而云「利用〔註28〕獄」者，卦有明照之象，利於察獄也。獄者，所以究察情僞；得其情，則知爲間之道，然後可以設防與致刑也。

噬，市制反。嗑，胡獵反。

彖曰：頤中有物，曰噬嗑。噬嗑而亨。

頤中有物，故爲噬嗑。有物間於頤中則爲害，噬而嗑之，則其害亡，乃亨通也，故云「噬嗑而亨」。

頤，以之反。

剛柔分，動而明，雷電合而章。

以卦才言也。

剛爻與柔爻相間，剛柔分而不相雜，爲明辨之象。明辨，察獄之本也。

動而明：下震上離，其動而明也。

雷電合而章：雷震而電耀，相須並見，合而章也。照與威並行，用獄之道也。能照，則无所隱情；有威，則莫敢不畏。上既以二象言其動而明，故復言威照並用之意。

柔得中而上行，雖不當位，利用獄也。

六五以柔居中，爲用柔得中之義。上行，謂居尊位。雖不當位，謂以柔居五爲不當，而利於用獄者。治獄之道，全剛，則傷於嚴暴；過柔，則失於寬縱。五爲用獄之主，以柔處剛而得中，得用獄之宜也。

〔註26〕一作「洽」。
〔註27〕一作「不可以」。
〔註28〕一无「利用」字。

以柔居剛，爲利用獄；以剛居柔，爲利否？曰：「剛柔，質也。居，用也。用柔，非治獄之宜也。」

上，時掌反。

象曰：雷電，噬嗑；先王以明罰勑法。

《象》無倒置者，疑此文互也。雷電，相須並見之物，亦有嗑象。電明而雷威，先王觀電雷〔註29〕之象，法其明與威，以明其刑罰，飭其法令。法者，明事理而爲之防者也。

勑：恥力反。

初九：屨校滅趾，无咎。

九居初，最在〔註30〕下，无位者也；下民之象，爲受刑之人。當用刑之始，罪小而刑輕。校，木械也。其過小，故屨之於足，以滅傷其趾。人有小過，校而滅其趾，則當懲懼，不敢進於惡矣，故得无咎。《繫辭》云：「小懲而大誡，此小人之福也。」言懲之於小與初，故〔註31〕得无咎也。

初與上无位，爲受刑之人，餘四爻皆爲用刑之人。初居最下，无位者也。上，處尊位之上，過於尊位，亦无位者也。王弼以爲无陰陽之位。陰陽繫於奇耦，豈容无也？然諸卦初、上，不言當位不當位者〔註32〕，蓋初終之義爲大。臨之初九，則以位爲正；若需上六，云「不當位」；乾上九云「无位」，爵位之位，非陰陽之位也。

屨，紀具反。校，爻教反。

象曰：屨校滅趾，不行也。

屨校而滅傷其趾，則知懲誡，而不敢長其惡，故云「不行也」。古人制刑，有小罪則校其趾，蓋取禁止其行，使不進於惡也。

六二：噬膚滅鼻，无咎。

二，應五之位，用刑者也。四爻皆取噬爲義。二居中得正，是用刑得其中正也。用刑得其中正，則罪惡者易服，故取噬膚爲象。噬齧人之肌膚，爲易入也。

〔註29〕《四庫》本作「雷電」。
〔註30〕《四庫》本無「在」字。
〔註31〕一有「後」字。
〔註32〕一作「不言位當不當者」。

滅，沒也，深入至沒其鼻也。二以中正之道，其刑易服；然乘初剛，是用刑於剛強之人。刑剛強之人，必須深痛，故至滅鼻而无咎也。中正之道，易以服人，與嚴刑以待剛強，義不相妨。

膚，方于反。

象曰：噬膚滅鼻，乘剛也。

深至滅鼻者，乘剛故也。乘剛，乃用刑於剛強之人，不得不深嚴也。深嚴則得宜，乃所謂中也。

六三：噬腊肉，遇毒。小吝，无咎。

三，居下之上，用刑者也。六居三，處不當位。自處不得其當，而刑於人，則人不服，而怨懟悖犯之，如噬齧乾腊堅韌之物，而遇毒惡之味，反傷於口也。

用刑而人不服，反致怨傷，是可鄙吝也。然當噬嗑之時，大要噬間而嗑之，雖其身處位不當，而強梗難服，至於遇毒。然用刑非爲不當也，故雖可吝，而〔註33〕亦小噬而嗑之，非有咎也。

象曰：遇毒，位不當也。

六三〔註34〕以陰居陽，處位不當。自處不當，故所刑者難服，而反毒之也。

九四：噬乾胏，得金矢。利艱貞，吉。

九四居近君之位，當噬嗑之任者也。四已過中，是其間愈大，而用刑愈深也，故云「噬乾胏」。

胏，肉之有聯〔註35〕骨者。乾肉而兼骨，至堅難噬者也。噬至堅而得金矢。金取剛，矢取直。九四陽德剛直，爲得剛直之道。雖用剛直之道，利取〔註36〕克艱其事，而貞固其守，則吉也。

九〔註37〕四剛而明體，陽而居柔。剛明則傷於果，故戒以知難；居柔則守不固，故戒以堅貞。剛而不貞者有矣，凡失剛者，皆不貞也。在噬嗑，四爲最善。

〔註33〕一无「而」字。
〔註34〕一无「三」字。
〔註35〕一无「聯」字。
〔註36〕《四庫》本作「在」。
〔註37〕一无「九」字。

乾，音干。胏，緇美反。

象曰：利艱貞吉，未光也。

凡言「未光」，其道未光大也。戒於〔註38〕利艱貞，蓋其所不足也；不得中正故也。

六五：噬乾肉，得黃金。貞厲，无咎。

五，在卦愈上，而為噬乾肉，反易於四之乾胏者，五居尊位，乘在上之勢，以刑於下，其勢易也。在卦將極矣，其為間甚大，非易嗑也，故為噬乾肉也。

得黃金：黃，中色。金，剛物。五居中，為得中道。處剛，而四輔以剛，得黃金也。五无應，而四居大臣之位，得其助也。

貞厲，无咎：六五雖處中剛，然實柔體，故戒以必正固，而懷危厲，則得无咎也。以柔居尊，而當噬嗑〔註39〕之時，豈可不貞固而懷危懼哉〔註40〕？

象曰：貞厲无咎，得當也。

所以能无咎者，以所為得其當也。所謂「當」，居中用剛，而能守正慮危也。

上九：何校滅耳，凶。

上，過乎尊位，无位者也，故為受刑者。居卦之終，是其間大〔註41〕，噬之極也。《繫辭》所謂「惡積而不可揜，罪大而不可解」者也。故何校而滅其耳，凶可知矣。何，負也，謂在頸也。

何，何可反。揜，音掩。

象曰：何校滅耳，聰不明也。

人之聾暗不悟，積其罪惡，以至於極。古人制法，罪之大者，何之以校，為其无所聞知，積成其惡，故以校而滅傷〔註42〕其耳，誡聽之不明也。

離下
艮上 **賁**

〔註38〕一作「以」字。
〔註39〕一作「堅」。
〔註40〕一作「忘危懼也」。
〔註41〕底本作「太」，據《四庫》本更正。
〔註42〕一无「傷」字。

《序卦》:「嗑者，合也。物不可以苟合而已，故受之以賁。賁者，飾也。」

物之合，則必有文，文乃飾也。如人之合聚，則有威儀上下；物之合聚，則有次序行列。合則必有文也，賁所以次噬嗑也。爲卦山下有火。

山者，草木百物〔註43〕所聚也。下有火，則照見其上，草木品彙皆被其光彩，有賁飾之象，故爲賁也。

賁：亨。小利有攸往。

物有飾而後能亨，故曰:「无本不立，无文不行。」有實而加飾，則可以亨矣。文飾之道，可增其光彩，故能小利於進也。

賁，彼僞反。

彖曰：賁亨，柔來而文剛，故亨。分剛上而文柔，故小利有攸往。天文也，文明以止，人文也。

卦爲賁飾之象，以上下二體剛柔相交〔註44〕爲文飾也。下體本乾，柔來文其中而爲離；上體本坤，剛往文其上而爲艮，乃爲山下有火，止於文明而成賁也。天下之事，无飾不行，故賁則能亨也。

柔來而文剛，故亨：柔來文於剛，而成文明之象；文明，所以爲賁也。賁之道能致亨，實由飾而能亨也。

分剛上而文柔，故小利有攸往：分乾之中爻，往文於艮之上也。事由飾而加盛，由飾而能行，故小利有攸往。夫往而能利者，以有本也。賁飾之道，非能增其實也，但加之文彩耳。事由文而顯盛，故爲小利有攸往。

亨者，亨通也。往者，加進也。二卦之變，共成賁義，而《彖》分言〔註45〕上下，各主一事者，蓋離明足以致亨，文柔又能小進也。

天文也，文明以止，人文也：此承上文，言陰陽剛柔相文者，天之文也；止於文明者，人之文也。止，謂處於文明也。質必有文，自然之理。理必有對待，生生之本也。有上則有下，有此則〔註46〕有彼，有質則有文。一不獨立，二則爲文，非知道者，孰能識之？天文，天之理也；人文，人之道也。

〔註43〕《四庫》本有「之」字。

〔註44〕一作「交相」。

〔註45〕一无「言」字。

〔註46〕一作「必」。

觀乎天文，以察時變。

天文，謂日月星辰之錯列，寒暑陰陽之代變。觀其運行，以察四時之遷改也。

觀乎人文，以化成天下。

人文，人理之倫序。觀人文以教化天下，天〔註47〕下〔註48〕成其禮俗，乃聖人用賁之道也。賁之象，取山下有火；又取卦變，柔來文剛，剛上文柔。

凡卦，有以二體之義及二象而〔註49〕成者，如屯取「動乎險中」與「雲雷」，訟取「上剛下險」與「天水違行」是也。

有取一爻者，成卦之由也：「柔得位，而上下應之，曰小畜」；「柔得尊位，大中，而上下應之，曰大有」是也。

有取二體，又取消長之義者〔註50〕：「雷在地中，復」；「山附於地，剝」是也。

有取二象，兼取二爻交變爲義者：「風雷，益」，兼取「損上益下」；「山下有澤，損」，兼取「損下益上」是也。

有既以二象成卦，復取爻之義者：夬之「剛決柔」，姤之「柔遇剛」是也。

有以用成卦者：「巽乎水而上水，井」；「木上有火，鼎」是也。鼎又以卦形爲象。

有以形爲象者：「山下有雷，頤」；「頤中有物，曰噬嗑」是也。此成卦之義也。

如「剛上柔下」，「損上益下」，謂剛居上，柔在下；損於上，益於下，據成卦而言，非謂就卦中升降也。如訟、无妄云「剛來」，豈自上體而來也？凡以柔居五者，皆云「柔進而上行」，「柔居下者也，乃居尊位，是進而上也」，非謂自下體而上也。

卦之變，皆自乾坤。先儒不達，故謂賁本是泰卦，豈有乾坤重而爲泰，又由泰而變之理？下離，本乾中爻變而成離；上艮，本坤上爻變而成艮。離在內，故云「柔來」；艮在上，故云「剛上」，非自下體而上也。乾坤變而爲六子，八卦重而爲六十四，皆由乾坤而〔註51〕變也。

象曰：山下有火，賁；君子以明庶政，无敢折獄。

〔註47〕一无「天」字。
〔註48〕一无「下」字。
〔註49〕一无「而」字。
〔註50〕底本作「也」，《四庫》本作「者」，《註評》本據《吉澄》本亦作「者」字。
〔註51〕《四庫》本作「之」。

山者，草木百物之〔註52〕所聚生也，火在其〔註53〕下而上照，庶類皆被其光明，爲賁飾之象也。

君子觀山下有火明照之象，以脩明其庶政，成文明之治，而无果敢於折獄也。折獄者，人君之所致愼也，豈可恃其〔註54〕明而輕自用乎？乃聖人之用心也，爲戒深矣。

《象》之所取，唯以山下有火，明照庶物，以用明爲戒，而賁亦自有无敢折獄之義。折獄者，專用情實，有文飾則沒其情矣，故无敢用文以折獄也。

折，之舌反。

初九：賁其趾，舍車而徒。

初九以剛陽居明體而處下，君子有剛明之德而在下者也。君子在无位之地，无所施於天下，唯自賁飾其所行而已。趾，取在下而所以行也。君子脩飾之道，正其所行，守節處義，其行不苟。義或不當，則舍車輿而寧徒行。眾人之所羞，而君子以爲賁也。

舍車而徒之義，兼於比應取之。初比二而應四，應四，正也；與二，非正也。九之剛明守義，不近與於二，而遠應於四，舍易而從難，如舍車而徒行也。守節義，君子之賁也。是故君子所賁，世俗所羞；世俗所貴〔註55〕，君子所賤。以車徒爲言者，因趾與行爲義也。

舍，音捨。

象曰：舍車而徒，義弗乘也。

舍車而徒行者，於義不可以乘也。初應四，正也；從二，非正也。近舍二之易，而從四之難，舍車而徒行也。君子之賁，守其義而已。

六二：賁其須。

卦之爲賁，雖由兩爻之變，而文明之義爲重。二實賁之主也，故主言賁之道。

飾於物者，不能大變其質也，因其質而加飾耳，故取須義。須，隨頤而動者也；動止唯繫於〔註56〕所附，猶善惡不由於賁也。二之文明，唯爲賁飾，善惡則繫其質也。

〔註52〕一无「之」字。
〔註53〕一无「其」字。
〔註54〕一无「其」字。
〔註55〕一作「賁」。
〔註56〕一无「於」字。

象曰：賁其須，與上興也。

以須爲象者，謂其與上同興也。隨上而動，動止唯繫所附也；猶加飾於物，因其質而賁之，善惡在其質也。

九三：賁如濡如，永貞吉。

三處文明之極，與二、四二陰間處相賁，賁之盛者也，故云「賁如」。如，辭助也。賁飾之盛，光彩潤澤，故云「濡如」。光彩之盛，則有潤澤。《詩》云：「麀〔註 57〕鹿濯濯。」

永貞吉：三與二、四非正應，相比而成相賁，故戒以常永貞正。賁者，飾也。賁〔註 58〕飾之事，難乎常也，故永貞則吉。三與四相賁，又下比於二。二柔文一剛，上下交賁，爲賁之盛也。

濡，如臾反。

象曰：永貞之吉，終莫之陵也。

飾而不常，且非正〔註 59〕，人所陵侮也，故戒能永正則吉也。其賁既常而正，誰能陵之乎？

六四：賁如皤如，白馬翰如，匪寇婚媾。

四與初爲正應，相賁者也，本當「賁如」，而爲三所隔，故不獲相賁而「皤如」。

皤，白也，未獲賁也。馬，在下而動者也，未獲相賁，故云「白馬」。其從正應之志如飛，故云「翰如」。

匪爲九三之寇讎所隔，則婚媾遂其相親矣。己之所乘，與動於下者，馬之象也。初、四正應，終必獲親，第始爲其間隔耳。

皤，白波反；陸音煩。翰，戶旦反。媾，古豆反。

象曰：六四當位，疑也；匪寇婚媾，終无尤也。

四與初相遠，而三介於其間，是所當之位爲〔註 60〕可疑也。雖爲三寇讎所隔，未得

〔註 57〕底本作「鹿鹿」。考《詩經．大雅．靈臺》作「麀鹿」，《四庫》本亦作「麀鹿」，從《四庫》本更正。

〔註 58〕一作「脩」。

〔註 59〕一有「則」字。

〔註 60〕一无「爲」字。

親其〔註61〕婚媾，然其正應，理直義勝，終必得合，故云「終无尤也」。尤，怨也。終得相賁，故无怨尤也。

六五：賁于丘園，束帛戔戔。吝，終吉。

六五以陰柔之質，密比於上九剛陽之賢，陰比於陽，復无所係應，從之者也，受賁於上九也。自古設險守國，故城壘多依丘坂。丘，謂在外而近且高者。園圃之地，最近城邑，亦在外而近者。丘園，謂在外而近者，指上九也。六五雖居君位，而陰柔之才，不足自守，與上之剛陽相比，而志從焉。獲賁於外比之賢，賁於丘園也。

若能受賁於上九，受〔註62〕其裁制，如束帛而〔註63〕戔戔，則雖其柔弱不能自爲，爲可吝少；然能從於人，成賁之功，終獲其吉也。

戔戔，翦裁紛〔註64〕裂之狀。帛未用則束之，故謂之束帛。及其制爲衣服，必裁翦〔註65〕分裂，戔戔然。束帛，喻六五本質。戔戔，謂受人裁〔註66〕製而成用也。

其資於人，與蒙同；而蒙不言吝者，蓋童蒙而賴於人，乃其宜也。非童幼而資賁於人，爲可吝耳；然享其功，終爲吉也。

戔，在干反。

象曰：六五之吉，有喜也。

能從人以成賁之功，享其吉美，是有喜也。

上九：白賁，无咎。

上九，賁之極也。賁飾之極，則失於華僞；唯能質白其賁，則无過飾〔註67〕之咎。白，素也。尚質素，則不失其本眞。所謂「尚質素」者，非无飾也，不使華沒實耳。

象曰：白賁无咎，上得志也。

白賁无咎，以其在上而得志也。上九爲得志者，在上而文柔，成賁之功。六五之君，又受其賁，故雖居无位之地，而實尸賁之功，爲得志也。與它卦居極者異矣。

〔註61〕《四庫》本作「於」。
〔註62〕一作「隨」。
〔註63〕一无「而」字。
〔註64〕《四庫》本作「分」。
〔註65〕《四庫》本作「剪裁」。
〔註66〕《四庫》本作「剪」。
〔註67〕《四庫》本作「失」。

既在上而得志，處賁之極，將有華僞失實之咎，故戒以質素則无咎，飾不可過也。

䷖ 坤下艮上 剝

《序卦》:「賁者，飾也。致飾，然後亨則盡矣，故受之以剝。」

夫物至於文飾，亨之極也；極則必反，故賁終則剝也。卦，五陰而一陽。陰始自下生，漸長至於盛極；群陰消剝於陽，故爲剝也。

以二體言之，山附於地，山高起地上，而反附著於地，頹剝之象也。

剝，邦角反。

剝：不利有攸往。

剝者，群陰長盛，消剝於〔註68〕陽之時。眾小人剝喪於〔註69〕君子，故君子不利有所往。唯當巽言晦迹，隨時消息，以免小人之害也。

彖曰：剝，剝也，柔變剛也。不利有攸往，小人長也。

剝，剝也，謂剝落也。

柔變剛也，柔長而剛剝〔註70〕也。夏至，一陰生而漸長。一陰長則一陽消，至於〔註71〕建戌，則極而成剝，是陰柔變剛陽也。陰，小人之道，方長盛而剝消於〔註72〕陽，故君子不利有所往也。

順而止之，觀象也。君子尚消息盈虛，天行也。

君子當剝之時，知不可有所往，順時而止，乃能觀剝之象也。卦有順止之象，乃處剝之道，君子當觀而體之。

君子尚消息盈虛，天行也：君子存心消息盈虛之理，而能順之，乃合乎天行也。理有消衰，有息長，有盈滿，有虛損；順之則吉，逆之則凶。君子隨時敦尚，所以事天也。

〔註68〕一作「一」。
〔註69〕一无「於」字。
〔註70〕《四庫》本作「變」。
〔註71〕一无「於」字。
〔註72〕一作「剛」。

象曰：山附於地，剝；上以厚下安宅。

艮重於坤，山附於地也。山高起於地，而反附著於地，圮剝之象也。

上，謂人君與居人上者，觀剝之象，而厚固其下，以安其居也。下者，上之本，未有基本固而能剝者也；故上〔註73〕之剝必自下，下剝則上危矣。爲人上者，知理之如是，則安養人民，以厚其本，乃所以安其居也。《書》曰：「民惟邦本，本固邦寧。」

初六：剝牀以足，蔑貞，凶。

陰之剝陽，自下而上。以牀爲象者，取身之所處也。自下而剝，漸至於身也。

剝牀以足，剝牀之足也。剝始自下，故爲剝足。陰自下進，漸消蔑於〔註74〕貞正，凶之道也。

蔑，无也，謂消亡於正道也〔註75〕。陰剝陽，柔變剛，是邪侵正，小人消君子，其凶可知。

象曰：剝牀以足，以滅下也。

取牀足爲象者，以陰消〔註76〕沒陽於下〔註77〕。滅，沒也。侵滅正道，自下而上也。

六二：剝牀以辨，蔑貞，凶。

辨，分隔上下者，牀之幹也。陰漸進而上，剝至於辨，愈蔑於正也，凶益甚矣。

象曰：剝牀以辨，未有與也。

陰之侵剝於〔註78〕陽，得以益盛；至於剝辨者，以陽未有應與故也。小人侵剝君子，若君子有與，則可以勝小人，不能爲害矣；唯其无與，所以被蔑而凶。當消剝之時，而无徒與，豈能自存也？言「未有與」，剝之未盛；有與，猶可勝也。示人之意深矣。

六三：剝之，无咎。

眾陰剝陽之時，而三獨居剛應剛，與上下之陰異矣。志從於正，在剝之時，爲无咎者也。

〔註73〕一作「山」。
〔註74〕一无「於」字。
〔註75〕一作「消亡正道也」，一作「消亡於正也」。
〔註76〕《四庫》本作「侵」。
〔註77〕《四庫》本有「也」字。
〔註78〕一作「剛」。

三之爲，可謂善矣；不言吉，何也？曰：「方群陰剝陽，眾小人害君子，三雖從正，其勢孤弱，所應在无位之地。於斯時也，難乎免矣，安得吉也？其義爲无咎耳，言其无咎，所以勸也。」

象曰：剝之无咎，失上下也。

三居剝而无咎者，其所處與上下諸陰不同，是與其同類相失，於處剝之道爲无咎，如東漢之呂強是也。

六四：剝牀以膚，凶。

始剝於牀足，漸至於膚。膚，身之外也，將滅其身矣，其凶可知。陰長已盛，陽剝已甚，貞道已消，故更不言蔑貞，直言凶也。

象曰：剝牀以膚，切近災也。

五爲君位，剝已及四，在人，則剝其膚矣。剝及其膚，身垂於亡矣，切近於災禍也。

六五：貫魚，以宮人寵，无不利。

剝及君位，剝之極也，其凶可知；故更不言剝，而別設義，以開小人遷善之門。

五，群陰之主也。魚，陰物，故以爲象。五能使群陰順序，如貫魚然，反獲寵愛於在上之陽，如宮人，則无所不利也。宮人，宮中之人，妻妾、侍使也。以陰言，且取獲寵〔註79〕愛之義。以一陽在上，眾陰有順從之道，故發此義。

象曰：以宮人寵，終无尤也。

群陰消〔註80〕剝於〔註81〕陽，以至於極，六五若能長率群陰，駢首順序，反獲寵愛於陽，則終无過尤也。於剝之將終，復發此義，聖人勸遷善之意，深切之至也。

上九：碩果不食，君子得輿，小人剝廬。

諸陽消剝已盡，獨有上九一爻尚存，如碩大之果不見食，將有〔註82〕復生之理。上九亦〔註83〕變，則純陰矣。然陽无可盡之理，變於上，則生於下，无間可容息也。聖人發明此理，以見陽與君子之道，不可亡也。

〔註79〕一作「親」。
〔註80〕一无「消」字。
〔註81〕一无「於」字。
〔註82〕《四庫》本作「見」字。
〔註83〕一作「一」，一作「已」。

或曰：「剝盡則爲純坤，豈復有陽乎？」曰：「以卦配月，則坤當十月。以氣消息言，則陽剝〔註84〕爲坤。陽〔註85〕來爲復〔註86〕，陽未嘗盡也。剝盡於上，則復生於下矣。故十月謂之陽月，恐疑其无陽也。陰亦然，聖人不言耳。陰道盛極之時，其亂可知。亂極則自當思治，故眾心願載於君子，君子得輿也。《詩・匪風・下泉》，所以居變風之終也。理既如是，在卦亦眾陰宗陽，爲共載之象。」

小人剝廬：若小人，則當剝之極，剝其廬矣，无所容其身也。更不論爻之陰陽，但言小人處剝極，則及其廬矣。廬，取在上之象。

或曰：「陰陽之消〔註87〕，必待盡而後復生於下，此在上便有復生之義，何也？夬之上六，何以言『終有凶』？」曰：「上九居剝之極，止〔註88〕有一陽。陽无可盡之理，故明其有復生之義，見君子之道，不可亡也。夬者，陽消陰；陰，小人之道也，故但言其消亡耳，何用更言卻有復生之理乎？」

象曰：君子得輿，民所載也；小人剝廬，終不可用也。

正道消剝既極，則人復思治，故陽剛君子，爲民所承載也。若小人處剝之極，則小人之窮耳，終不可用也。非謂九爲小人，但言剝極之時，小人如是也。

䷗ 震下坤上　復

《序卦》：「物不可以終盡，剝，窮上反下，故受之以復。」

物无剝盡之理，故剝極則復來〔註89〕。陰極則陽生，陽剝極於上，而復生於下，窮上而反下也，復所以次剝也。爲卦，一陽生〔註90〕五陰之下，陰極而陽復也。歲十月，陰盛既極，冬至，則一陽復生於地中，故爲復也。

陽，君子之道。陽消極而復反，君子之道消極而復長也，故爲反善之義。

復，音服。

〔註84〕一有「盡」字。
〔註85〕一有「復」字。
〔註86〕一有「然」字。
〔註87〕一作「交」。
〔註88〕《四庫》本作「上」。
〔註89〕一无「來」字。
〔註90〕《四庫》本有「於」字。

復：亨。出入无疾，朋來无咎。

復亨，既復則亨也。陽氣復生於下，漸亨盛而生育萬物。君子之道既復，則漸以亨通，澤於天下，故復則有亨盛之理也。

出入无疾：出入，謂生長。復生於內，入也；長進於外，出也。先云「出」，語順耳。陽生非自外也，來於內，故謂之入。物之始生，其氣至微，故多屯艱。陽之始生，其氣至微，故多催折。春陽之發，爲陰寒所折，觀草木於朝暮，則可見矣。

出入无疾，謂微陽生長，无害之者也。既无害之，而其類漸進而來，則將亨盛，故无咎也。所謂「咎」，在氣則爲差忒；在君子〔註 91〕則爲抑塞，不得盡其理。陽之當復，雖使有疾之，固不能止其復也，但爲阻礙耳；而卦之才，有无疾之義，乃復道之善也。

一陽始生至微，固未能勝群陰，而發生萬物，必待諸陽之來，然後能成生物之功，而无差忒，以朋來而无咎也。三陽，子、丑、寅之氣，生成萬物，眾陽之功也。若君子之道，既消而復，豈能便勝於小人？必待其朋類漸盛，則能協力以勝之也。

反復其道，七日來復，利有攸往。

謂消長之道，反復迭至。陽之消，至七日而來復。姤，陽之始消也，七變而成復，故云「七日」，謂七更也。臨云「八月有凶」，謂陽長至於陰長，歷八月也。陽進則陰退，君子道長，則小人道消，故利有攸往也。

彖曰：復亨剛反，動而以順行；是以出入无疾，朋來无咎。

復亨，謂剛反而亨也。陽剛消極而來反；既來反，則漸長盛而亨通矣。動而以順行，是以出入无疾，朋來无咎，以卦才言其所以然也。下動而上順，是動而以順行也。陽剛反而順動，是以得出入无疾，朋來而无咎也。朋之來，亦順動也。

反復其道，七日來復，天行也。利有攸往，剛長也。復，其見天地之心乎！

其道反復往來，迭消迭息〔註 92〕，七日而來復者，天〔註 93〕之運行如是也。消長相因，天之理也。陽剛君子之道長，故利有攸往。一陽復於下，乃天地生物之心也。先儒皆以靜爲見天地之心，蓋不知動之端，乃天地之心也。非知道者，孰能識之？

〔註 91〕一有「之道」字。

〔註 92〕一有「也」字。

〔註 93〕《四庫》本有「地」字。

象曰：雷在地中，復；先王以至日閉關，商旅不行，后不省方。

雷者，陰陽相薄而成聲。當陽之微，未能發也。雷在地中，陽始復之時也。陽始生於下而甚微，安靜〔註94〕而後能長。先王順天道，當至日陽之始生，安靜以養之，故閉關，使商旅不得行，人君不省視四方。觀復之象，而順天道也。在一人之身亦然，當安靜以養其陽也。

初九：不遠復，无祇悔，元吉。

復者，陽反來復也。陽，君子之道，故復爲反善之義。初剛陽來復，處卦之初，復之最先者也，是不遠而復也。失而後有復；不失，則何復之有？唯失之不遠而復，則不至於悔，大善而吉也。

衹，宜音柢〔註95〕，抵也。《玉篇》云：「適也。」義亦同。无衹悔，不至於悔也。坎卦曰：「衹既平，无咎。」謂至既平也。顏子无形顯之過，夫子謂其「庶幾」，乃无衹悔也。過既未形而改，何悔之有？既未能不勉而中，所欲不踰矩，是有過也。然其明而剛，故一有不善，未嘗不知；既知，未嘗不遽改，故不至於悔，乃不遠復也。

衹，陸德明音支。《玉篇》、《五經文字》、《羣經音辨》並見衣部。

象曰：不遠之復，以脩身也。

不遠而復者，君子所以脩其身之道也。學問〔註96〕之道无它也，唯其知不善，則速改以從善而已。

六二：休復，吉。

二雖陰爻，處中正而切比於初，志從於陽，能下仁也，復之休美者也。復者，復於禮也；復禮則爲仁。初陽復，復於仁也。二比而下之，所以美而吉也。

象曰：休復之吉，以下仁也。

爲復之休美而吉者，以其能下仁也。仁者，天下之公，善之本也。初復於仁，二能親而下之，是以吉也。

六三：頻復，厲，无咎。

〔註94〕一作「順」。

〔註95〕底本作「衹」，疑誤刻。按習坎卦九五《程傳》：「衹，宜音柢，抵也。」釋音義皆同，故知此處乃誤刻。《二程集》亦作「宜音柢」，故更正之。

〔註96〕一无「問」字。

三以陰躁，處動之極，復之頻〔註97〕數而不能固者也。復貴安固，頻復頻失，不安於復也。復善而屢失，危之道也。聖人開遷善之道，與其復而危其屢失，故云「厲无咎」，不可以頻失而戒其復也。頻失則爲危，屢復何咎？過在失而不在復也。

象曰：頻復之厲，義无咎也。

頻復頻失，雖爲危厲，然復善之義，則无咎也。

六四：中行獨復。

此爻之義，最宜詳玩。

四行眾〔註98〕陰之中，而獨能復，自處於正，下應於陽剛，其志可謂善矣。不言吉〔註99〕凶者，蓋四以柔居群陰之間，初方甚微，不足以相援，无可濟之理，故聖人但稱其能獨復，而不欲言其獨從道〔註100〕必凶也。曰：「然則不云〔註101〕『无咎』，何也？」曰：「以陰居陰，柔弱之甚，雖有從陽之志，終不克濟，非无咎也。」

象曰：中行獨復，以從道也。

稱其獨復者，以其從陽剛君子之善道也。

六五：敦復，无悔。

六五以中順之德處君位，能敦篤於復善者也，故无悔。雖本善，戒亦在其中矣。陽復方微之時，以柔居尊，下復无助，未能致亨吉也，能无悔而已。

象曰：敦復无悔，中以自考也。

以中道自成也。五以陰居尊，處中而體順，能敦篤其志，以中道自成，則可以无悔也。自成，謂成其中順之德。

上六：迷復，凶，有災眚。用行師，終有大敗；以其國君，凶。至于十年，不克征。

以陰柔居復之終，終迷不復者也。迷而不復，其凶可知。

〔註97〕底本作「類」，《四庫》本、《註評》本據《吉澄》本則作「頻」。本句後有「頻復頻失」語，故知「類」爲形譌，作「頻」爲是。

〔註98〕《四庫》本作「群」。

〔註99〕底本作「言」，費解，應爲形譌。《四庫》本、《註評》本作「吉」，今從之。

〔註100〕《四庫》本有「而」字。

〔註101〕《四庫》本作「言」。

有災眚：災，天災，自外來。眚，己過，由自作。既迷不復善，在己則動皆過失，災禍亦自外而至，蓋所招也。迷道不復，无施而可，用以行師，則終有大敗；以之爲國，則君之凶也。

十年者，數之終。至於十年不克征，謂終不能行。既迷於道，何時而可行也？

眚，所景反。

象曰：迷復之凶，反君道也。

復則合道，既迷於復，與道相反也，其凶可知。以其國，君凶，謂其反君道也。人君居上而治眾，當從天下之善；乃迷於復，反君之道也。非止人君，凡人迷於復者，皆反道而凶也。

䷘ 震下乾上　无妄

《序卦》：「復則不妄矣，故受之以无妄。」

復者，反於道也。既復於道，則合〔註 102〕正理而无妄，故復之後，受之以无妄也。爲卦乾上震下。

震，動也。動以天，爲无妄；動以人欲，則妄矣。无妄之義大矣哉！

无妄：元亨，利貞。其匪正有眚，不利有攸往。

无妄，言〔註 103〕至誠也。至誠者〔註 104〕，天之道也。天之化育萬物，生生不窮，各正其性命，乃无妄也。人能合无妄之道，則所謂「與天地合其德」也。无妄有大亨之理，君子行无妄之道，則可以致大亨矣。无妄，天之道也，卦言人由无妄之道也〔註 105〕。

利貞：法无妄之道，利在貞正；失貞正，則妄也。雖无邪心，苟不合正理，則妄也，乃邪心也，故有〔註 106〕匪正則爲過眚。既已无妄，不宜有往，往則妄也。

彖曰：无妄，剛自外來，而為主於內。

〔註 102〕一无「合」字。
〔註 103〕《四庫》本作「者」字；其斷句爲：「无妄者，至誠也。」
〔註 104〕一无「者」字。
〔註 105〕一无「也」字。
〔註 106〕一作「其」。

謂初九也。坤初爻變而爲震，剛自外而來也。震以初爻爲主，成卦之由，故初爲无妄之主。

動以天，爲无妄；動而以天，動爲主也。以剛變柔，爲以正去妄之象。又：剛正爲主於內，无妄之義也。九居初，正也。

動而健，剛中而應，大亨以正，天之命也。

下動而上健，是其動剛健也。剛健，无妄之體也。

剛中而應：五以剛居中正，二復以中正相應，是順理而不妄也；故其道大亨通而貞正，乃天之命也。天命，謂天道也，所謂无妄也。

其匪正有眚，不利有攸往。无妄之往，何之矣？天命不祐，行矣哉？

所謂「无妄」，正而已。小失於正，則爲有過，乃妄也。所謂「匪正」，蓋由有往；若无妄而不往，何由有匪正乎？无妄者，理之正也。更有往，將何之矣？乃入於妄也。往則悖於天理，天道所不祐，可行乎哉？

象曰：天下雷行，物與无妄；先王以茂對時，育萬物。

雷行於天下，陰陽交和，相薄而成聲，於是驚蟄藏，振萌芽，發生〔註107〕萬物；其所賦與，洪纖高下，各正其性命，无有差妄〔註108〕：物與无妄也。

先王觀天下雷行，發生賦與之象，而以茂對天時，養育萬物，使各得其宜，如天與之无妄也。茂，盛也。茂〔註109〕對之爲言，猶盛行永言之比。

對時，謂順合天時。天道生萬物，各正〔註110〕其性命而不妄。王者體天之道，養育人民，以至昆蟲草木，使各得其宜，乃對時育物之道也。

初九：无妄，往吉。

九以剛陽〔註111〕爲主於內，无妄之象。以剛實〔註112〕變柔而居內，中誠不妄者也。以无妄而往，何所不吉？卦辭言不利有攸往，謂既无妄，不可復有往也，過則妄矣。

〔註107〕一作「育」。

〔註108〕一作「忒」。

〔註109〕底本作「盛」，《四庫》本作「茂」。《象》言「茂對」，以「茂對」爲是。《註評》本據《吉澄》本亦作「茂對」。

〔註110〕《四庫》本作「得」。

〔註111〕《四庫》本作「陽剛」。

〔註112〕一无「實」字。

爻言往吉，謂以无妄之道而行則吉也。

象曰：无妄之往，得志也。

以无妄而往，无不得其志也。蓋誠之於物，无不能動：以之脩身，則身正； 以之治事，則事得其理；以之臨人，則人感而化。无所往而不得其志也。

六二：不耕獲，不菑畬，則利有所〔註 113〕**往。**

凡理之所然者，非妄也；人所欲〔註 114〕爲者，乃妄也，故以耕獲、菑畬譬之。

六二居中得正，又應五之中正，居動體而柔順，爲動能順乎中正，乃无妄者也，故極言无妄之義。

耕，農之始；穫，其成終也。田一歲曰菑，三歲曰畬。不耕而穫，不菑而畬，謂不首造其事，因其事理所當然也。首造其事，則是人心所作爲，乃妄也。因事之當然，則是順理應物，非妄也，穫與畬是也。蓋耕則必有穫，菑則必有〔註 115〕畬，是理〔註 116〕之固然，非心意之所造作也。如是則爲无妄；不妄，則所往利而无害也〔註 117〕。

或曰：「聖人制作以利天下者，皆造端也，豈非妄乎？」曰：「聖人隨時制作，合〔註 118〕乎風氣之宜，未嘗先時而開之也。若不待時，則一聖人足以盡爲矣，豈待累聖繼作也？時乃事之端，聖人隨時而爲也。」

穫，黃郭反。菑，側其反。畬，羊諸反。

象曰：不耕獲，未富也。

未者，非必之辭。臨卦曰「未順命」，是也。不耕而穫，不菑而畬，因其事之當然；既耕則必有穫，既菑則必成畬，非必以〔註 119〕穫畬之富而爲也。其始耕菑，乃設心在於求〔註 120〕穫畬，是以其富也。心有欲而爲者，則妄也。

〔註 113〕《四庫》本作「攸」。

〔註 114〕一作「欲所」。《二程集》小註：一无「欲」字。

〔註 115〕一作「爲」。

〔註 116〕《四庫》本作「是事理」。

〔註 117〕《四庫》本無「如是則爲无妄；不妄，則所往利而无害也。」一句。

〔註 118〕一作「因」。

〔註 119〕一无「以」字、一无「必」字。

〔註 120〕一无「求」字。

六三：无妄之災，或繫之牛。行人之得，邑人之災。
三以陰柔而不中正，是爲妄者也。又志應於上，欲也，亦妄也，在无妄之道爲災害也。

人之妄動，由有欲也。妄動而得，亦必有失；雖使得其所利，其動而妄，失已大矣，況復凶悔隨之乎！知者見妄之得，則知其失必與稱也。故聖人因六三有妄之象，而發明其理云：「无妄之災，或繫之牛。行人之得，邑人之災。」言如三之爲妄，乃无妄之災害也。設如有得，其失隨至，如或繫之牛。或，謂設或也。或繫得牛，行人得之，以爲有得；邑人失牛，乃是災也。借使邑人繫得馬，則行人失馬，乃是災也。言有得則有失，不足以爲得也。

行人、邑人，但言有得則有失，非以爲彼己也。妄得之福，災亦隨之；妄得之得，失亦稱之，固不足以爲得也。人能知此，則不爲妄動矣。

象曰：行人得牛，邑人災也。
行人得牛，乃邑人之災也。有得則有失，何足以爲得乎？

九四：可貞，无咎。
四，剛陽而居乾體，復无應與，无妄者也。剛而无私，豈有妄乎？可貞固守此，自无咎也。

九居陰，得爲正〔註 121〕乎？曰：「以陽居乾體，若復處剛，則爲〔註 122〕過矣，過則妄也。居四，无上〔註 123〕剛之志也。

可貞與利貞不同。可貞，謂其所處，可貞固守之；利貞，謂利於貞也。

象曰：可貞无咎，固有之也。
貞固守之，則无咎也。

九五：无妄之疾，勿藥有喜。
九以中正當尊位，下復以中正順應之，可謂无妄之至者也，其道无以加矣！

疾，爲之病者也。以九五之无妄，如其有疾，勿以藥治，則有喜也。人之有疾，則以藥石攻去其邪，以養其正。若氣體平和，本无疾病，而攻治之，則反害其正矣，

〔註 121〕一作「貞」。
〔註 122〕一无「爲」字。
〔註 123〕《四庫》本作「尚」。

故勿藥則有喜也。有喜，謂疾自亡也。

无妄之所謂「疾」者，謂若治之而不治，率之而不從，化之而不革，以妄而爲无妄之疾；舜之有苗，周公之管、蔡，孔子之叔孫、武叔是也。既已无妄，而有疾之者，則當自如无妄之疾，不足患也。若遂自攻治，乃是渝其无妄而遷於妄也。五既處无妄之極，故唯戒在動，動則妄矣。

象曰：无妄之藥，不可試也。

人之有妄，理必修改；既无妄矣，復藥以治之，是反爲妄也，其可用乎？故云「不可試也」。試，暫用也，猶曰「小嘗」之也。

上九：无妄，行有眚，无攸利。

上九居卦之終，无妄之極者也。極而復行，過於理也，過於理則妄也〔註124〕；故上九而行，則有過眚，而无所利也〔註125〕。

象曰：无妄之行，窮之災也。

无妄既極，而復加進，乃爲妄矣，是窮極而爲災害也。

䷙ 乾下 艮上 大畜

《序卦》:「有无妄然後可畜，故受之以大畜。」

无妄則爲有實，故可畜聚，大畜所以次无妄也。爲卦艮上乾下。

天而在於山中，所畜至大之象。畜爲畜止，又爲畜聚，止則聚矣〔註126〕。取天在山中之象，則爲蘊畜；取艮之止乾，則爲畜止。止而後有積，故止爲畜義。

大畜：利貞，不家食，吉，利涉大川。

莫大於天，而在山中；艮在上，而止乾於下，皆蘊畜至大之象也。在人，爲學術道德充積於內，乃所畜之大也。凡所畜聚，皆是專言其大者。

人之蘊畜，宜得正道，故云「利貞」。若夫異端偏學，所畜至多而不正者，固有矣。

〔註124〕一作「矣」。
〔註125〕《四庫》本作「矣」。
〔註126〕一有「又」字。

既道德充積於內，宜在上位，以享天祿；施爲於天下，則不獨於〔註 127〕一身之吉，天下之吉也。若窮處而自食於家，道之否也，故不家食則吉。

所畜既大，宜施之於時，濟天下之艱險，乃大畜之用也，故利涉大川。

此只據大畜之義而言，《彖》更以卦之才德而言，諸爻則唯有止畜之義。蓋《易》體道隨宜，取明且近者。

畜，勑六反

彖曰：大畜剛健，篤實輝光，日新其德。

以卦之才德而言也。乾體剛健，艮體篤實。人之才，剛健篤實，則所畜能大，充實而有輝光。畜之不已，則其德日新也。

剛上而尚賢，能止健，大正也。

剛上，陽居上也。陽剛居尊位之上，爲尚賢之義。止居健上，爲能止健之義。止乎健者，非大正，則安能以剛陽在上與尊尚賢德？能止至健，皆大正之道也。

不家食吉，養賢也；利涉大川，應乎天也。

大畜之人，所宜施其所畜，以濟天下，故不食於家則吉，謂居天位、享天祿也。國家養賢，賢者得行其道也。

利涉大川，謂大有蘊畜之人，宜濟天下之艱險也。《彖》更發明卦才云：「所以能涉大川者，以應乎天也。」

六五，君也；下應乾之中爻，乃大畜之君，應乾而行也。所行能應乎天，无艱險之不可濟，況其它乎？

象曰：天在山中，大畜；君子以多識前言往行，以畜其德。

天爲至大，而在山之中，所畜至大之象。君子觀象，以大其蘊畜。人之蘊畜，由學而大，在多聞前古聖賢之言與行，考跡以觀其用，察言以求其心，識而得之，以畜成其德，乃大畜之義也。

初九：有厲，利已。

大畜，艮止畜乾也，故乾三爻皆取被止〔註 128〕爲義，艮三爻皆取止之爲義。

〔註 127〕一无「於」字。
〔註 128〕一作「止之」。

初以陽剛，又健體而居下，必上進者也。六四在上，畜止於已，安能敵在上得位之勢？若犯之而進，則有危厲，故利在已而不進也。在它卦，則四與初爲正應，相援者也；在大畜，則相應乃爲相止畜。上與三皆陽，則爲合志。蓋陽皆上進之物，故有同志之象，而无相止之義。

象曰：有厲利已，不犯災也。

有危則宜已，不可犯災危而行也。不度其勢而進，有災必矣。

九二：輿說輹。

二爲六五所畜止，勢不可進也。五據在上之勢，豈可犯也？二雖剛健之體，然其處得中道，故進止无失；雖志於進，度其勢之不可，則止而不行，如車輿脫去〔註129〕輪輹，謂不行也。

說，徒活反。輹，音福〔註130〕。

象曰：輿說輹，中无尤也。

輿說輹而不行者，蓋其處得中道，動不失宜，故无過尤也。善莫善於剛中，柔中者，不至於過柔耳；剛中，中而才也。初九處不得中，故戒以有危，宜已。二得中，進止自无過差，故但言「輿說輹」，謂其能不行也；不行，則无尤矣。初與二乾體，剛健而不足以進。四與五，陰柔而能止。時之盛衰，勢之強弱，學《易》者所宜深識也。

九三：良馬逐，利艱貞。曰閑輿衛，利有攸往。

三，剛健之極，而上九之陽，亦上進之物，又處畜之極而思變也，與三乃不相畜，而志同相應以進者也。三以剛健之才，而在上者與合志而進，其進如良馬之馳逐，言其速也。雖其進之勢〔註131〕速，不可恃其才之健與上之應，而忘備與慎也；故宜艱難其事，而由貞正之道。輿者，用行之物。衛者，所以自防。當自〔註132〕日常閑習其車輿與其防衛，則利有攸往矣。

三，乾體而居正，能貞者也，當其〔註133〕銳進，故戒以知難與不失其貞〔註134〕也。

〔註129〕一有「其」字。
〔註130〕一云：「車旁作复，音服；作畐，音福。」
〔註131〕一作「志」。
〔註132〕一无「自」字。
〔註133〕《二程集》作「有」。
〔註134〕一作「正」。

志既銳於進，雖剛明，有時而失，不得不誡也。

曰：陸德明《釋文》云：「音越。」劉云：「曰，猶言也。」鄭：人實反；云：「日習車徒。」《易傳》從鄭音。〔註 135〕

象曰：利有攸往，上合志也。

所以利有攸往者，以與在上者合志也。上九陽性上進，且蓄已極，故不下畜三，而與〔註 136〕合志上進也。

六四：童牛之牿，元吉。

以位而言，則四下應於初，畜初者也。初居最下，陽之微者，微而畜之則易制，猶童牛而加牿，大善而吉也。

概論畜道，則四艮體，居上位而得正，是以正德居大臣之位，當畜之任者也。大臣之任，上畜止人君之邪心，下畜止天下之惡人〔註 137〕。人之惡，止於初則易，既盛而後禁，則扞格而難勝。故上之惡既甚，則雖聖人救之，不能免違拂；下之惡既甚，則雖聖人治之，不能免刑戮。莫若止之於初，如童牛而加牿，則元吉也。牛之性，觝觸以角，故牿以制之。若童犢始角，而加之以牿，使觝觸之性不發，則易而无傷矣〔註 138〕；況六四能畜止上下之惡於未發之前，則大善之吉也。

牿，古毒反。觝，丁禮反。觸，尺玉反。

象曰：六四元吉，有喜也。

天下之惡，已盛而止之，則上勞於禁制，而下傷於刑誅；故畜止於微小之前，則大善而吉，不勞而无傷，故可喜也。四之畜初是也；上畜亦然。

六五：豶豕之牙，吉。

六〔註 139〕居君位，止畜天下之邪惡。夫以億兆之眾，發其邪欲之心，人君欲力以制之，雖密法嚴刑，不能勝也。

夫物有總攝，事有機會，聖人操得其要，則視〔註 140〕億兆之心猶一心。道之斯行，

〔註 135〕《四庫》本不載反切，本節論「曰」字從《易傳》之由，《四庫》本亦不載。
〔註 136〕一有「三」字。
〔註 137〕一无「人」字。
〔註 138〕《四庫》本作「以」。
〔註 139〕《四庫》本有「五」字。
〔註 140〕一无「視」字。

止之則戢，故不勞而治，其用若豶豕之牙也。

豕，剛躁之物，而牙為猛利，若強制其牙，則用力勞而不能止其躁猛。雖縶之維之，不能使之變也。若豶去其勢，則牙雖存，而剛躁自止；其用如此，所以吉也。君子法豶豕之義，知天下之惡，不可以力制也。則察其機，持其要，塞絕其本原，故不假刑法〔註 141〕嚴峻，而惡自止也。

且如止盜，民有欲心，見利則動；苟不知教，而迫於饑寒，雖刑殺日施，其能勝億兆利欲之心乎？聖人則知所以止之之道，不尚威刑，而修政教，使之有農〔註 142〕桑之業，知廉恥之道，雖賞之不竊矣。故止惡之道，在知其本，得其要而已。不嚴刑於彼，而修政於此，是猶患豕牙之利，不制其牙而豶其勢也。

豶，符云反。

象曰：六五之吉，有慶也。

在上者，不知止惡之方，嚴刑以敵民欲，則其傷甚而无功。若知其本，制之有道則不勞，无傷而俗革，天下之福慶也。

上九：何天之衢，亨。

予聞之胡先生曰：「天之衢亨，誤加何字。」事極則反，理之常也，故畜極而亨。小畜，畜之小，故極而成；大畜，畜之大，故極而散。既極〔註 143〕當變，又陽性上行，故遂散也。

天衢，天路也，謂虛空之中，雲氣飛鳥往來，故謂之「天衢」。天衢之亨，謂其亨通曠闊，无有蔽阻也。在畜道則變矣，變而亨，非畜道之亨也。

象曰：何天之衢，道大行也。

何以謂之「天衢」？以其无止礙，道路大通行也。以「天衢」非常語，故《象》特設問曰：「何謂天之衢？」以道路大通行，取空豁之狀也。以《象》有「何」字，故爻下亦誤加之。

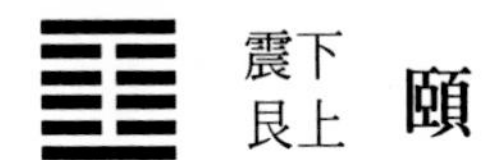 震下
艮上 **頤**

〔註 141〕《二程集》作「罰」。
〔註 142〕一作「耕」。
〔註 143〕《四庫》本作「極既」。

《序卦》:「物畜然後可養，故受之以頤。」

夫物既畜聚，則必有以養之；无養則不能存息，頤所以次大畜也。卦上艮下震。上下二陽爻，中含四陰，上止而下動，外實而中虛，人頤頷之象也。

頤，養也。人口所以飲食養人之身，故名爲頤。聖人設卦，推養之義，大至於天地養育萬物，聖人養賢以及萬民，與人之養生、養形、養德、養人，皆頤養之道也。動息節宣，以養生也；飲食衣服，以養形也；威儀行義，以養德也；推己及物，以養人也。

頤：貞吉。觀頤，自求口實。

頤之道，以正則吉也。人之養身、養德、養人、養於人，皆以正道則吉也。天地造化，育養〔註144〕萬物，各得其宜者，亦正而已矣。

觀頤，自求口實：觀人之所頤，與其自求口實之道，則善惡吉凶可見矣。

頤，以之反。

彖曰：頤，貞吉，養正則吉也。觀頤，觀其所養也。自求口實，觀其自養也。

貞吉：所養者，正則吉也。所養，謂所養之人，與養之之道。自求口實，謂其自求養身之道，皆以正則吉也。

天地養萬物，聖人養賢以及萬民。頤之時大矣哉！

聖人極言頤之道，而贊其大。天地之道，則養育萬物。養育萬物之道，正而已矣。聖人則養賢才，與之共天位，使之食天祿，俾施澤於天下，養賢以及萬民也。養賢，所以養萬民也。

夫天地之中，品物之眾，非養則不生。聖人裁成天地之道，輔相天地之宜，以養天下，至於鳥獸草木，皆有養之之政。其道配天地，故夫子推頤之道，贊天地與聖人之功曰「頤之時大矣哉」。或云「義」，或云「用」，或止云「時」，以其大者也。萬物之生與養，時爲大，故云「時」。

象曰：山下有雷，頤；君子以慎言語，節飲食。

以二體言之，山下有雷，雷震於山下，山之生物，皆動其根荄，發其萌芽，爲養之象。

〔註144〕《四庫》本作「養育」。

以上下之義言之，艮止而震動，上止下動，頤頷之象〔註 145〕。以卦形言之，上下二陽，中含〔註 146〕四陰，外實中虛，頤口之象。

口，所以養身也；故君子觀其象以養其身，慎言語以養其德，節飲食以養其體，不唯就口取養〔註 147〕義。

事之至近，而所繫至大者，莫過於言語飲食也。在身為言語，於天下，則凡命令、政教，出於身者，皆是；慎之，則必當而无失。在身為飲食，於天下，則凡貨資、財用，養於人者，皆是；節之，則適宜而无傷。推養身〔註 148〕之道〔註 149〕，養德、養天下，莫不然也。

初九：舍爾靈龜，觀我朵頤，凶。

蒙之初六，蒙者也，爻乃主發蒙而言。頤之初九，亦假外而言。

爾，謂初也。舍爾之靈龜，乃觀我而朵頤。我，對爾而設。初之所以朵頤者，四也；然非四謂之也，假設之辭爾。九，陽體剛明，其才智足以養正者也。龜能咽息不食；靈龜，喻其明智，而可以不求養於外也。才雖如是，然以陽居動體，而在頤之時，求頤，人所欲也，上應於四，不能自守，志在上行，說所欲而朵頤者也。心既動，則其自失必矣。迷欲而失己，以陽而從陰，則何所不至，是以凶也。朵頤，為朵動其頤頷。人〔註 150〕見食而欲之，則動頤垂涎，故以為象。

舍，音捨。朵，多果反。頷，戶感反。

象曰：觀我朵頤，亦不足貴也。

九，動體；朵頤，謂其說陰而志動。既為欲所動，則雖有剛健明智之才，終必自失，故其才亦不足貴也。人之貴乎剛者，為其能立而不屈於欲也；貴乎明者，為其能照而不失於正也。既惑所欲而失其正，何剛明之有？為可賤也。

六二：顛頤，拂經于丘頤。征凶。

女不能自處，必從男；陰不能獨立〔註 151〕，必從陽。二，陰柔，不能自養，待養於

〔註 145〕一有「也」字。
〔註 146〕一无「含」字。
〔註 147〕一无「養」字。
〔註 148〕《四庫》本無「身」字。
〔註 149〕一有「則」字。
〔註 150〕《四庫》本「人」前有「又」字。
〔註 151〕底本作「正」，《四庫》本作「立」。依前「自處」文意，以「獨立」為是。

人者也。天子養天下，諸侯養一國，臣食君上之祿，民賴司牧之養，皆以上養下，理之正也。二既不能自養，必求養於剛陽；若反下求於初，則爲顚倒，故云「顚頤」。顚則拂違經常，不可行也。若求養於丘，則往必有凶。丘，在外而高之物，謂上九也。卦止二陽，既不可顚頤于初，若求頤于上九，往則有凶。

在頤之時，相應則相養者也。上非其應而往求養，非道妄動，是以凶也。顚頤則拂經，不獲其養。爾妄求於上，往則得凶也。今有人，才不足以自養，見在上者勢力足以養人，非其族類，妄往求之，取辱得凶必矣。

六二中正，在它卦多吉，而凶，何也？曰：「時然也。陰柔既不足以自養，初、上二爻，皆非其與，故往求則悖理而得凶也。」

顚，丁田反。

象曰：六二征凶，行失類也。

征而從上則凶者，非其類故也。往求而失其類，得凶宜矣。行，往也。

六三：拂頤，貞凶。十年勿用，无攸利。

頤之道，唯正則吉。三以陰柔之質，而處〔註 152〕不中正，又在動之極，是柔邪不正而動者也。其養如此，拂違於頤之正道，是以凶也。

得頤之正，則所養皆吉。求養養人，則合於義，自養則成其德。三乃拂違正道，故戒以十年勿用。十，數之終，謂終不可用，无所往而利也。

象曰：十年勿用，道大悖也。

所以戒終不可用，以其所由之道，大悖義理也。

悖，布內反。

六四：顚頤，吉。虎視眈眈，其欲逐逐，无咎。

四在人上，大臣之位；六以陰居之〔註 153〕，陰柔不足以自養，況養天下乎？初九以剛陽居下，在下之賢也，與四爲應；四又柔順而正，是能順於初，賴初之養也。以上養下則爲順，今反求下之養，顚倒也，故曰「顚頤」。然己以〔註 154〕不勝其任，求在下之賢而順從之，以濟其事，則天下得其養，而己无曠敗之咎，故爲吉也。

〔註 152〕一有「又」字。
〔註 153〕《二程集》作「也」。
〔註 154〕《四庫》本無「以」字。

夫居上位者，必有〔註 155〕才德威望，爲下民所尊畏，則事行而眾心服從。若或下易其上，則政出而人違，刑施而怨起，輕於陵犯，亂之由也。六四雖能順從剛陽，不廢厥職；然質本陰柔，賴人以濟，人之所輕，故必養其威嚴，眈眈然如虎視，則能重其體貌，下不敢易。

又：取〔註 156〕於人者，必有常；若間或无繼，則其政敗矣。其欲，謂所須用者，必逐逐相繼而不乏，則其事可濟；若取於人而无繼，則困窮矣。既有威嚴，又所施不窮，故能无咎也。

二顛頤則拂經，四則吉，何也？曰：「二在上，而反求養於下，下非其應類，故爲拂經。四則居上位，以貴下賤，使在〔註 157〕下之賢，由己以行其道，上下之志相應，而〔註 158〕施於民，何吉如之！」

自三以下，養口體者也；四以上，養德義者也。以君而資養於臣，以上位而賴養於下，皆養德也。

眈，丁南反。

象曰：顛頤之吉，上施光也。

顛倒求養，而所以吉者，蓋得剛陽之應以濟其事，致己居上之德施，光明被于天下，吉孰大焉？

六五：拂經，居貞吉，不可涉大川。

六五，頤之時居君位，養天下者也；然其陰柔之質，才不足以養天下，上有剛陽之賢，故順從之，賴其養己以濟天下。

君者，養人者也，反賴人之養，是違拂於經常。既以己之不足，而順從於賢師傅。上，師傅之位也，必居守貞固，篤於委信，則能輔翼其身，澤及天下，故吉也。

陰柔之質，无貞剛之性，故戒以能居貞則吉。以陰柔之才，雖倚賴剛賢，能持循於平時，不可處艱難變故之際，故云「不可涉大川」也。以成王之才，不至甚柔弱也。當管、蔡之亂，幾不保於周公，況其下者乎？故《書》曰：「王亦未敢誚公。」賴二

〔註 155〕一作「其」。
〔註 156〕《四庫》本作「從」。
〔註 157〕一无「在」字。
〔註 158〕一有「澤」字。

公得終信，故艱險〔註159〕之際，非剛明之主，不可恃也；不得已而濟艱險者，則有矣。發此義者，所以深戒於爲君也。於上九，則據爲臣致身盡忠之道言，故不同也。

象曰：居貞之吉，順以從上也。

居貞之吉者，謂能堅固順從於上九之賢，以養天下也。

上九：由頤，厲吉，利涉大川。

上九以剛陽之德，居師傅之任；六五之君，柔順而從於己，賴己之養，是當天下之任，天下由之以養也。以人臣而當是任，必常懷危厲則吉也。如伊尹、周公，何嘗不憂勤兢畏，故得終吉。

夫以君之才不足，而倚賴於己，身當天下〔註160〕大任，宜竭其才力，濟天下之艱危，成天下之治安，故曰「利涉大川」。得君如此之專，受任如此之重，苟不濟天下之〔註161〕艱危，何足稱委遇而謂之賢乎？當盡誠竭力，而不顧慮，然惕厲則不可忘也。

象曰：由頤厲吉，大有慶也。

若上九之當大任如是，能兢畏如是，天下被其德澤，是大有福慶也。

䷛ 巽下兌上 大過

《序卦》曰：「頤者，養也。不養則不可動，故受之以大過。」

凡物養而後能成，成則能動，動則有過，大過所以次頤也。爲卦上兌下巽。

澤在木上，滅木也。澤者，潤養於木；乃至滅沒於木，爲大過之義。

大過者，陽過也。故爲大者過、過之大與大事過也；聖賢道德功業大過於人，凡事之大過於常者，皆是也。

夫聖人盡人道，非過於理也。其制事以天下之正理，矯時〔註161〕之用，小過於中者則有之，如行過乎恭，喪過乎哀，用過乎儉是也。蓋矯之小過，而後能及於中，乃

〔註159〕一作一有「之」字。「難」。
〔註160〕一有「之」字。
〔註161〕《四庫》本無「之」字。
〔註161〕《四庫》本作「失」。

求中之用也。

所謂大過者，常事之大者耳，非有過於理也。唯其大，故不常見；以其比常所見者大，故謂之大過。如堯、舜之禪讓，湯、武之放伐，皆由〔註 162〕道也。道无不中，无不常，以世人所不常〔註 163〕見，故謂之「大過於常」也。

過，古臥反。

大過：棟橈，利有攸往，亨。

小過，陰過於上下；大過，陽過於中。陽過於中，而上下弱矣，故爲棟橈之象。棟，取其勝重；四陽聚於中，可謂重矣。九三、九四皆取棟象，謂任重也。橈，取其本末弱，中強而本末弱，是以橈也〔註 164〕。陰弱而陽強，君子盛而小人衰，故利有攸往而亨也。棟，今人謂之檁。

棟，丁貢反。橈，乃教反。

彖曰：大過，大者過也。

大者過，謂陽過也。在事，爲事之大者過，與其過之大。

棟橈，本末弱也。

謂上下二陰衰弱。陽盛則陰衰，故爲大者過。在小過，則曰「小者過」，陰過也。

剛過而中，巽而說行；利有攸往，乃亨。

言卦才之善也。剛雖過，而二、五皆得中，是處不失〔註 165〕中道也。下巽上兌，是以巽順和說之道而行也。在大過之時，以中道巽說而行，故利有攸往，乃所以能亨也。

說，音悅。

大過之時大矣哉！

大過之時，其事甚大，故贊之曰「大矣哉」。如立非常之大事，興不〔註 166〕世之大功，成絕俗之大德，皆大過之事也。

〔註 162〕一有「此」字。
〔註 163〕一作「嘗」。
〔註 164〕一作「橈取其中強而本末弱；本末弱，是以橈也」。
〔註 165〕不失，一作「得」。
〔註 166〕《四庫》本作「百」。

象曰：澤滅木，大過；君子以獨立不懼，遯世无悶。

澤，潤養於木者也；乃至滅沒於木，則過甚矣，故爲大過。君子觀大過之象，以立其大過人之行。君子所以大過人者，以其能獨立不懼，遯世无悶也。

天下非之而不顧，獨立不懼也；舉世不見知而不悔，遯世无悶也。如此然後能自守，所以爲大過人〔註167〕也。

初六：藉用白茅，无咎。

初以陰柔巽體而處下，過於畏愼者也。以柔在下，用茅藉物之象，不措諸地而藉以茅，過於愼也，是以无咎。茅之爲物，雖薄而用可重者，以用之能成敬愼之道也。愼守斯術而行，豈有失乎？大過之用也。

《繫辭》云：「苟措諸地而可矣，藉之用茅，何咎之有？愼之至也。夫茅之爲物，薄而用可重也；愼斯術也以往，其无所失矣。」言敬愼之至也。茅雖至薄之物，然用之可甚重，以之藉薦，則爲重愼之道，是用之重也。人之過於敬愼，爲之非難，而可以保其安而无過。苟能愼〔註168〕斯道，推而行之於事，其无所失矣。

藉，在夜反。

象曰：藉用白茅，柔在下也。

以陰柔居〔註169〕卑下之道，唯當過於敬愼而已。以柔在下，爲以茅藉物之象，敬愼之道也。

九二：枯楊生稊，老夫得其女妻，无不利。

陽之大過，比陰則合，故二與五皆有生象。九二當大過之初，得中而居柔，與初密比而相與。初既切比於二，二復无應於上，其相與可知。是剛過之人，而能以中自處，用柔相濟者也。過剛則不能有所爲，九三是也。得中用柔，則能成大過之功，九二是也。

楊者，陽氣易感之物，陽過則枯矣；楊枯槁而復生稊，陽過而未至於極也。九二陽過而與初，老夫得女妻之象。老夫而得女妻，則能成生育之功。二得中居柔而與初，故能復生稊，而无過極之失，无所不利也。在大過，陽爻居陰則善，二與四是也。二不言吉，方言无所不利，未遽至吉也。

〔註167〕一无「人」字。
〔註168〕一有「思」字。
〔註169〕《四庫》本作「處」。

稊，根也。劉琨《勸進表》云：「生繁華於枯荑。」謂枯根也。鄭玄《易》亦作「荑」，字與稊同。徒稽反。

象曰：老夫女妻，過以相與也。

老夫之說少女，少女之順老夫，其相與過於常分，謂九二、初六，陰陽相與之和，過於常也。

九三：棟橈，凶。

夫居大過之時，興大過之功，立大過之事，非剛柔得中，取於人以自輔，則不能也。既過於剛強，則不能與人同常常之功；尚不能獨立，況大過之事乎？以聖人之才，雖小事，必取於人；當天下之大任，則可知矣。九三以大過之陽，復以剛自居，而不得中，剛過之甚者也。以過愼〔註170〕之剛，動則違於中和，而拂於眾心，安能當大過之任乎？故不勝其任，如棟之橈，傾敗其室，是以凶也。取棟爲象者，以其无輔，而不能勝重任也。

或曰：「三，巽體而應於上，豈无用柔之象乎？」曰：「言《易》者，貴乎識勢之重輕，時之變易。三居過而用剛，巽既終而且變，豈復有用柔之義？應者，謂志相從也。三方過剛，上能係其志乎？」

象曰：棟橈之凶，不可以有輔也。

剛強之過，則不能取於人，人亦不能〔註171〕親輔之，如棟橈折，不可支輔也。棟，當室之中，不可加助，是不可以有輔也。

九四：棟隆，吉。有它，吝。

四居近君之位，當大過之任者也；居柔，爲能用柔相濟。既不過剛，則能勝其任，如棟之隆起，是以吉也。隆起〔註172〕，取不下橈之義。大過之時，非陽剛不能濟；以剛處柔，爲得宜矣。若又與初六之陰相應，則過也。既剛柔得宜，而志復應陰，是有它也；有它則有累於剛，雖未至於大害，亦可吝也。蓋大過之時，動則過也。有它，謂更有它志。吝，爲不足之義，謂可少也。

或曰：「二比初則无不利，四若應初則爲吝，何也？」曰：「二得中而比於初，爲以柔相濟之義。四與初爲正應，志相係者也。九既居四，剛柔得宜矣；復牽係於陰，

〔註170〕《四庫》本作「甚」。
〔註171〕一作「肯」。
〔註172〕一有「兼」字。

以害其剛，則可吝也。」

象曰：棟隆之吉，不橈乎下也。

棟，隆起則吉，不橈曲以就下也，謂不下係於初也。

九五：枯楊生華，老婦得其士夫，无咎、无譽。

九五當大過之時，本以中正居尊位，然下无應助，固不能成大過之功，而上比過極之陰，其所相濟者，如枯楊之生華。枯楊下生根稊，則能復生，如大過之陽，興成事功也。上生華秀，雖有所發，无益於枯也。

上六，過極之陰，老婦也。五雖非少，比老婦則爲壯矣〔註173〕，於五无所賴也，故反稱婦得。過極之陰，得陽之相濟，不爲无益也。以士夫而得老婦，雖无罪咎，殊非美也，故云「无咎无譽」。《象》復言其「可醜也」。

華，如字。

象曰：枯楊生華，何可久也？老婦士夫，亦可醜也。

枯楊不生根而生華，旋復枯矣，安能久乎？老婦而得士夫，豈能成生育之功？亦〔註174〕爲可醜也。

上六：過涉滅頂，凶，无咎。

上六以陰柔處過極，是小人過常之極者也。小人之所謂「大過」，非能爲大過人之事也，直過常越理，不恤危亡，履險蹈禍而已。如過涉於水，至滅沒其頂，其凶可知。

小人狂躁以自禍，蓋其宜也，復將何尤？故曰「无咎」。言自爲之，无所怨咎也。因澤之象而取涉義。

象曰：過涉之凶，不可咎也。

過涉至溺，乃自爲之，不可以有咎也。言无所怨咎。

䷜ 坎下坎上 習坎

《序卦》：「物不可以終過，故受之以坎。坎者，陷也。」

〔註173〕一作「壯夫」、一作「士夫」。

〔註174〕《四庫》本無「亦」字。

理无過而不已，過極則必陷，坎所以次大過也。

習，謂重習。它卦雖重，不加其名，獨坎加習者，見其重險，險中復有險，其義大也。卦中一陽，上下二陰，陽實陰虛，上下无據；一陽陷於二陰之中，故爲坎陷之義。

陽居陰中，則爲陷；陰居陽中，則爲麗。凡陽在上者，止之象；在中，陷之象；在下，動之象。陰在上，說之象；在中，麗之象；在下，巽之象。陷則爲險。

習，重也。如學習、溫習，皆重複之義也。坎，陷〔註175〕也。卦之所言，處險難之道。坎，水也。一始於中，有生之最先者也，故爲水。陷，水之體也。

習坎：有孚，維心亨，行有尚。

陽實在中，爲中有孚信。維心亨，維其心誠一，故能亨通。至誠可以通金石、蹈水火，何險難之不可亨也？

行有尚，謂以誠一而行，則能出險，有可嘉尚，謂有功也；不行，則常在險中矣。

彖曰：習坎，重險也。水流而不盈，行險而不失其信。

習坎者〔註176〕，上下皆坎，兩險相重也。初六〔註177〕坎窞，是坎中之坎，重險也。

水流而不盈：陽動於險中，而未出於險，乃水性之流行，而未盈於坎；既盈，則出乎坎矣。

行險而不失其信：陽剛中實，居險之中，行險而不失其信者也。坎中實，水就下，皆爲信義，有孚也。

維心亨，乃以剛中也。

維其心可以亨通者，乃以其剛中也。中實爲有孚之象。至誠之道，何所不通〔註178〕？以剛中之道而行，則可以濟險難而亨通也。

行有尚，往有功也。

以其剛中之才而往，則有功，故可嘉尚。若止〔註179〕不行，則常在險中矣〔註180〕。

〔註175〕一作「險」。
〔註176〕《四庫》本「習坎者」後有「謂重險也」一句。
〔註177〕《四庫》本有「云」字。
〔註178〕一作「亨」。
〔註179〕《四庫》本有「而」字。
〔註180〕一作「也」。

坎以能行爲功。

天險，不可升也；地險，山川丘陵也。王公設險以守其國。險之時用大矣哉！

高不可升者，天之險也。山川丘陵，地之險也。王公，君人者，觀坎之象，知險之不可陵也，故設爲城郭溝池之險，以守其國，保其民人。是有用險之時，其用甚大，故贊其「大矣哉」。

山河城池，設險之大端也。若夫尊卑之辨，貴賤之分，明等威，異物采，凡所以杜絕陵僭，限隔上下者，皆體險之用也。

象曰：水洊至，習坎；君子以常德行，習教事。

坎爲水，水流仍洊而至。兩坎相習，水流仍洊之象也。水自涓滴至於尋丈，至於江海，洊習而不驟〔註 181〕者也。其因勢就下，信而有常，故君子觀坎水之象，取其有常，則常久其德行。人之德行，不常則僞也；故當如水之有常，取其洊習相受，則以習熟其教令之事。

夫發政行教，必使民熟於聞聽，然後能從〔註 182〕，故三令五申之。若驟告未喻，遽責其從，雖嚴刑以驅之〔註 183〕，不能也，故當如水之洊習。

洊，在薦反。

初六：習坎，入于坎窞，凶。

初以陰柔〔註 184〕居坎險之下，柔弱无援，而處不得當，非能出乎險也，唯益陷於深險耳。窞，坎中之陷處。已在習坎中，更入坎窞，其凶可知。

窞，徒坎反。

象曰：習坎入坎，失道凶也。

由習坎而更入坎窞，失道也，是以凶。能出於險，乃不失道也。

九二：坎有險，求小得。

〔註 181〕一作「讓」。

〔註 182〕《二程集》作「後」，費解，當爲誤植。

〔註 183〕一无「之」字。

〔註 184〕一无「柔」字。

二當坎險之時，陷上下二陰之中，乃至險之地，是有險也。然其剛中之才，雖未能出乎險中，亦可小自濟，不至如初，益陷入于深險，是所求小得也。君子處險艱〔註 185〕而能自〔註 186〕保者，剛中而已。剛，則才足自衛；中，則動不失宜。

象曰：求小得，未出中也。

方爲二陰所陷，在至〔註 187〕險之地，以剛中之才，不至陷於深險，是所求小得，然未能出坎中之險也。

六三：來之坎坎，險且枕；入于坎窞，勿用。

六三在坎陷〔註 188〕之時，以陰柔而居不中正，其處不善，進退與居，皆不可者也。來下則入于險之中，之上則重險也。退來與進之皆險，故云「來之坎坎」。既進退皆險，而居亦險。枕，謂支倚。居險而支倚以處，不安之甚也。所處如此，唯益入于深險耳！故云「入于坎窞」。如三所處之道〔註 189〕，不可用也，故戒「勿用」。

枕，針鴆反。

象曰：來之坎坎，終无功也。

進退皆險，處又不安，若用此道，當益入于險，終豈能有功乎？以陰柔處不中正，雖平易之地，尚致悔咎，況處險乎？險者，人之所欲出也；必得其道，乃能去之。求去而失其道，益困窮耳；故聖人戒如三所處，不可用也。

六四：樽酒，簋貳，用缶；納約自牖，終无咎。

六四陰柔而下无助，非能濟天下之險者，以其在高位，故言爲臣處險之道。大臣當險難之時，唯至誠見信於君，其交固而不可間，又能開明君心，則可保无咎矣〔註 190〕。

夫欲上之篤信，唯當盡其質實而已。多儀而尚飾，莫如燕享之禮，故以燕享喻之；言當不尚浮飾，唯以質實。所用一樽之酒，二簋之食，復以瓦缶爲器，質之至也。

其質實如此，又須納約自牖。納約，謂進結於君之道。牖〔註 191〕，開通之義。室之

〔註 185〕《四庫》本作「難」。
〔註 186〕《四庫》本作「自能」。
〔註 187〕《四庫》本無「至」字。
〔註 188〕一作「險」。
〔註 189〕一无「之道」字。
〔註 190〕一作「也」。
〔註 191〕一有「有」字。

暗也，故設牖所以通明。自牖，言自通明之處，以況君心所明處。《詩》云：「天之牖民，如壎如篪。」毛公訓牖為道，亦開通之謂〔註 192〕。人臣以忠信善〔註 193〕道結於君心，必自其所明處，乃能入也。

人心有所蔽，有所通。所蔽者，暗處也；所通者，明處也。當就其明處而告之，求信則易也，故云「納約自牖」。能如是，則雖艱險之時，終得无咎也。

且如君心蔽於荒樂，唯其蔽也，故爾雖力詆其荒樂之非，如其不省何？必於所不蔽之事，推而及之，則能悟其心矣。自古能諫其君者，未有不因其所明者也。故訐直強勁者，率多取忤；而溫厚明辯者，其說多行。且如漢祖愛戚姬，將易太子，是其所蔽也，群臣爭之者眾矣。嫡庶之義，長幼〔註 194〕之序，非不明也，如其蔽而不察何？四老者，高祖素知其賢而重之，此其不蔽之明心也，故因其所明而及其事，則悟之如反手。且四老人之力，孰與張良、群公卿及天下之士？其言之切，孰與周昌、叔孫通？然而，不從彼而從此者，由攻其蔽與就其明之異耳。

又如趙王太后，愛其少子長安君，不肯使質於齊，此其蔽於私愛也。大臣諫之雖強，既曰蔽矣，其能聽乎？愛其子，而欲使之長久富貴者，其心之所明也，故左師觸龍，因其〔註 195〕明而導之以長久之計，故其聽也如響。

非唯告於君者如此，為教者亦然。夫教，必就人之所長。所長者，心之所明也；從其心之所明而入，然後推及其餘，孟子所謂「成德達才」是也。

樽，音尊。簋，音軌。缶，方有反。牖，音酉。

象曰：樽酒簋貳，剛柔際也。

《象》只舉首句，此〔註 196〕比多矣。樽酒簋貳，質實之至，剛柔相際接之道能如此，則可終保无咎。君臣之交，能固而常者，在誠實而已。剛柔，指四與五，謂君臣之交際也。

九五：坎不盈祇，

字義已見復卦。

〔註 192〕一作「義」。

〔註 193〕《二程集》作「之」。

〔註 194〕一作「少長」。

〔註 195〕一有「所」字。

〔註 196〕《四庫》本作「如此」。

既平，无咎。

九五在坎之中，是不盈也，盈則平而出矣。祇，宜音柢，抵也。復卦云：「无祇悔。」必抵於已平，則无咎。既曰「不盈」，則是未平，而〔註197〕尚在險中，未得无咎也。

以九五剛中之才居尊位，宜可以濟於險，然下无助也。二陷於險中，未能出，餘皆陰柔，无〔註198〕濟險之才，人君雖才，安能獨濟天下之險？居君位而不能致天下出於險，則爲有咎；必祇既平，乃得无咎。

象曰：坎不盈，中未大也。

九五，剛中之才而得尊位，當濟天下之險難，而坎尚不盈，乃未能平乎險難，是其剛中之道未光大也。險難之時，非君臣協力，其能濟乎？五之道未大，以无臣也。人君之道，不能濟天下之險難，則爲未大，不稱其位也。

上六：係用徽纆，寘于叢棘，三歲不得，凶。

上六以陰柔而居險之極，其陷之深者也。以其陷之深，取牢獄爲喻，如係縛之以徽纆，囚寘於叢棘之中。陰柔而陷之深，其不能出矣，故云至於「三歲」之久，不得免也，其凶可知。

徽，許韋反。纆，音墨。寘，之豉反。

象曰：上六失道，凶三歲也。

以陰柔而自處極險之地，是其失道也，故其凶至于三歲也。三歲之久，而不得免焉，終凶之辭也。言久，有曰「十」，有曰「三」，隨其事也。陷于獄，至于三歲，久之極也。它卦以年數言者，亦各以其事也；如「三歲不興」、「十年乃字」是也。

䷝ 離下 離上 **離**

《序卦》：「坎者，陷也。陷必有所麗，故受之以離。離者，麗也。」

陷於險難之中，則必有所附麗，理自然也，離所以次坎也。

離，麗也、明也。取其陰麗於上下之陽，則爲附麗之義；取其中虛，則爲明義。離爲火，火體虛，麗於物而明者也。又爲日，亦以虛明之象。

〔註197〕一无「而」字。
〔註198〕一作「非」。

離：利貞，亨。畜牝牛，吉。

離，麗也。萬物莫不皆有所麗，有形則有麗矣。在人，則爲〔註199〕所親附之人、所由之道、所主之事，皆其所麗也。人之所麗，利於貞正，得其正，則可以亨通，故曰「離：利貞，亨」。

畜牝牛，吉：牛之性順，而又牝焉，順之至也。既附麗於正，必能順於正道，如牝牛則吉也。畜牝牛，謂養其順德〔註200〕。人之順德，由養以成，既麗於正，當養習以成其順德也。

離，列池反。牝，頻忍反。

彖曰：離，麗也。日月麗乎天，百穀草木麗乎土；

離，麗也，謂附麗也；如日月則麗於天，百穀草木則麗於土，萬物莫不各有所麗。天地之中，无无麗之物。在人，當審其所麗；麗得其正，則能亨也。

重明以麗乎正，乃化成天下。

以卦才言也。上下皆離，重明也。五、二皆處中正，麗乎正也。君臣上下，皆有明德，而處中正，可以化天下，成文明之俗也。

柔麗乎中正，故亨；是以畜牝牛吉也。

二、五以柔順麗於中正，所以能亨。人能養其至順，以麗中正，則吉，故曰「畜牝牛吉也」。

或曰：「二則中正矣，五以陰居陽，得爲正乎？」曰：「離主〔註201〕所麗，五，中正之位，六麗於正位，乃爲正也。學者知時義而不失重輕〔註202〕，則可以言《易》矣。」

象曰：明兩作離，大人以繼明照于四方。

若云「兩明」，則是二明，不見繼明之義，故云「明兩」。明而重兩，謂相繼也。作離，明兩而爲離，繼明之義也。

震巽之類，亦取洊隨之義；然離之義尤重也。大人，以德言則聖人，以位言則王者。大人觀離明相繼之象，以世繼其明德，照臨于四方。大凡以明相繼，皆繼明也。舉

〔註199〕一无「爲」字。
〔註200〕一无「德」字。
〔註201〕《四庫》本有「於」字。
〔註202〕《四庫》本作「輕重」。

其大者，故以世襲繼照言之。

初九：履錯然，敬之，无咎。

陽固好動，又居下而離體。陽居下則欲進，離性炎上，志在上麗，幾於躁動。其履錯然，謂交錯也；雖未進，而跡已動矣，動則〔註 203〕失居下之分而有咎也。然其剛明之才，若知其義而敬慎之，則不至於咎矣。

初在下，无位者也；明其身之進退，乃所麗之道也。其志既動，不能敬慎則妄動，是不明所麗，乃有咎也。

錯，七各反。

象曰：履錯之敬，以辟咎也。

履，錯然欲動，而知敬慎，不敢進，所以求辟免過咎也。居明而剛，故知而能辟。不剛明則妄動矣。

辟，音避。

六二：黃離，元吉。

二居中得正，麗於中正也。黃，中之色，文之美也。文明中正，美之盛也，故云「黃離」。以文明中正之德，上同於文明中順之君，其明如是，所麗如是，大善之吉也。

象曰：黃離元吉，得中道也。

所以「元吉」者，以其得中道也。不云「正」者，離以中為重；所以成文明，由中也，「正」在其中矣。

九三：日昃之離，不鼓缶而歌，則大耋之嗟，凶。

八純卦皆有二體之義：乾，內外皆健；坤，上下皆順；震，威震相繼；巽，上下順隨；坎，重險相習；離，二明繼照；艮，內外皆止；兌，彼己相說。而離之義，在人事最大。

九三居下體之終，是前明將盡，後明當繼之時。人之始終，時之革易也，故為「日昃之離」，日下昃之明也；昃則將沒矣。以理言之，盛必有衰，始必有終，常道也；達者，順理為樂。

〔註 203〕一无「則」字。

缶，常用之器也。鼓缶而歌，樂其常也。不能如是，則以大耋爲嗟憂，乃爲凶也。大耋，傾沒也。人之終盡，達者，則知其常理，樂天而已；遇常皆樂，如鼓缶而歌。不達者，則恐恆有將盡之悲，乃大耋之嗟，爲其凶也。此處死生之道也。

耋，與眣同，田節反。昃，音仄。

象曰：日昃之離，何可久也？

日既傾昃，明能久乎？明者，知其然也，故求人以繼其事，退處以休其身。安常處順，何足以爲凶也？

九四：突如，其來如；焚如，死如，棄如。

九四，離下體而升上體，繼明之初，故言繼承之義。

在上而近君，繼承之地也。以陽居離體而處四，剛躁而不中正，且重剛；以不正而剛盛之勢，突如而來，非善繼者也。夫善繼者，必有巽讓之誠，順承之道，若舜、啓然。今四突如其來，失善繼之道也。又承六五陰柔之君，其剛盛陵爍之勢，氣焰如焚然，故云「焚如」。

四之所行，不善如此，必被禍害，故曰「死如」。失繼紹之義，承上之道，皆逆德也，眾所棄絕，故云「棄如」。至於死棄，禍之極矣，故不假言凶也。

突，徒忽反。

象曰：突如，其來如，无所容也。

上陵其君，不順所承；人惡眾棄，天下所不容也。

六五：出涕沱若，戚嗟若，吉。

六五，居尊位而守中，有文明之德，可謂善矣。然以柔居上，在下无助，獨附麗於剛強之間，危懼之勢也。唯其明也，故能畏懼之深，至於出涕；憂慮〔註204〕之深，至於戚嗟，所以能保其吉也。出涕、戚嗟，極言其憂懼之深耳，時當然也。居尊位而文明，知憂畏如此，故得吉。若自恃其文明之德，與所麗中正，泰然不懼〔註205〕，則安能保其吉也？

涕，他米反；又音替。沱，徒河反。

〔註204〕一作「虞」。
〔註205〕一作「慮」。

象曰：六五之吉，離王公也。

六五之吉者，所麗得王公之正位也。據在上之勢，而明察事理，畏懼憂虞以持之，所以能吉也；不然，豈能安乎？

離，音麗。

上九：王用出征，有嘉。

九以陽居上，在離之終，剛明之極者也。明則能照，剛則能斷。能照，足以察邪惡；能斷，足以行威刑，故王者宜用。如是剛明，以辨天下之邪惡，而行其征伐，則有嘉美之功也。征伐，用刑之大者。

折首，獲匪其醜，无咎。

夫明極則无微不照，斷極則无所寬宥；不約之以中，則傷於嚴察矣。去天下之惡，若盡究其漸染詿誤，則何可勝誅？所傷殘亦甚矣，故但當折取其魁首。所執獲者，非其醜類，則无殘暴之咎也。《書》曰：「殲厥渠魁，脅從罔治。」

折，之舌反。詿，音卦。殲，將廉反。

象曰：王用出征，以正邦也。

王者用此上九之德，明照而剛斷，以察除天下之惡，所以正治其邦國。剛明，居上之道也。

《周易》上經　卷第三

《周易》下經　卷第四

程頤傳

䷞ 艮下兌上 咸

《序卦》:「有天地，然後有萬物；有萬物，然後有男女；有男女，然後有夫婦；有夫婦，然後有父子；有父子，然後有君臣；有君臣，然後有上下；有上下，然後禮儀有所錯。」

天地，萬物之本；夫婦，人倫之始。所以上經首乾、坤，下經首咸，繼以恒也。天地二物，故二卦分爲天地之道。男女交合而成夫婦，故咸與恒皆二體合爲夫婦之義。

咸，感也，以說爲主。恒，常也，以正爲本。而說之道，自有正也；正之道，固有說焉。巽而動，剛柔皆應，說也。咸之爲卦，兌上艮下，少女、少男也。男女相感之深，莫如少者，故二少爲咸也。艮體篤實，止爲誠慤之義。男志篤實以下交，女心說而上應，男感之先也。男先以誠感，女〔註1〕說而應也。

咸：亨，利貞，取女吉。

咸，感也。不曰「感」者，咸有皆義，男女交相感也。物之相感，莫如男女，而少復甚焉。凡君臣、上下，以至萬物，皆有相感之道。

物之相感，則有亨通之理。君臣能相感，則君臣之道通；上下能相感，則上下之志通。以至父子、夫婦、親戚、朋友，皆情意相感，則和順而亨通。事物皆然，故感〔註2〕有亨之理也。

利貞：相感之道，利在於正也。不以正，則入於惡矣；如夫婦之以淫姣，君臣之以

〔註1〕《四庫》本「女」前有「則」字。
〔註2〕《四庫》本作「咸」。

媚說，上下之以邪僻，皆相感之不以正也。

取女吉，以卦才言也。卦有柔上剛下，二氣感應相與，止而說，男下女之義；以此義取女，則得正而吉也。

取，七具反。

彖曰：咸，感也。柔上而剛下，二氣感應以相與；止而說，男下女，是以亨。利貞，取女吉也。

咸之義，感也。在卦，則柔爻上而剛爻下，柔上變剛而成兌，剛下變柔而成艮。陰陽相交，爲男女交感之義。

又：兌女在上，艮男居下，亦柔上剛下也。陰陽二氣，相感相應而和合，是相與也。

止而說：止於說，爲堅慤之意。艮止於下，篤誠相下也。兌說於上，和說相應也。以男下女，和之至也。相感之道如此，是以能亨通而得正，取女如是則吉也。卦才如此，大率感道利於正也。

說，音說。

天地感而萬物化生，聖人感人心而天下和平。觀其所感，而天地萬物之情可見矣。

既言男女相感之義，復推極感道，以盡天地之理、聖人之用。

天地二氣交感，而化生萬物；聖人至誠，以感億兆之心，而天下和平。天下之心所以和平，由聖人感之也。觀天地交感化生萬物之理，與聖人感人心致和平之道，則天地萬物之情可見矣。感通之理，知道者，默而觀之可也。

象曰：山上有澤，咸；君子以虛受人。

澤性潤下，土性受潤。澤在山上，而其漸潤通徹，是二物之氣相咸〔註 3〕通也。君子觀山澤通氣之象，而虛其中以受於人。夫人中虛則能受，實則不能入矣。虛中者，无我也；中无私主，則无感不通。以量而容之，擇合〔註 4〕而受之，非聖人有感必通之道也。

初六：咸其拇。

〔註 3〕《四庫》本作「感」。
〔註 4〕一作「交」。

初六在下卦之下，與四相感。以微處初，其感未深，豈能動於人？故如人拇之動，未足以進也。拇，足大指。人之相感，有淺深輕重之異，識其時勢，則所處不失其宜矣。

拇，茂后反。

象曰：咸其拇，志在外也。

初志之動，感於四也，故曰「在外」。志雖動而感未深，如拇之動，未足以進也。

六二：咸其腓，凶，居吉。

二以陰在〔註5〕下，與五為應，故設咸腓之戒。

腓，足肚。行則先動，足乃舉之，非如腓之自動也。二若不守道，待上之求，而如腓自動，則躁妄自失，所以凶也。安其居而不動，以待上之求，則得進退之道而吉也。二，中正之人，以其在咸而應五，故為此戒。復云「居吉」，若安其分，不自動，則吉也。

腓，房非反。

象曰：雖凶居吉，順不害也。

二居中得正，所應又中正，其才本善，以其在咸之時，質柔而上應，故戒以先動求君則凶，居以自守則吉。《象》復明之，云：「非戒之不得相感，唯順理則不害。」謂守道不先動也。

九三：咸其股，執其隨，往吝。

九三以陽居剛，有剛陽之才，而為主於內，居下之上，是宜自得於正道，以感於物，而乃應於上六。陽好上而說，陰上居感說之極，故三感而從之。

股者，在身之下、足之上，不能自由，隨身而動者也，故以為象。言九三不能自主，隨物而動，如股然；其所執守者，隨於物也。剛陽之才，感於所說而隨之，如此而往〔註6〕，可羞吝也。

象曰：咸其股，亦不處也；志在隨人，所執下也。

〔註5〕《四庫》本作「居」。

〔註6〕底本作「可往」，《四庫》本「可」在「往」字後。《註評》本引《吉澄》本、《武英殿》本謂，「可」字置於「往」下。依爻辭「往吝」文意，「可」字應在「往」字後，與「羞吝」連讀為宜，故更正之。

云「亦」者，蓋《象辭》〔註7〕本不與《易》相比，自作一處，故諸爻之《象辭》，意有相續者。此言「亦」者，承上爻〔註8〕辭也。上云「咸其拇，志在外也」、「雖凶居吉，順不害也」、「咸其股，亦不處也」。前〔註9〕二陰爻皆有感而動，三雖陽爻，亦然，故云「亦不處也」。不處，謂動也。有剛陽之質，而不能自主〔註10〕，志反在於隨人，是所操執者，卑下之甚也。

九四：貞吉，悔亡。憧憧往來，朋從爾思。

感者，人之動也，故皆就人身取象。拇，取在下而動之微；腓，取先動；股，取其隨。九四无所取，直言感之道。不言咸其心，感乃心也。四在中而居上，當心之位，故爲感之主，而言感之道，貞正則吉而悔亡；感不以正，則有悔也。

又：四，說體，居陰而應初，故戒於貞。感之道，无所不通；有所私係，則害於感通，乃有悔也。聖人感天下之心，如寒暑、雨暘，无不通，无不應者，亦貞而已矣。貞者，虛中无我之謂也。

憧憧往來，朋從爾思：夫貞一，則所感无不通，若往來憧憧然。用其私心以感物，則思之所及者，有所〔註11〕感而動；所不及者，不能感也。是其朋類，則從其思也。以有係之私心，既主於一隅一事，豈能廓然无所不通乎？

《繫辭》曰：「天下何思何慮？天下同歸而殊塗，一致而百慮。天下何思何慮？」夫子因咸極論感通之道。夫以思慮之私心感物，所感狹矣。天下之理一也，途雖殊而其歸則同，慮雖百而其致〔註12〕則一。雖物有萬殊，事有萬變，統之以一，則无能違也。故貞其意，則窮天下无不感通焉。故曰「天下何思何慮」。用其思慮之私心，豈能无所不感也？

「日往則月來，月往則日來，日月相推而明生焉。寒往則暑來，暑往則寒來，寒暑相推而歲成焉。往者，屈也；來者，信也。屈信相感而利生焉。」此以往來、屈信，明感通〔註13〕之理。屈則有信，信則有屈，所謂感應也。故「日月相推而明生，寒暑相推而歲成」。功用由是而成，故曰「屈信相感而利生焉」。

〔註7〕一作「體」。
〔註8〕一有「象」字。
〔註9〕一作「下」。
〔註10〕一作「立」、一作「處」。
〔註11〕《四庫》本作「能」。
〔註12〕一有「極」字、一作「極致」。
〔註13〕《四庫》本作「應」。

感，動也。有感必有應，凡有動皆爲感，感則必有應；所應復爲感〔註 14〕，感復有應，所以不已也。

「尺蠖之屈，以求信也。龍蛇之蟄，以存身也。精義入神，以致用也。利用安身，以崇德也。過此以往，未之或知也。」前云「屈信之理」矣，復取物以明之。

尺蠖之行，先屈而後信。蓋不屈則无信，信而後有屈。觀尺蠖則知感應之理也〔註 15〕。龍蛇蟄〔註 16〕藏，所以存息其身，而後能奮迅也；不蟄則不能奮矣。動息相感，乃屈信也。君子潛心精微之義，入於神妙，所以致其用也。潛心精微，積也；致用，施也。積與施，乃屈信也。

利用安身，以崇德也：承上文致用而言。利其施用，安處其身，所以崇大其德業也。所爲合理，則事正而身安，聖人〔註 17〕能事盡於此矣，故云「過此以往，未之或知也」。

窮神知化，德之盛也：既云「過此以往，未之或知」，更以此語結〔註 18〕之，云：「窮極至誠〔註 19〕之妙，知化育之道，德之至盛也。」无加於此矣。

憧，昌容反。

象曰：貞吉悔亡，未感害也；憧憧往來，未光大也。

貞，則吉而悔亡，未爲私感所害也；係私應，則害於感矣。憧憧往來，以私心相感，感之道狹矣，故云「未光大也」。

九五：咸其脢，无悔。

九居尊位，當以至誠感天下，而應二比上。若係二而說上，則偏私淺狹，非人君之道，豈能感天下乎？

脢，背肉也，與心相背而所不見也。言能背其私心，感非其所見而說者，則得人君感天下之正，而无悔也。

脢，武坯反。

〔註 14〕一有「所」字。
〔註 15〕《四庫》本作「矣」。
〔註 16〕《四庫》本作「之」。
〔註 17〕一作「賢」。
〔註 18〕《四庫》本作「終」。
〔註 19〕《四庫》本作「神」。

象曰：咸其脢，志末也。

戒使背其心而咸脢者，爲其存心〔註20〕淺末，係二而說上，感於私欲也。

上六：咸其輔頰舌。

上，陰柔而說體，爲說之主；又居感之極，是其欲感物之極也。故不能以至誠感物，而發見於口舌之間，小人、女子之常態也，豈能動於人乎？不直云「口」，而云「輔頰舌」，亦猶今人謂口過曰「唇吻」，曰「頰舌」也。輔頰舌，皆所用以言也。

輔，音甫。頰，兼叶反。

象曰：咸其輔頰舌，滕口說也。

唯至誠爲能感人，乃以柔說騰揚於口舌。言說，豈能感於人乎？

䷟ 巽下震上 **恒**

《序卦》：「夫婦之道，不可以不久也，故受之以恒。恒，久也。」

咸，夫婦之道；夫婦〔註21〕終身不〔註22〕變者也，故咸之後，受之以恒也。

咸，少男在少女之下，以男下女，是男女交感之義。恒，長男在長女之上，男尊女卑，夫婦居室之常道也。論交感之情，則少爲深〔註23〕切；論尊卑之敘〔註24〕，則長當謹正，故兌艮爲咸，而震巽爲恒也。男在女上，男動于外，女順于內，人理之常，故爲恒也。

又：剛上柔下，雷風相與；巽而動，剛柔相應，皆恒之義也。

恒：亨，无咎；利貞，利〔註25〕有攸往。

恒者，常久也。恒之道，可以亨通。恒而能亨，乃无咎也；恒而不可以亨，非可恒之道也，爲有咎矣。如君子之恒於善，可恒之道也；小人恒於惡，失可恒之道也。恒所以能亨，由貞正也，故云「利貞」。

〔註20〕一作「志」。
〔註21〕一有「之道」字。
〔註22〕一有「可」字。
〔註23〕《四庫》本作「親」。
〔註24〕《四庫》本作「序」。
〔註25〕《四庫》本無「利」字。

夫所謂「恒」，謂可常〔註 26〕久之道，非守一隅而不知變也，故利於有往。唯其有往，故能恒也；一定，則不能常矣。又：常久之道，何往不利？

恒，音常。

彖曰：恒，久也。

恒者，常〔註 27〕久之義也。

剛上而柔下，雷風相與；巽而動，剛柔皆應，恒。

卦才有此四者，成恒之義也。

剛上而柔下，謂乾之初，上居於四；坤之初〔註 28〕，下居於初：剛爻上而柔爻下也。二爻易處，則成震巽。震上巽下，亦剛上而柔下也。剛處上而柔居下，乃恒道也。

雷風相與：雷震則風發，二者相須，交助其勢，故云「相與」，乃其常也。

巽而動：下巽順，上震動，爲以巽而動。天地造化，恒久不已者，順動而已。巽而動，常久之道也。動而不順，豈能常也？

剛柔皆應〔註 29〕：一卦剛柔之爻皆相應。剛柔相應，理之常也。

此四者，恒之道也，卦所以爲恒也。

恒亨、无咎、利貞：久於其道也。

恒之道，可致亨而无過咎，但所恒宜得其正；失正，則非可恒之道也，故曰「久於其道」。其道，可恒之正道也。不恒其道〔註 30〕，與恒於不正，皆不能亨，而有咎也。

天地之道，恒久而不已也。

天地之所以不已，蓋有恒久之道。人能恒於可恒之道，則合天地之理也。

利有攸往，終則有始也。

天下〔註 31〕之理，未有不動而能恒者也；動則終而復始，所以恒而不窮。凡天地所

〔註 26〕《四庫》本作「恒」。
〔註 27〕《四庫》本作「長」。
〔註 28〕一作「四」。
〔註 29〕一有「恒」字。
〔註 30〕《四庫》本作「德」。
〔註 31〕一作「地」。

生之物，雖山嶽之堅厚，未有能不變者也；故恒，非「一定」之謂也，一定則不能恒矣。唯隨時變易，乃常道也，故云「利有攸往」。明理之如是，懼人之泥於常也。

日月得天而能久照，四時變化而能久成，聖人久於其道，而天下化成。觀其所恒，而天地萬物之情可見矣。

此極言常理。

日月，陰陽之精〔註32〕氣耳；唯其順天之道，往來盈縮，故能久照而不已。得天，順天理也。四時，陰陽之氣耳；往來變化，生成萬物，亦以得天，故常久不已。聖人以常久之道，行之有常，而天下化之，以成美俗也。

觀其所恒，謂觀日月之久照、四時之久成、聖人之道所以能常久之理。觀此，則天地萬物之情理可見矣。天地常久之道，天下常久之理，非知道者，孰能識之？

象曰：雷風，恒；君子以立不易方。

君子觀雷風相與，成恒之象，以常久之〔註33〕德，自立於大中常久之道，不變易其方所也。

初六：浚恒，貞凶，无攸利。

初居下，而四爲正應。柔暗之人，能守常而不能度勢。四，震體而陽性，以剛居高，志上而不下；又爲二、三所隔，應初之志，異乎常矣。而初乃求望之深，是知常而不知變也。

浚，深之也。浚恒，謂求恒之深也。守常而不度勢，求望於上之深，堅固守此，凶之道也。泥常如此，无所往而利矣。

世之責望，故素而至悔咎〔註34〕者，皆浚恒者也。志既上求之深，是不能恒安其處者也。柔微而不恒安其處，亦致凶之道。

凡卦之初終，淺與深、微與盛之地也。在下而求深，亦不知時矣。

浚，荀潤反。

象曰：浚恒之凶，始求深也。

〔註32〕一有「二」字。
〔註33〕《四庫》本作「其」。
〔註34〕一作「吝」。

居恒〔註 35〕之始，而求望於上之深，是知常而不知〔註 36〕度勢之甚也，所以凶；陰暗不得恒之宜也。

九二：悔亡。

在恒之義，居得其正，則常道也。九，陽爻，居陰位，非常理也。處非其常，本當有悔，而九二以中德而應於五，五復居中，以中而應中，其處與動，皆得中也，是能恒久於中也。能恒久〔註 37〕於中，則不失正矣。中重於正，中則正矣，正不必中也。九二以剛中之德而應於中，德之勝也，足以亡其悔矣。人能識重輕之勢，則可以言《易》矣。

象曰：九二悔亡，能久中也。

所以得悔亡者，由其能恒久於中也。人能恒久於中，豈止亡其悔，德之善也。

九三：不恒其德，或承之羞，貞吝。

三，陽爻居陽位，處得其位，是其常處也；乃志從於上六，不唯陰陽相應，風復從雷，於恒處而不處，不恒之人也。其德不常〔註 38〕，則羞辱或承之矣。或承之，謂有時而至也。

貞吝：固守不恒以為恒，豈不可羞吝乎？

象曰：不恒其德，无所容也。

人既无常〔註 39〕，何所容處？當處之地，既不能恒，處非其據，豈能恒哉？是不恒之人，无所容處其身也。

九四：田无禽。

以陽居陰，處非其位，處非其所，雖常何益？人之所為，得其道，則久而成功；不得其道，則雖久何益？故以田為喻，言九之居四，雖使恒久，如田獵而无禽獸之獲，謂徒用力而无功也。

象曰：久非其位，安得禽也？

〔註 35〕一作「常」。
〔註 36〕一无「知」字。
〔註 37〕一无「久」字。
〔註 38〕《四庫》本作「恒」。
〔註 39〕《四庫》本作「恒」。

處非其位，雖久，何所得乎？以田爲喻，故云「安得禽也」。

六五：恒其德，貞。婦人吉，夫子凶。

五應於二，以陰柔而應陽剛；居中，而所應又中，陰柔之正也。故恒久其德，則爲貞也〔註40〕。

夫以順從爲恒者，婦人之道；在婦人則爲貞，故吉。若丈夫而以順從於人爲恒，則失其剛陽之正，乃凶也。

五，君位，而不以君道言者，如六五之義，在丈夫猶凶，況〔註41〕人君之道乎？在它卦，六居君位而應剛，未爲失也；在恒，故不可耳。君道豈可以柔順爲恒也？

象曰：婦人貞吉，從一而終也；夫子制義，從婦凶也。

如五之從二，在婦人，則爲正而吉。婦人以從爲正，以順爲德，當終守於從一。夫子則以義制者也，從婦人之道，則爲凶也。

上六：振恒，凶。

六居恒之極，在震之終。恒極則不常，震終〔註42〕動極，以陰居上，非其安處。又：陰柔不能堅固其守，皆不常之義也；故爲「振恒」，以振爲恒也。

振者，動之速也；如振衣，如振書，抖擻連〔註43〕動之意。在上而其動无節，以此爲恒，其凶宜矣。

振，之刃反。

象曰：振恒在上，大无功也。

居上之道，必有恒德，乃能有功。若躁動不常，豈能有〔註44〕所成乎？居上而不恒，其凶甚矣。《象》又言其不能有所成立，故曰「大无功也」。

艮下
乾上 **遯**

〔註40〕一「則」字在「其」字上。
〔註41〕一作「豈」。
〔註42〕《四庫》本「終」後有「則」字。
〔註43〕《四庫》本作「運」。
〔註44〕底本作「在」，費解。《四庫》本作「有」。《註評》本引《吉澄》本、《武英殿》本亦作「有」。「有」、「在」形近而譌，今據《四庫》本、《註評》本更正。

《序卦》:「恒者，久也。物不可以久居其所，故受之以遯。遯者，退也。」

夫久則有去，相須之理也，遯所以繼恒也。遯，退也、避也，去之之謂也。爲卦天下有山。

天，在上之物；陽性，上進。山，高起之物；形雖高起，體乃止物。有上陵之象，而止不進，天乃上進而去之；下陵而上去，是相違遯，故爲遯去之義。

二陰生於下，陰長將盛，陽消而退；小人漸盛，君子退而避之〔註 45〕，故爲遯也。

遯：亨，小利貞。

遯者，陰長陽消，君子遯藏之時也。君子退藏以伸其道，道不屈則爲亨，故遯所以有亨也。在事，亦有由遯避而亨者。雖小人道長之時，君子知幾退避，固善也；然事有不齊，與時消息，无必同也。陰柔方長，而未至於甚盛，君子尚有遲遲致力之道，不可大貞，而尚利小貞也。

遯，徒困反。

彖曰：遯亨，遯而亨也。

小人道長之時，君子遯退，乃其道之亨也。君子遯藏，所以伸道也。此言處遯之道。自「剛當位而應」以下，則論時與卦才，尚有可爲之理也。

剛當位而應，與時行也。

雖遯之時，君子處之，未有必遯之義。五以剛陽之德，處中正之位，又下與六二以中正相應，雖陰長之時，如卦之才，尚當隨時消息，苟可以致其力，无不至誠自盡，以扶持其道，未必於遯〔註 46〕藏而不爲，故曰「與時行也」。

小利貞，浸而長也。遯之時義大矣哉！

當陰長之時，不可大貞，而尚小利貞者，蓋陰長必以浸漸，未能遽盛，君子尚可小貞其道；所謂「小利貞」，扶持使未遂亡也。

遯者，陰之始長；君子知微，故當深戒。而聖人之意，未便〔註 47〕遽已也，故有「與時行」、「小利貞」之教。

〔註 45〕一作「避而去之」。

〔註 46〕一作「退」。

〔註 47〕一作「使」。

聖賢之於天下，雖知道之將廢，豈肯坐視其亂而不救？必區區致力於未極之間，強此之衰，艱彼之進，圖其暫安。苟得爲之，孔、孟之所屑爲也；王允、謝安之於漢、晉是也。若有可變之道、可亨之理，更不假言也。此處遯時之道也。故聖人贊其時義大矣哉！或久、或速，其義皆大也。

浸，乎爲反。長，下丈反。

象曰：天下有山，遯；君子以遠小人，不惡而嚴。

天下有山，山下〔註48〕起而乃止，天上進而相違，是遯避之象也。君子觀其象，以避遠乎小人。遠小人之道，若以惡聲厲色，適足以致其怨忿。唯在乎矜莊威嚴，使知敬畏，則自然遠矣。

初六：遯尾，厲，勿用有攸往。

它卦，以下爲初。遯者，往遯也。在前者先進，故初乃爲尾。尾，在後之物也。遯而在後，不及者也，是以危也。初以柔處微，既已後矣，不可往也；往則危矣。微者，易於晦藏；往既可〔註49〕危，不若不往之无災也。

象曰：遯尾之厲，不往，何災也？

見幾先遯，固爲善也。遯而爲尾，危之道也。往既有危，不若不往，而晦藏可免於災，處微故也。古人處微下，隱亂世而不去者，多矣。

六二：執之用〔註50〕黃牛之革，莫之勝說。

二與五爲正應，雖在相違遯之時，二以中正順應於五，五以中正親合於二，其交自固。

黃，中色。牛，順物。革，堅固之物。二、五以中正順道相與，其固如執繫之以牛革也。

莫之勝說，謂其交之固，不可勝言也。在遯之時，故極言之。

勝，升證反；又音升。說，如字。

象曰：執用黃牛，固志也。

上下以中順之道相固結，其心志甚〔註51〕堅，如執之以牛革也。

〔註48〕一作「上」。
〔註49〕《四庫》本作「有」。
〔註50〕《四庫》本無「用」字。
〔註51〕一作「其」。

九三：係遯，有疾，厲。畜臣妾，吉。

陽志說陰，三與二切比，係乎二者也。遯貴速而遠，有所係累，則安能速且遠也？害於遯矣，故為有疾也。遯而不速，是以危也。

臣妾、小人、女子，懷恩而不知義；親愛之，則忠其上。係戀之私恩，乃〔註52〕小人、女子之道也；故以畜養臣妾，則得其心為吉也。然君子之待小人，亦不如是也。三與二非正應，以暱比相親，非待君子之道。若以正，則雖係，不得為有疾；蜀先主之不忍棄士民是也。雖危，為无咎矣。

象曰：係遯之厲，有疾憊也；畜臣妾吉，不可大事也。

遯而有係累，必以困憊致危；其有疾，乃憊也，蓋力亦不足矣。以此暱愛之心，畜養臣妾則吉，豈可以當大事乎？

九四：好遯，君子吉，小人否。

四與初為正應，是所好愛者也。君子雖有所好愛，義苟當遯，則去而不疑；所謂克己復禮，以道制欲，是以吉也。小人則不能以義處，暱於所好，牽於所私，至於陷辱其身而不能已，故在小人則否也。否，不善也。

四，乾體，能剛斷者；聖人以其處陰而有係，故設小人之戒，恐其失於正也。

象曰：君子好遯，小人否也。

君子雖有好而能遯，不失於義。小人則不能勝其私意，而至於不善也。

否，俯九反。

九五：嘉遯，貞吉。

九五中正，遯之嘉美者也。處得中正之道，時止時行，乃所謂嘉美也，故為貞正而吉。九五非无係應，然與二皆以中正自處，是其心志及乎動止，莫非中正，而无私係之失，所以為嘉也。

在《彖》，則概言遯時，故云「與時行，小利貞」，尚有濟遯之意。於爻至五，遯將極矣，故唯以中正處遯言之。遯〔註53〕，非人君之事，故不主君位言；然人君之所避遠，乃遯也，亦在中正而已。

〔註52〕《四庫》本作「懷」。
〔註53〕一无「遯」字。

象曰：嘉遯貞吉，以正志也。

志正，則動必由正，所以爲遯之嘉也。居中得正，而應中正，是其志正也，所以爲吉。人之遯也、止也，唯在正其志而已矣！

上九：肥遯，无不利。

肥者，充大寬裕之意。遯者，唯飄然遠逝，无所係滯之爲善。上九乾體剛斷，在卦之外矣；又下无所係，是遯之遠而无累，可謂寬綽有餘裕也。遯者，窮困之時也，善處則爲肥矣。其遯如此，何所不利？

象曰：肥遯，无不利，无所疑也。

其遯之遠，无所疑滯也。蓋在外則已遠，无應則无累，故爲剛決无疑也。

䷡ 乾下震上 大壯

《序卦》:「遯者，退也。物不可以終遯，故受之以大壯。」

遯爲違去之義，壯爲進盛之義。遯者，陰長而陽遯也。大壯，陽之壯盛也。衰則必盛，消息〔註54〕相須，故既遯則必壯，大壯所以次遯也。爲卦震上乾下。

乾剛而震動，以剛而動，大壯之義也。剛陽大也，陽長已過中矣。大者，壯盛也。又：雷之威震而在天上，亦大壯之義也。

大壯：利貞。

大壯之道，利於貞正也。大壯而不得其正，強猛之爲耳，非君子之道壯盛也。

彖曰：大壯，大者壯也。剛以動，故壯。

所以名「大壯」者，謂大者壯也。陰爲小，陽爲大；陽長已〔註55〕盛，是大者壯也。下剛而上動，以乾之至剛而動，故爲大壯，爲大者壯，與壯之大也。

大壯利貞，大者正也；正大，而天地之情可見矣。

大者既壯，則利於貞正。正而大者，道也。極正大之理，則天地之情可見矣。

天地之道，常久而不已者，至大至正也。正大之理，學者默識心通可也。不云「大

〔註54〕一作「長」。
〔註55〕《四庫》本作「以」。

正」，而云「正大」，恐疑爲一事也。

象曰：雷在天上，大壯；君子以非禮弗履。

雷震於天上，大而壯也。君子觀大壯之象，以行其壯。君子之大壯者，莫若克己復禮。古人云：「自勝之謂強。」《中庸》於「和而不流」、「中立而不倚」，皆曰「強哉矯」。赴湯火，蹈白刃，武夫之勇可能也；至於克己復禮，則非君子之大壯不可能也，故云「君子以非禮弗履」。

初九：壯于趾，征凶，有孚。

初，陽剛乾體而處下，壯于進者也。在下而用壯，壯于趾也。趾，在下而進動之物。九在下，用壯而不得其中。

夫以剛處壯，雖居上猶不可行，況在下乎？故征，則其凶有孚。孚，信也；謂以壯往，則得凶可必也。

象曰：壯于趾，其孚窮也。

在最下而用壯以行，可必信其窮困而凶也。

九二：貞吉。

二雖以陽剛當大壯之時，然居柔而處中，是剛柔得中，不過於壯，得貞正而吉也。

或曰：「貞，非以九居二爲戒乎？」曰：「《易》取所勝爲義。以陽剛健體，當大壯之時，處得中道，无不正也。在四，則有不正之戒。人能識時義之輕重，則可以學《易》矣。」

象曰：九二貞吉，以中也。

所以貞正而吉者，以其得中道也。中則不失正，況陽剛〔註56〕而乾體乎？

九三：小人用壯，君子用罔，貞厲。羝羊觸藩，羸其角。

九三以剛居陽而處壯，又當乾體之終，壯之極者也。極壯如此，在小人則爲用壯，在君子則爲用罔。小人尚力，故用其壯勇；君子志剛，故用罔。

罔，无也，猶云「蔑也」。以其至剛，蔑視於事，而无所忌憚也。

君子、小人，以地言，如君子有勇而无義爲亂。剛柔得中，則不折不屈，施於天下

〔註56〕一有「壯」字。

而无不宜。苟剛之大過，則无和順之德，多傷莫與，貞固守此，則危道也。

凡物莫不用其壯：齒者齧，角者觸，蹄者踶。羊壯於首，羝爲喜觸，故取爲象。羊喜觸藩籬，以藩籬當其前也。蓋所當必觸，喜用壯如此，必羸困其角矣。猶人尚剛壯，所當必用，必至摧困也。

三，壯甚，如此而不至凶，何也？曰：「如三之爲，其往足以致凶；而方言其危，故未及於凶也。凡可以致凶而未至者，則曰『厲』也。」

羝，音低。藩，方袁反。羸，力追反；又律悲反。

象曰：小人用壯，君子罔也。

在小人，則爲用其強壯之力；在君子，則爲用罔。志氣剛強，蔑視於事，靡所顧憚也。

九四：貞吉，悔亡。藩決不羸，壯于大輿之輹。

四，陽剛長盛，壯已過中，壯之甚也；然居四爲不正，方君子道長之時，豈可有不正也？故戒以貞，則吉而悔亡。

蓋方道長之時，小失則害亨進之勢，是有悔也。若在它卦，重剛而居柔，未必不爲善也，大過是也。藩，所以限隔也。藩籬決開，不復羸困其壯也。

高大之車，輪輹強壯，其行之利可知，故云「壯于大輿之輹」。輹，輪之要處也。車之敗，常在折輹，輹壯則車強矣。云「壯于輹」，謂壯於進也。

輹，與輻同；並方六反。

象曰：藩決不羸，尚往也。

剛陽之長，必至於極；四雖已盛，然其往未止也。以正〔註57〕盛之陽，用壯而進，故莫有當之；藩決開而不羸困其力也。尚往，其進不已也。

六五：喪羊于易，无悔。

羊群行而喜觸，以象諸陽並進。四陽方長而並進，五以柔居上，若以力制，則難勝而有悔；唯和易以待之，則群陽无所用其剛，是喪其壯于和易也。如此，則可以无悔。五，以位言則正，以德言則中，故能用和易之道，使群陽雖壯，无所用也。

喪、易，並去聲。

〔註57〕《四庫》本作「至」。

象曰：喪羊于易，位不當也。

所以必用柔和者，以陰柔居尊位故也。若以陽剛中正得〔註58〕尊位，則下无壯矣。以六五位不當也，故設喪羊于易之義。然大率治壯不可用剛。夫君臣上下之勢，不相侔也。苟君之權足以制乎下，則雖有強壯跋扈之人，不足謂之壯也。必人君之勢有所不足，然後謂之治壯；故治壯之道，不可以剛也。

上六：羝羊觸藩，不能退，不能遂；无攸利，艱則吉。

羝羊但取其用〔註59〕壯，故陰爻亦稱之。六以陰處震終，而當壯極，其過可知。如羝羊之觸藩籬，進則礙身，退則妨角，進退皆不可也。才本陰柔，故不能勝己以就義，是不能退也。陰柔之人，雖極用壯之心，然必不能終其壯；有摧必縮，是不能遂也。其所爲如此，无所往而利也。陰柔處壯，不能固其守，若遇艱困，必失其壯；失其壯，則反得〔註60〕柔弱之分矣，是艱則得吉也。用壯則不利，知艱而處柔則吉也。居壯之終，有變之義也。

象曰：不能退，不能遂，不詳也；艱則吉，咎不長也。

非其處而處，故進退不能，是其自處之不詳愼也。

艱則吉：柔遇艱難，又居壯終，自當變矣；變則得其分，過咎不長，乃吉也。

䷢ 坤下離上　**晉**

《序卦》：「物不可以終壯，故受之以晉。晉者，進也。」

物无壯而終止之理，既盛壯則必進，晉所以繼大壯也。爲卦離在坤上，明出地上也。日出於地，升而益明，故爲晉。晉，進而光明盛大之意〔註61〕也。凡物漸盛爲進，故《彖》云：「晉，進也。」

卦有有德者，有无德者，隨其宜也。乾、坤之外，云「元亨」者，固有也；云「利貞」者，所不足而可以有功也。有不同者，革、漸是也，隨卦可見。晉之盛而无德者，无用者〔註62〕也。晉之明盛，故更不言亨。順乎大明，无用戒正也。

〔註58〕一作「居」。
〔註59〕一无「用」字。
〔註60〕一有「其」字。
〔註61〕一作「義」。
〔註62〕《四庫》本作「有」。

晉：康侯用錫馬蕃庶，晝日三接。

晉爲進盛之時，大明在上，而下體順附，諸侯承王之象也，故爲康侯。康侯者，治安之侯也。上之大明，而能同德，以順附治安之侯也；故受其寵數，錫之馬眾多也。

車、馬，重賜也。蕃庶，眾多也。不唯錫與之厚，又見親禮，晝日之中，至於三接，言寵遇之至也。晉，進盛之時，上明下順，君臣相得。在上而言，則進於明盛；在臣而言，則進升高顯，受其光寵也。

彖曰：晉，進也。明出地上，順而麗乎大明，柔進而上行，是以康侯用錫馬蕃庶，晝日三接也。

晉，進也，明進而盛也。明出於地，益進而盛，故爲晉。所以不謂之「進」者，進爲前進，不能包明盛之義。

明出地上：離在坤上也。坤麗於離，以順麗於大明；順德之臣，上附於大明之君也。

柔進於〔註63〕上行：凡卦，離在上者，柔居君位，多云「柔進而上行」。噬嗑、睽、鼎是也。六五以柔居君位，明而順麗，爲能待下寵遇親密之義，是以爲「康侯用錫馬蕃庶，晝日三接」也。

大明之君，安天下者也；諸侯能順附天子之明德，是康民安國之侯也，故謂之「康侯」。是以享寵錫而見親禮，晝日之間，三接見於天子也。

不曰「公卿」而曰「侯」：天子治於上者也，諸侯治於下者也；在下而順附於大明之君，諸侯之象也。

象曰：明出地上，晉；君子以自昭明德。

昭，明之也。《傳》曰：「昭德塞違……昭其度也。」君子觀明出地上，而益明盛之象，而以自昭其明德。去蔽致知，昭明德於己也。明明德於天下，昭明德於外也。明明德在己，故云「自昭」。

初六：晉如，摧如，貞吉。罔孚，裕，无咎。

初居晉之下，進之始也。晉如，升進也。摧如，抑退也。於始進而言，遂其進、不遂其進，唯得正則吉也。

罔孚者，在下而始進，豈遽能深見信於上？苟上未見信，則當安中自守，雍容寬裕，

〔註63〕《四庫》本作「而」。

无急於求上之信也。苟欲信之心切，非汲汲以失其守，則悻悻以傷於義矣，皆有咎也；故裕則无咎，君子處進退之道也。

摧，罪雷反。

象曰：晉如摧如，獨行正也；裕，无咎，未受命也。

无進无抑，唯獨行正道也。寬裕則无咎者，始欲進而未當位故也。君子之於進退，或遲或速，唯義所當，未嘗不裕也。聖人恐後之人不達寬裕之義，居位者，廢職失守以爲裕，故特云「初六裕則无咎」者，始進，未受命當職任故也。若有官守，不信於上而失其職，一日不可居也。然事非一概，久速唯時，亦容有爲之兆者。

六二：晉如，愁如，貞吉。受茲介福，于其王母。

六二在下，上无應援，以中正柔和〔註64〕之德，非強於進者也，故於進爲可憂愁，謂其進之難也。然守其貞正，則當得吉，故云「晉如，愁如，貞吉」。

王母，祖母也，謂陰之至尊者，指六五也。二以中正之道自守，雖上无應援，不能自進，然其中正之德，久而必彰，上之人自當求之。蓋六五大明之君，與之同德，必當求之，加之寵祿，受介福於王母也。介，大也。

象曰：受茲介福，以中正也。

受茲介福，以中正之道也。人能守中正之道，久而必亨；況大明在上而同德，必受大福也。

六三：眾允，悔亡。

以六居三，不得中正，宜有悔咎〔註65〕。而三在順體之上，順之極者也。三陰皆順上者也，是三之順上，與眾志同，眾所允從，其悔所以亡也。有順上向明之志，而眾允從之，何所不利？

或曰：「不由中正，而與眾同，得爲善乎？」曰：「眾所允者，必至當也；況順上之大明，豈有不善也？是以悔亡，蓋亡其不中正之失矣。古人曰：『謀從眾，則合天心。』」

象曰：眾允之志，上行也。

上行，上順麗於大明也。上從大明之君，眾志之所同也。

〔註64〕一作「順」。
〔註65〕一作「吝」。

九四：晉如鼫鼠，貞厲。

以九居四，非其位也；非其位而居之，貪據其位者也。貪處高位，既非所安，而又與上同德，順麗於上。

三陰皆在己下，勢必上進，故其心畏忌之。貪而畏人者，鼫鼠也，故云「晉如鼫鼠」。貪於非據，而存畏忌之心，貞固守此，其危可知。言貞厲者，開有改之道也。

象曰：鼫鼠貞厲，位不當也。

賢者以正德，宜在高位；不正而處高位，則爲非據。貪而懼失則畏人，固處其地，危可知也。

六五：悔亡，失得勿恤；往吉，无不利。

六以柔居尊位，本當有悔；以大明而下皆順附，故其悔得亡也。下既同德順附，當推誠委任，盡眾人之才，通天下之志，勿復自任其明，恤其失得。如此而往，則吉而无不利也。

六五，大明之主，不患其不能明照，患其用明之過，至於察察，失委任之道，故戒以「失得勿恤」也。夫私意偏任，不察則有蔽；盡天下之公，豈當〔註66〕復用〔註67〕私察也？

象曰：失得勿恤，往有慶也。

以大明之德，得下之附，推誠委任，則可以成天下之大功，是往而有福慶也。

上九：晉其角，維〔註68〕伐邑。厲吉，无咎，貞吝。

角，剛而居上之物。上九以剛居卦之極，故取角爲象，以陽居上剛之極也；在晉之上，進之極也。剛極則有強猛之過，進極則有躁急之失。以剛而極於進，失中之甚也。无所用而可，維獨用於伐邑，則雖厲而吉，且无咎也。

伐四方者，治外也；伐其居邑者，治內也。言伐邑，謂內自治也。人之自治，剛極則守道愈固，進極則遷善愈速。如上九者，以之自治，則雖傷於厲，而吉且无咎也。

嚴厲，非安和之道，而於自治則有功也。復云「貞吝」，以盡其義。極於剛進，雖自治有功，然非中和之德，故於貞正之道爲可吝也。不失中正爲貞。

〔註66〕一作「得」。
〔註67〕一有「其」字。
〔註68〕《四庫》本有「用」字。

象曰：維用伐邑，道未光也。

維用伐邑，既得吉而无咎，復云「貞吝」者，其〔註69〕道未光大也。以正理言之，猶可吝也。夫道既光大，則无不中正，安有過也？今以過剛自治，雖有功矣〔註70〕，然其道未光大，故亦可吝。聖人言盡善之道。

䷣ 離下坤上 明夷

《序卦》：「晉者，進也。進必有所傷，故受之以明夷。夷者，傷也。」

夫進之〔註71〕不已，必有所傷，理自然也，明夷所以次晉也。爲卦坤上離下，明入地中也。

反晉成明夷，故義與晉正相反。晉者，明盛之卦；明君在上，群賢並進之時也。明夷，昏暗之卦；暗君在上，明者見傷之時也。日入於地中，明傷而昏暗也，故爲明夷。

明夷：利艱貞。

君子當明夷之時，利在知艱難而不失其貞正也。在昏暗艱難之時，而能不失其正，所以爲明〔註72〕君子也。

彖曰：明入地中，明夷。內文明而外柔順，以蒙大難，文王以之。

明入於地，其明滅也，故爲明夷。內卦離，離者，文明之象；外卦坤，坤者，柔順之象。爲人，內有文明之德，而外能柔順也。昔者，文王如是，故曰「文王以之」。

當紂之昏暗，乃明夷之時；而文王內有文明之德，外柔順以事紂，蒙犯大難，而內不失其明聖，而外足以遠禍患〔註73〕。此文王所用之道也，故曰「文王以之」。

難，乃旦反；下同。

利艱貞，晦其明也。內難而能正其志，箕子以之。

明夷之時，利於處艱戹而不失其貞正，謂能晦藏其明也。不晦其明，則被禍患；

〔註69〕《四庫》本作「貞」。
〔註70〕底本作「失」，費解，疑爲形譌。《四庫》本作「矣」，從《四庫》本更正。
〔註71〕一作「而」。
〔註72〕一有「爲」字。
〔註73〕一作「害」。

不守其正，則非賢明。箕子當紂之時，身處其國內，切近於〔註 74〕難，故云「內難」。然箕子能〔註 75〕藏晦其明，而自守其正志；箕子所用之道也，故曰「箕子以之」。

象曰：明入地中，明夷；君子以莅眾，用晦而明。

明所以照，君子无所不照；然用明之過，則易〔註 76〕於察，太察則盡事，而无含弘之度。故君子觀明入地中之象，於蒞眾也，不極其明察而用晦，然後能容物和眾，眾親而安。是用晦，乃所以爲明也。若自任其明，无所不察，則己不勝其忿疾，而无寬厚含容〔註 77〕之德，人情睽疑而不安，失莅眾之道，適所以爲不明也。古之聖人，設前旒屏樹者，不欲明之，盡乎隱也。

初九：明夷于飛，垂其翼。君子于行，三日不食。有攸往，主人有言。

初九，明體，而居明夷之初，見傷之始也。

九，陽明上升者也，故取飛象。昏暗在上，傷陽之明，使不得上進，是于飛而傷其翼也。翼見傷，故垂朵〔註 78〕。凡小人之害君子，害其所以行者。

君子于行，三日不食：君子明照，見事之微，雖始有見傷之端，未顯也，君子則能見之矣，故行去避之。君子于行，謂去其祿位而退藏也。三日不食，言困窮之極也。

事未顯而處甚艱，非見幾之明不能也。夫知幾者，君子之獨見，非眾人所能識也。故明夷之始，其見傷未顯而去之，則世俗孰不疑怪？故有所往適，則主人有言也。然君子不以世俗之見怪，而遲疑其行也。若俟眾人盡識，則傷已及，而不能去矣；此薛方所以爲明，而揚雄所以不獲其去也。

或曰：「傷至於垂翼，傷已明矣，何得眾人猶未識也？」曰：「初，傷之始也。云『垂其翼』，謂傷其所以飛爾，其事則未顯也。君子見幾，故亟去之，世俗之人，未能見也〔註 79〕，故異而非之。如穆生之去楚，申公、白公且非之，況世俗之人乎？但譏其責小禮，而不知穆生之去，避胥靡之禍也。當其言曰：『不去，楚人將鉗我於市。』雖二儒者亦以爲過甚之言也。

〔註 74〕《四庫》本作「其」。
〔註 75〕一无「能」字。
〔註 76〕《四庫》本作「傷」。
〔註 77〕一作「弘」。
〔註 78〕《四庫》本作「大」，則與下句連讀。
〔註 79〕《四庫》本無「也」字。

「又如袁閎，於黨事未起之前，名德之士方鋒起，而獨潛身土室，故人以爲狂生，卒免黨錮之禍。所往而人有言，胡〔註80〕足怪也？」

象曰：君子于行，義不食也。

君子遯藏而困窮，義當然也。唯義之當然，故安處而无悶，雖不食可也。

六二：明夷，夷于左股。用拯馬壯，吉。

六二以至明之才，得中正而體順，順時自處，處之至善也。雖君子自處之善，然當陰闇小人傷明之時，亦不免爲其所傷；但君子自處有道，故不能深相傷害，終能違避之爾。

足者，所以行也。股在脛足之上，於行之用，爲不甚切，左又非便用者。手足之用，以右爲便，唯蹶張用左。蓋右立爲本也，夷于左股，謂傷害其行而不甚切也。雖然，亦必自免有道，拯用〔註81〕壯健之馬，則獲免之速而吉也。

君子爲陰闇所傷，其自處有道，故其傷不甚。自拯有道，故獲免之疾，用拯之道不壯，則被傷深矣，故云「馬壯則吉」也。

二以明居陰闇之下，所謂「吉」者，得免傷害而已，非謂可以有爲於斯時也。

象曰：六二之吉，順以則也。

六二之得吉者，以其順處而有法則也。則，謂中正之道。能順而得中正，所以處明傷之時，而能保其吉也。

九三：明夷于南狩，得其大首，不可疾貞。

九三，離之上，明之極也，又處剛而進。上六，坤之上，暗之極也。至明居下，而爲下之上；至暗在上，而處窮極之地：正相敵應，將以明去暗者也。斯義也，其湯、武之事乎？

南，在前而明方也；狩，畋而去害之事也。南狩，謂前進而除害也，當克獲其大首。大首，謂暗之魁首，上六也。三與上正相應，爲至明克至暗之象。

不可疾貞，謂誅其元惡。舊染污俗，未能遽革，必有其漸。革之遽，則駭懼而不安，故《酒誥》云：「惟殷之迪，諸臣惟〔註82〕工，乃湎于酒，勿庸殺之。姑惟教之。」

〔註80〕據《導讀》本，《周易折中》作「何」。

〔註81〕一作「其」。

〔註82〕《二程集》：「惟」當作「百」。

至於既久，尙曰「餘風未殄」。是漸漬〔註 83〕之俗，不可以遽革也，故曰「不可疾貞」，正之不可急也。

上六雖非君位，以其居上而暗之極，故爲暗之主，謂之大首。

象曰：南狩之志，乃大得也。

夫以下之明，除上之暗，其志在去害而已；如商、周之湯、武，豈有意於利天下乎？得其大首，是能去害，而大得其志矣。志苟不然，乃悖亂之事也。

六四：入于左腹，獲明夷之心，出于門庭。

六四以陰居陰，而在陰柔之體，處近君之位，是陰邪小人居高位，以柔邪順於君者也。六五，明夷之君位，傷明之主也。四以柔邪順從之，以固其交。夫小人之事君，未有由顯明以道合者也，必以隱僻之道，自結於上。

右當用，故爲明顯之所；左不當用，故爲隱僻之所。人之手足，皆以右爲用。世謂僻所爲僻左，是左者，隱僻之所也。四由〔註 84〕隱僻之道，深入其君，故云「入于左腹」。入腹，謂其交深也。其交之深，故得其心。凡姦邪之見信於其君，皆由奪其心也。不奪其心，能无悟乎？

于出〔註 85〕門庭：既信之於〔註 86〕心〔註 87〕，而後行之於外也。邪臣之事暗君，必先蠱其心，而後能行於外。

象曰：入于左腹，獲心意也。

入于左腹，謂以邪僻之道入於君，而得其心意也。得其心，所以終不悟也。

六五：箕子之明夷，利貞。

五爲君位，乃常也。然《易》之取義，變動隨時。上六處坤之上，而明夷之極，陰暗傷明之極者也。五切近之，聖人因以五爲切近至暗之人，以見處之之義，故不專以君位〔註 88〕言。

上六陰暗，傷明之極，故以爲明夷之主。五切近傷明之主，若顯其明，則見傷害必

〔註 83〕《四庫》本作「瀆」。
〔註 84〕一有「是」字。
〔註 85〕一作「出于」。
〔註 86〕《四庫》本無「於」字。
〔註 87〕一作「既奪其心」。
〔註 88〕一作「義」。

矣；故當如箕子之自晦藏，則可以〔註89〕免於難。箕子，商之舊臣，而同姓之親，可謂切近於紂矣。若不自晦其明，被禍可必也；故佯狂爲奴，以免於害。雖晦藏其明，而內守其正，所謂內難而能正其志，所以謂之仁與明也，若箕子，可謂貞矣。以五陰柔，故爲之戒云「利貞」，謂宜如箕子之貞固也。若以君道言，義亦如是。人君有當含晦之時，亦外晦其明，而內正其志也。

象曰：箕子之貞，明不可息也。

箕子晦藏，不失其貞固，雖遭患難，其明自存，不可滅息也。若逼禍患，遂失其所守，則是亡其明，乃滅息也；古之人，如揚雄者是也。

上六：不明晦，初登于天，後入于地。

上居卦之終，爲明夷〔註90〕之主，又爲明夷之極。上，至高之地，明在至高，本當遠照，明既夷傷，故不明而反昏晦也。本居於高，明當及遠，初登于天也；乃夷傷其明而昏暗，後入于地也。上，明夷之終，又坤陰之終，明傷之極者也。

象曰：初登于天，照四國也；後入于地，失則也。

初登于天，居高而明，則當照及四方也。乃被傷而昏暗，是後入于地，失明之道也。失則，失其道也。

䷤ 離下巽上　家人

《序卦》：「夷者，傷也。傷於外者，必反於〔註91〕家，故受之以家人。」

夫傷困於外，則必反於內，家人所以次明夷也。家人者，家內之道。父子之親，夫婦之義，尊卑長幼之序；正倫理，篤恩義，家人之道也。

卦外巽內離，爲風自火出。火熾，則風生〔註92〕自火，自內而出也。自內而出，由家而〔註93〕及於外之象也〔註94〕。

〔註89〕一无「以」字。
〔註90〕一作「夷明」。
〔註91〕《二程集》作「其」。
〔註92〕《四庫》本「風生」二字重複出現；則其斷句爲：「火熾則風生，風生自火。」
〔註93〕一无「而」字。
〔註94〕《四庫》本無「也」字。

二與五，正男女之位於內外，爲家人之道。明於內而巽於外，處家之道也。

夫人有諸身者，則能施於家；行於家者，則能施於國，至於天下治。治天下之道，蓋治家之道也，推而行之於外耳；故取自內而出之象，爲家人之義也。

《文中子》書以明內齊外爲義，古今善之，非取象之意也。所謂齊乎巽，言萬物潔齊於巽方，非巽有齊義也；如戰乎乾，乾非有戰義也。

家人：利女貞。

家人之道，利在女正；女正，則家道正矣。夫夫婦婦而家道正，獨云「利女貞」者：夫正者，身正也；女正者，家正也。女正，則男正可知矣。

彖曰：家人，女正位乎內，男正位乎外。男女正，天地之大義也。

《彖》以卦才而言。陽居五，在外也；陰居二，處內也，男女各得其正位也。尊卑、內外之道正，合天地、陰陽之大義也。

家人有嚴君焉，父母之謂也。

家人〔註95〕之道，必有所尊，嚴而君長者，謂父母也。雖一家之小，无尊嚴則孝敬衰，无君長則法度廢。有嚴君而後家道正；家者，國之則也。

父父、子子、兄兄、弟弟、夫夫、婦婦，而家道正；正家而天下定矣。

父子、兄弟、夫婦，各得其道，則家道正矣。推一家之道，可以及天下，故家正則天下定矣。

象曰：風自火出，家人；君子以言有物而行有恒。

正家之本，在正其身。身正之道，一言一動，不可易也。君子觀風自火出之象，知事之由內而出，故所言必有物，所行必有恒也。

物，謂事實；恒，謂常度、法則也。德業之著於外，由言行之謹於內也。言愼行脩，則身正而家治矣。

初九：閑有家。悔亡。

初，家道之始也。閑，謂防閑法度也。治其有家之始，能以法度爲之防閑，則不至於悔矣。

〔註95〕一无「人」字。

治家者，治乎眾人也。苟不閑之以法度，則人情流放，必至於有悔；失長幼之序，亂男女之別；傷恩義，害倫理，无所不至。能以法度閑之於始，則无是矣，故悔亡也。

九，剛明之才，能閑其家者也。不云「无悔」者，群居必有悔，以能閑，故亡耳。

象曰：閑有家，志未變也。

閑之於始，家人志意未變動之前也。正志未流散變動而閑之，則不傷恩、不失義，處家之善也，是以悔亡。志變而後治，則所傷多矣，乃有悔也。

六二：无攸遂，在中饋，貞吉。

人之處家，在骨肉父子之間，大率以情勝禮〔註 96〕，以恩奪義。唯剛立之人，則能不以私愛失其正理；故家人卦，大要以剛爲善，初、三、上是也。

六二以陰柔之才而居柔，不能治於家者也，故无攸遂，无所爲而可也。夫以英雄之才，尚有溺情愛而不能自守者，況柔弱之人，其能勝妻子之情乎？如二之才，若爲婦人之道，則其正也。以柔順處中正，婦人之道也；故在中饋，則得其正而吉也。婦人，居中而主饋者也，故云「中饋」。

饋，巨愧反。

象曰：六二之吉，順以巽也。

二以陰柔居中正，能順從而卑巽者也，故爲婦人之貞吉也。

九三：家人嗃嗃，悔厲吉。婦子嘻嘻，終吝。

嗃嗃，未詳字義；然以文義〔註 97〕及音意〔註 98〕觀之，與嗷嗷相類。又若〔註 99〕急束〔註 100〕之意。

九三在內卦之上，主治乎內者也。以陽居剛而不中，雖得正，而過乎剛者也。治內過剛，則傷於嚴急，故家人嗃嗃然。治家過嚴，不能无傷，故必悔於嚴厲。骨肉恩勝，嚴過，故悔也。

〔註 96〕《四庫》本作「理」。
〔註 97〕《二程集》作「意」。
〔註 98〕《二程集》作「義」。
〔註 99〕一作「人苦」。
〔註 100〕一作「速」。

雖悔於嚴厲，未得寬猛之中；然而家道齊肅，人心祗畏，猶爲家之吉也。若婦子嘻嘻，則終至羞吝矣。

在卦，非有嘻嘻之象；蓋對嗃嗃而言，謂與其失於放肆，寧過於嚴也。嘻嘻，笑樂无節也。自恣无節，則終至敗家，可羞吝也。

蓋嚴謹之過，雖於人情不能无傷；然苟法度立，倫理正，乃恩義之所存也。若嘻嘻无度，乃法度之所由廢，倫理之所由亂，安能保其家乎？嘻嘻之甚，則致敗家之凶。但云「吝」者，可吝之甚，則至于凶，故未遽言凶也。

嗃，呼洛反。嘻，喜悲反。

象曰：家人嗃嗃，未失也；婦子嘻嘻，失家節也。

雖嗃嗃，於治家之道，未爲甚失；若婦子嘻嘻，是无禮法，失家之節，家必亂矣。

六四：富家〔註101〕。大吉。

六以巽順之體而居四，得其正位。居得其正，爲安處之義。巽順於事，而由正道，能保有〔註102〕其富者也。居家之道，能保有〔註103〕其富，則爲大吉也。四，高位，而獨云「富」者，於家而言。高位，家之尊也；能有其富，是能保其家也，吉孰大焉？

象曰：富家大吉，順在位也。

以巽順而居正位，正而巽順，能保有〔註104〕其富者也。富，家之大吉也。

九五：王假有家，勿恤，吉。

九五，男而在外，剛而處陽，居尊而中正，又其應順正於內，治家之至正至善者也。

王假有家：五，君位，故以王言。假，至也，極乎有家之道也。夫王者之道，修身以齊家，家正則天下治矣。自古聖王，未有不以恭己正家爲本，故有家之道既至，則不憂勞而天下治矣，勿恤而吉也。五恭己於外，二正家於內，內外同德，可謂至矣。

假，更白反。

〔註101〕《四庫》本作「貴」。
〔註102〕一无「有」字。
〔註103〕一无「有」字。
〔註104〕一无「有」字。

象曰：王假有家，交相愛也。

王假有家之道者，非止能使之順從而已，必致其心化誠合。夫愛其內助，婦愛其刑家，交相愛也。能如是者，文王之妃乎？若身修法立而家未化，未得爲假有家之道也。

上九：有孚威如，終吉。

上，卦之終，家道之成也，故極言治家之本。

治家之道，非至誠不能也；故必中有孚信，則能常久，而眾人自化爲善。不由至誠，己且不能常守也，況欲使〔註105〕人乎？故治家以有孚爲本。

治家者，在妻孥情愛之間。慈過則无嚴，恩勝則掩義；故家之患，常在禮法不足，而瀆慢〔註106〕生也。長失尊嚴，少忘恭順，而家不亂者，未之有也；故必有威嚴，則能終吉。保家之終，在有孚、威如二者而已，故於卦終言之。

象曰：威如之吉，反身之謂也。

治家之道，以正身爲本，故云「反身之謂」。爻辭謂治家當有威嚴，而夫子又復戒云：「當先嚴其身也。」威嚴不先行於己，則人怨而不服，故云：「威如而吉者，能自反於身也。」孟子所謂「身不行道，不行於妻子」也。

䷥ 兌下離上 **睽**

《序卦》：「家道窮必乖，故受之以睽。睽者，乖也。」

家道窮，則睽乖離散，理必然也；故家人之後，受之以睽也。爲卦上離下兌。離火炎上，兌澤潤下，二體相違，睽之義也。

又：中少二女雖同居，而所歸各異，是其志不同行也，亦爲睽義。

睽：小事吉。

睽者，睽乖離散之時，非吉道也。以卦才之善，雖處睽時，而小事吉也。

睽，苦圭反。

〔註105〕一作「使眾」。
〔註106〕《四庫》本作「漫」。

彖曰：睽，火動而上，澤動而下。二女同居，其志不同行。

《彖》先釋睽〔註107〕義〔註108〕，次言卦才，終言合睽之道，而贊其時用之大。

火之性，動而上；澤之性，動而下。二物之性違異，故爲睽義。中少二女雖同居，其志不同行，亦爲睽義。女之少也同處，長則各適其歸，其志異也。言睽者，本同也；本不同，則非睽也。

少，去聲。

說而麗乎明，柔進而上行，得中而應乎剛，是以小事吉。

卦才如此，所以小事吉也。

兌，說也。離，麗也；又爲明，故爲說順而附麗於明。凡麗〔註109〕在上，而《彖》欲見柔居尊者，則曰「柔進而上行」，晉、鼎是也。方睽乖之時，六五以柔居尊位，有說順麗明之善，又得中道而應剛；雖不能合天下之睽，成天下之大事，亦可以小濟，是於小事吉也。

五以明而應剛，不能致大吉，何也？曰：「五陰柔，雖應二，而睽之時，相與之道未能深固，故二必遇主于巷；五，噬膚則无咎也。天下睽散之時，必君臣剛陽中正，至誠協力，而後能合也。」

說，音悅。

天地睽，而其事同也；男女睽，而其志通也；萬物睽，而其事類也。睽之時用大矣哉！

推物理之同，以明睽之時用，乃聖人合睽之道也。見同之爲同者，世俗之知也；聖人則明物理之本同，所以能同天下，而和合萬類也。

以天地、男女、萬物明之：天高地下，其體睽也；然陽降陰升，相合而成化育之事則同也。男女異質，睽也；而相求之志則通也。生物萬殊，睽也；然而得天地之和，稟陰陽之氣則相類也。物雖異而理本同，故天下之大，群生之眾，睽散萬殊，而聖人爲能同之。處睽之時，合睽之用，其事至大，故云「大矣哉」。

象曰：上火下澤，睽；君子以同而異。

〔註107〕一无「睽」字。
〔註108〕一作「意」。
〔註109〕《四庫》本作「離」。

上〔註110〕火下澤，二物之性違異，所以爲睽離之象。君子觀睽異之象，於大同之中，而知所當異也。

夫聖賢之處世，在人理之常，莫不大同；於世俗所同者，則有時而獨異。蓋於秉彝則同矣，於世俗之失則異也。不能大同者，亂常拂〔註111〕理之人也；不能獨異者，隨俗習非之人也。要在同而能異耳，《中庸》曰：「和而不流。」是也。

初九：悔亡。喪馬，勿逐自復。見惡人，无咎。

九居卦初，睽之始也。在睽乖之時，以剛動於下，有悔可知。所以得亡者，九四在上，亦以剛陽，睽離无與，自然同類相合。同是陽爻，同居下，又當相應之位。二陽本非相應者，以在睽，故合也。上下相與，故能亡其悔也。

在睽，諸爻皆有應。夫合則有睽，本異則何睽？唯初與四，雖非應，而同德相與，故相遇。

馬者，所以行也。陽，上行者也；睽獨无與，則不能行，是喪其馬也。四既與之合，則能行矣，是勿逐而馬復得也。

惡人，與己乖異者也；見者，與相通也。當睽之時，雖同德者相與，然小人乖異者至衆，若棄絕之，不幾盡天下以仇君子乎？如此，則失含〔註112〕弘之義，致凶咎之道也，又安能化不善而使之合乎？故必見惡人則无咎也。古之聖王，所以能化姦凶爲善良，革仇敵爲臣民者，由弗絕也。

喪，去聲。

象曰：見惡人，以辟咎也。

睽離之時，人情乖違，求和合之，且病其不〔註113〕能得也；若以惡人而拒絕之，則將衆仇於君子，而禍咎至矣。故必見之，所以免辟〔註114〕怨咎也。无怨咎，則有可合之道。

辟，音避。

〔註110〕底本作「主」，形譌。據《四庫》本更正。
〔註111〕《四庫》本作「咈」。
〔註112〕《四庫》本作「合」。
〔註113〕一作「未」。
〔註114〕《四庫》本作「避」。

九二：遇主于巷，无咎。

二與五爲〔註115〕正應，相與者也；然在睽乖之時，陰陽相應之道衰，而剛柔相戾之意勝，學《易》者識此，則知變通矣。故二、五雖正應，當委曲以相求也。

二以剛中之德居下，上應六五之君，道合則志行，成濟睽之功矣。而居睽離之時，其交非固，二當委曲求於相遇，覬其得合也，故曰「遇主于巷」。必能合而後无咎；君臣睽離，其咎大矣。

巷者，委曲之塗也。遇者，會逢之謂也。當委曲相求，期於會遇，與之合也。所謂委曲者，以善道宛轉將就，使合而已，非枉己屈道也。

象曰：遇主于巷，未失道也。

當睽之時，君心未合，賢臣在下，竭力盡誠，期使之信合而已。至誠與〔註116〕感動之，盡力以扶持之，明義理以致其知，杜蔽惑以誠其意：如是宛轉以求其合也。

遇，非枉道迎逢也；巷，非邪僻由〔註117〕徑也，故夫子特云「遇主于巷，未失道也」。未，非必也；非必，謂失道也。

六三：見輿曳，其牛掣。其人天且劓，无初有終。

陰柔，於平時且不足以自立，況當睽離之際乎？三，居二剛之間，處不得其所安，其見侵陵可知矣。三以正應在上，欲進與上合志，而四阻於前，二牽於後。車、牛，所以行之具也。輿曳，牽於後也；牛掣，阻於前也。在後者，牽曳之而已；當前者，進者之所力犯也，故重傷於上，爲四所傷也。

其人天且劓：天，髡首也。劓，截鼻也。三從正應，而四隔止之。三雖陰柔，處剛而志行，故力進以犯之，是以傷也。天而又劓，言重傷也。三不合於二與四，睽之時，自无合義，適合居剛守正之道也。其於正應，則睽極有終合之理。始爲二陽所戹，是无初也；後必得合，是有終也。掣，從制從手，執止之義也。

曳，以制反。掣，昌逝反。劓，魚器反。

象曰：見輿曳，位不當也；无初有終，遇剛也。

以六居三，非正也；非正則不安。又在二陽之間，所以有如是艱戹，由位不當也。

〔註115〕四庫「爲」字在「應」字後。

〔註116〕《四庫》本作「以」。

〔註117〕《四庫》本作「曲」。

无初〔註 118〕有終者，終必與上九相遇而合，乃遇剛也。不正而合，未有久而不離者也。合以正道，自无終睽之理；故賢者順理而安行，智者知幾而固守。

九四：睽孤，遇元夫；交孚，厲，无咎。

九四當睽時，居非所安；无應，而在二陰之間，是睽離孤處者也。以剛陽之德，當睽離之時，孤立无與，必以氣類相求而合，是以遇元夫也。

夫，陽稱。元，善也。初九當睽之初，遂能與同德，而亡睽之悔，處睽之至善者也，故目之爲元夫，猶云「善士」也。四則過中，爲睽已甚，不若初之善也。

四與初皆以陽處一卦之下，居相應之位。當睽乖之時，各无應援，自然同德相親，故會遇也。同德相遇，必須至誠相與。交孚，各有孚誠也。

上下二陽，以至誠相合，則何時之不能行？何危之不能濟？故雖處〔註 119〕危厲，而无咎也。

當睽離之時，孤居二陰之間，處不當位，危且有咎也；以遇元夫而交孚，故得无咎也。

夫，如字。

象曰：交孚无咎，志行也。

初、四皆陽剛。君子當睽乖之時，上下以至誠相交，協志同力，則其志可以行，不止无咎而已。卦辭但言无咎，夫子又從而明之，云：「可以行其志。」救時之睽也。蓋以君子陽剛之才，而至誠相輔，何所不能濟也？唯有君子，則能行其志矣。

六五：悔亡，厥宗噬膚，往何咎？

六以陰柔當睽離之時，而居尊位，有悔可知；然而，下有九二剛陽之賢，與之爲應，以輔翼之，故得悔亡。

厥宗，其黨也，謂九二正應也。噬膚，噬齧其肌膚而深入之也。當睽之時，非入之者深，豈能合也？五雖陰柔之才，二輔以剛陽〔註 120〕之道，而深入之，則可往而有慶〔註 121〕，復何過咎之有？以周成之幼稚，而興盛王之治；以劉禪之昏弱，而有中

〔註 118〕一有「而」字

〔註 119〕一无「處」字。

〔註 120〕《四庫》本作「陽剛」。

〔註 121〕一有「也」字。

興之勢，蓋由任聖賢〔註 122〕之輔，而姬公、孔明所以入之者深也。

噬，時制反。

象曰：厥宗噬膚，往有慶也。

爻辭但言厥宗噬膚，則可以往而无咎，《象》復推明其義，言人君雖己才不足，若能信任賢輔，使以其道深入於己，則可以有爲，是往而有福慶也。

上九：睽孤，見豕負塗，載鬼一車。先張之弧，後說之弧。匪寇婚媾；往，遇雨則吉。

上居卦之終，睽之極也；陽剛居上，剛之極也；在離之上，用明之極也。睽極，則咈戾而難合；剛極，則躁暴而不詳；明極，則過察而多疑。

上九有六三之正應，實不孤；而其才性如此，自睽孤也。如人雖有親黨，而多自疑猜，妄生乖離，雖處骨肉親黨之間，而常孤獨也。上之與三，雖爲正應，然居睽極，无所不疑。其見三如豕之污穢，而又背負泥塗，見其可惡之甚也。既惡之甚，則猜成其罪惡，如見載鬼滿一車也。

鬼本无形，而見載之一車，言其以无爲有，妄之極也。物理，極而必反，以近明之：如人適東，東極矣，動則西也；如升高，高極矣，動則下也，既極則動而必反也。上之睽乖既極，三之所處者正理。大凡失道既極，則必反正理；故上於三，始疑而終必合也。

先張之弧，始疑惡而欲射之也。疑之者，妄也；妄安能常？故終必復於正。三實无惡，故後說弧而弗射。睽極而反，故與三非復是寇讎，乃婚媾也。此「匪寇婚媾」之語，與它〔註 123〕卦同，而義則殊也。

陰陽交而和暢，則爲雨。上於三，始疑而睽，睽極則不疑而合。陰陽合而益和，則爲雨，故云「往遇雨則吉」。往者，自此以往也，謂既合而益和，則吉也。

象曰：遇雨之吉，群疑亡也。

雨者，陰陽和也。始睽而能終和，故吉也。所以能和者，以群疑盡亡也。其始睽也，无所不疑，故云「群疑」。睽極而合，則皆亡也〔註 124〕。

〔註 122〕《四庫》本作「賢聖」。
〔註 123〕一作「乇」。
〔註 124〕《四庫》本作「矣」。一作「則疑皆亡也」。

䷦ 艮下坎上 蹇

《序卦》:「睽者，乖也。乖必有難，故受之以蹇。蹇者，難也。」

睽乖之時，必有蹇難，蹇所以次睽也。蹇，險阻之義，故爲蹇難。爲卦坎上艮下。

坎，險也。艮，止也。險在前而止，不能進也。前有險陷，後有峻阻，故爲蹇也。

蹇：利西南，不利東北；利見大人，貞吉。

西南，坤方。坤，地也，體順而易。東北，艮方。艮，山也，體止而險。在蹇難之時，利於順處平易之地，不利止於危險也。處順易，則難可紓；止於險，則難益甚矣。

蹇難之時，必有聖賢之人，則能濟天下之難，故利見大人也。濟難者，必以太〔註125〕正之道，而堅固其守，故貞則吉也。

凡處難者，必在乎〔註126〕守貞正〔註127〕。設使難不解，不失正德，是以吉也。若遇難而不能固其守，入於邪濫，雖使苟免，亦惡德也。知義命者，不爲也。

蹇，紀免反。

彖曰：蹇，難也，險在前也。

蹇，難也：蹇之爲難，如乾之爲健；若易之爲難，則義有未足〔註128〕。蹇，有險阻之義。屯，亦難也；困，亦難也。同爲難而義則異：屯者，始難而未得通；困者，力之窮；蹇乃險阻、艱難之義，各不同也。

險在前也：坎險在前，下止而不〔註129〕進，故爲蹇。

見險而能止，知矣哉！

以卦才言處蹇之道也。

上險而下止，見險而能止也。犯險而進，則有悔咎〔註130〕，故美其能止爲知也。方

〔註125〕《四庫》本作「大」。
〔註126〕一无「乎」字。
〔註127〕一无「正」字。
〔註128〕一作「盡」。
〔註129〕《四庫》本有「得」字。
〔註130〕一作「吝」。

蹇難之時，唯能止爲善；故諸爻除五與二外，皆以往爲失，來爲得也。

知，去聲。

蹇，利西南，往得中也；不利東北，其道窮也。

蹇之時，利於處平易。西南，坤方，爲順易。東北，艮方，爲險阻。九上居五，而得中正之位，是往而得平易之地，故爲利也。

五居坎險之中，而謂之平易者：蓋卦本坤，由五往而成坎，故但取往而得中，不取成坎之義也。方蹇而又止危險之地，則蹇益甚矣，故不利東北。其道窮也，謂蹇之極也。

利見大人，往有功也。當位貞吉，以正邦也。

蹇難之時，非聖賢〔註131〕不能濟天下之蹇，故利於見大人也。大人當位，則成濟蹇之功矣：往而有功也。

能濟天下之蹇者，唯大正之道，夫子又取卦才而言。蹇之諸爻，除初外，餘皆當正位，故爲貞正而吉也。

初六，雖以陰居陽而處下，亦陰之正也；以如〔註132〕此正道正其邦，可以濟於蹇矣。

蹇之時用大矣哉！

處蹇之時，濟蹇之道，其用至大，故云「大矣哉」。天下之難，豈易平也？非聖賢不能，其用可謂大矣。順時而處，量險而行，從平易之道，由至正之理，乃蹇之時用也。

象曰：山上有水，蹇；君子以反身脩德。

山之峻阻，上復有水；坎水爲險陷之象，上下險阻，故爲蹇也。

君子觀蹇難之象，而以反身脩德。君子之遇艱阻，必反求諸己，而益自脩。孟子曰：「行有不得者，皆反求諸己。」故遇艱蹇，必自省於身。有失而致之乎？是反身也。有所未善則改之，无歉於心則加勉，乃自脩其德也。君子脩德以俟時而已。

初六：往蹇，來譽。

六居蹇之初，往進則益入於蹇，往蹇也。當蹇之時，以陰柔无援而進，其蹇可知。來者，對往之辭。上進則爲往，不進則爲來；止而不進，是有見幾知時之美，來則有譽也。

〔註131〕一有「大人」字。
〔註132〕一作「如以」。

象曰：往蹇來譽，宜待也。

方蹇之初，進則益蹇，時之未可進也，故宜見幾而止，以待時可行而後行也。

諸爻皆蹇往而善來，然則无出蹇之義乎？曰：「在蹇而往，則蹇也；蹇終則變矣，故上已〔註 133〕有碩義。」

六二：王臣蹇蹇，匪躬之故。

二以中正之德居艮體，止於中正者也。與五相應，是中正之人，爲中正之君所信任，故謂之「王臣」。雖上下同德，而五方在大蹇之中，致力於蹇難之時，其艱蹇至甚，故爲蹇於蹇也。

二雖中正，以陰柔之才，豈易勝其任？所以蹇於蹇也。志在濟君於蹇〔註 134〕難之中，其蹇蹇者，非爲身之故也。雖使不勝，志義可嘉，故稱其忠藎不爲己也；然其才不足以濟蹇也。小可濟，則聖人當盛稱以爲勸矣。

象曰：王臣蹇蹇，終无尤也。

雖艱〔註 135〕戹於蹇時，然其志在濟君難，雖未能〔註 136〕成功，然〔註 137〕終无過尤也。聖人取其志義，而謂其无尤，所以勸忠藎也。

九三：往蹇，來反。

九三以剛居正，處下體之上，當蹇之時，在下者皆柔，必依於三，是爲下所附者也。三與上爲正應；上，陰柔而无位，不足以爲援，故上往則蹇也。來，下來也。反，還歸也。三爲下二陰所喜，故來爲反其所也，稍安之地也。

象曰：往蹇來反，內喜之也。

內，在下之陰也。方蹇之時，陰柔不能自立，故皆附於九三之陽，而喜愛之。九之處三，在蹇爲得其所也。處蹇而得下之心，可以求安，故以來爲反，猶《春秋》之言歸也。

六四：往蹇，來連。

〔註 133〕一作「六」。
〔註 134〕一作「艱」。
〔註 135〕一作「蹇」。
〔註 136〕《四庫》本無「能」字。
〔註 137〕一无「然」字。

往，則益入於坎險之深，往蹇也。

居蹇難之時，同處艱戹者，其志不謀而同也。又：四居上位，而與在下者同有得位之正，又與三相比相親者也。二與初同類，相與者也，是與下同志，眾所從附也，故曰「來連」。來，則與在下之眾相連合也。能與眾合，得處蹇之道也。

象曰：往蹇來連，當位實也。

四，當蹇之時，居上位，不往而來，與下同志，固足以得眾矣。

又：以陰居陰，爲得其實；以誠實與下，故能連合而下之。二、三亦各得其實。初以陰居下，亦其實也。當同患之時，相交以實，其合可知；故來而連者，當位以實也。處蹇難，非誠實，何以濟？當位不曰「正」而曰「實」，上下之交，主於誠實，用各有其所也。

當，去聲。

九五：大蹇，朋來。

五居君位，而在蹇難之中，是天下之大蹇也。當蹇而又在險中，亦爲大蹇。大蹇之時，而二在下，以中正相應，是其朋助之來也。方天下之蹇，而得中正之臣相輔，其助豈小也？

得朋來而无吉，何也？曰：「未足以濟蹇也。」以剛陽中正之君，而方在大蹇之中，非得剛陽中正之臣相輔之，不能濟天下之蹇也。二之中正，固有助矣；欲以陰柔之助，濟天下之難，非所能也。

自古聖王濟天下之蹇，未有不由賢聖之臣爲之助者，湯、武得伊、呂是也。中常之君，得剛明之臣而能濟大難者，則有矣，劉禪之孔明，唐肅宗之郭子儀，德宗之李晟是也。

雖賢明之君，茍无其臣，則不能濟於難也。故凡六居五，九居二者，則多由助而有功，蒙、泰之類是也。九居五，六居二，則其〔註138〕功〔註139〕多不足，屯、否之類是也。蓋臣賢於君，則輔君以君所不能；臣不及君，則贊助之而已，故不能成大功也。

象曰：大蹇朋來，以中節也。

朋者，其朋類也。五有中正之德，而二亦中正，雖大蹇之時，不失其守，蹇於蹇，

〔註138〕《四庫》本無「其」字。
〔註139〕一作「助」。

以相應助，是以其中正之節也。

上下中正而弗濟者，臣之才不足也。自古守節秉義，而才不足以濟者，豈少乎？漢李固、王允，晉周顗、王導之徒是也。

上六：往蹇來碩，吉，利見大人。

六以陰柔居蹇之極，冒極〔註 140〕險〔註 141〕而往，所以蹇也。不往而來，從五求三，得陽剛〔註 142〕之助，是以碩也。

蹇之道，戹塞窮蹙。碩，大也，寬裕之稱。來則寬大，其蹇舒矣。蹇之極，有出蹇之道。上六以陰柔，故不得出〔註 143〕；得剛陽之助，可以舒蹇而已。在蹇極之時，得舒則爲吉矣。非剛陽中正，豈能出乎蹇也？

利見大人：蹇極之時，見大德之人，則能〔註 144〕有濟於蹇也。大人，謂五；以相比，發此義。五，剛陽中正而居君位，大人也。

在五不言其濟蹇之功，而上六利見之，何也？曰：「在五不言，以其居坎險之中，无剛陽之助，故无能濟蹇之義。在上六，蹇極而見大德之人，則能濟於蹇，故爲利也。各爻取義不同，如屯初九之志正，而於六二則目之爲〔註 145〕寇也。諸爻皆不言吉，上獨言吉者，諸爻皆得正，各有所善，然皆未能出於蹇，故未足爲吉；唯上處蹇極而得寬裕，乃爲吉也。」

象曰：往蹇來碩，志在內也；利見大人，以從貴也。

上六應三而從五，志在內也。蹇既極而有助，是以碩而吉也。六以陰柔當蹇之極，密近剛陽中正之君，自然其志從附，以求自濟，故利見大人，謂從九五之貴也。所以云「從貴」，恐人不知大人爲指五也。

䷧ 坎下震上　解

《序卦》：「蹇者，難也。物不可以終難，故受之以解。」

〔註 140〕一作「陰」。
〔註 141〕一作「蹇」。
〔註 142〕《四庫》本作「剛陽」。
〔註 143〕一作「得耳」。
〔註 144〕一作「利」。
〔註 145〕底本作「爲之」，《四庫》本作「之爲」。「目之爲寇」語較順，據《四庫》本更正。

物无終難之理，難極則必散；解者，散也，所以次蹇也。為卦震上坎下。

震，動也。坎，險也。動於險外，出乎險也，故為患難解散之象。

又：震為雷，坎為雨；雷雨之作，蓋陰陽交感，和暢而緩散，故為解。解者，天下患難解散之時也。

解：利西南。无所往，其來復，吉；有攸往，夙吉。

西南，坤方。坤之體，廣大平易，當天下之難方解，人始離艱苦，不可復以煩苛嚴急治之，當濟以寬大簡易，乃其宜也。如是，則人心懷而安之，故利於西南也。湯除桀之虐，而以寬治；武王誅紂之暴，而反商政，皆從寬易也。

无所往，其來復吉；有攸往，夙吉：无所往，謂天下之難已解散，无所為也。有攸往，謂尚有所當解之事也。

夫天下國家，必紀綱法度廢亂，而後禍患生。聖人既解其難，而安平无事矣，是无所往也；則當修復治道，正紀綱、明法度，進復先代明王之治，是來復也，謂反正理也，天下之吉也。

其，發語辭。自古聖王救難定亂，其始未暇遽為也；既安定，則為可久可繼之治。自漢以下，亂既除，則不復有為，姑隨時維持而已，故不能成善治，蓋不知來復之義也。

有攸往，夙吉，謂尚有當解之事，則早為之，乃吉也。當解而未盡者，不早去，則將復盛；事之復生者，不早為則將漸大，故夙則吉也。

解，音蟹。

彖曰：解，險以動；動而免乎險，解。

坎險、震動，險以動也。不險則非難，不動則不能出難。動而出於險外，是免乎險難也，故為解。

解，利西南，往得眾也。

解難之道，利在廣大平易。以寬易而往濟解，則得眾心之歸也。

其來復吉，乃得中也。

不云「无所往」，省文爾。救亂除難，一時之事，未能成治道也。必待難解，无所往，然後來復先王之治，乃得中道，謂合宜也。

有攸往，夙吉，往有功也。

有所爲則夙吉也。早，則往而有功；緩，則惡滋而害深矣。

天地解而雷雨作，雷雨作而百果草木皆甲拆。解之時大矣哉！

既明處解之道，復言天地之解，以見解時之大。

天地之氣開散，交感而和暢，則成雷雨。雷雨作，則〔註 146〕萬物皆生發甲拆。天地之功，由解而成，故贊解之時「大矣哉」。

王者，法天道，行寬宥，施恩惠，養育兆民。至於昆蟲〔註 147〕、草木，乃順解之時，與天地合德也。

象曰：雷雨作，解；君子以赦過宥罪。

天地解散而成雷雨，故雷雨作而爲解也；與「明兩而作離」語不同。

赦，釋之。宥，寬之。過失，則赦之可也；罪惡而赦之，則非義也，故寬之而已。君子觀雷雨作解之象，體其發育，則施恩仁；體其解散，則行寬釋也。

初六〔註 148〕**：无咎。**

六居解初，患難既解之時，以柔居剛，以陰應陽，柔而能剛之義。既无患難，而自處得剛柔之宜〔註 149〕。患難既解，安寧无事，唯自處得宜，則爲无咎矣。方解之初，宜安靜以休息之。爻之辭寡，所以示意。

象曰：剛柔之際，義无咎也。

初、四相應，是剛柔相際接也。剛柔相接〔註 150〕，爲得其宜。難既解，而處之剛柔得宜，其義无咎也。

九二：田獲三狐，得黃矢，貞吉。

九二以陽剛得中之才，上應六五之君，用於時者也。天下小人常眾，剛明之君在上，則明足以照之，威足以懼之，剛足以斷之，故小人不敢用其情；然猶〔註 151〕常存警

〔註 146〕《四庫》本作「而」。
〔註 147〕四庫作「蟲」。
〔註 148〕《四庫》本作「九」。
〔註 149〕一有「也」字。
〔註 150〕《四庫》本作「際」。
〔註 151〕《四庫》本作「尤」。

戒，慮其有間而害正〔註 152〕也。

六五以陰柔居尊位，其明易蔽，其威易犯，其斷不果而易惑。小人一近之，則移其心矣。況難方解而治之初，其變尚易。二既當用，必須能去小人，則可以正君心，而行其剛中之道。

田者，去害之事。狐者，邪媚之獸。三狐，指卦之三陰，時之小人也。獲，謂能變化除去之，如田之獲狐也。獲之，則得中直之道，乃貞正而吉也。黃，中色。矢，直物。黃矢，謂中直也。群邪不去，君心一入，則中直之道无由行矣；桓敬之不去武三思是也。

象曰：九二貞吉，得中道也。

所謂「貞吉」者，得其中道也。除去邪惡，使其〔註 153〕中直之道得行，乃正而吉也。

六三：負且乘，致寇至，貞吝。

六三陰柔，居下之上，處非其位，猶小人宜在下以負荷；而且乘車，非其據也，必致寇奪之至，雖使所爲得正，亦可鄙吝也。小人而竊盛位，雖勉爲正事，而氣質卑下，本非在上之物，終可咎也。

若能大正〔註 154〕則如何？曰：「大正，非陰柔所能也；若能之，則是化爲君子矣。三，陰柔小人，宜在下，而反處下之上，猶小人宜負而反乘，當致寇奪也。難解之時，而小人竊位，復致寇矣。」

乘，如字；石證反。

象曰：負且乘，亦可醜也；自我致戎，又誰咎也？

負荷之人，而且乘載，爲可醜惡也。

處非其據，德不稱〔註 155〕其器，則寇戎之致，乃己招取，將誰咎乎？聖人又於《繫辭》明其致寇之道，謂：「作《易》者，其知盜乎？」盜者，乘釁而至，苟无釁隙，則盜安能犯？負者，小人之事。乘者，君子之器。以小人而乘君子之器，非其所能安也，故盜乘釁而奪之。

〔註 152〕一作「政」。

〔註 153〕一无「其」字。

〔註 154〕《四庫》本作「正大」。

〔註 155〕一作「勝」。

小人而居君子之位，非其所能堪也，故滿假而陵慢其上，侵暴其下，盜則乘其過惡而伐之矣。伐者，聲其罪也。

盜，橫暴而至者也。貨財而輕慢其藏，是教誨乎盜，使取之也；女子而夭冶其容，是教語〔註 156〕淫者，使暴之也；小人而乘君子之器，是招盜使奪之也：皆自取之之謂也。

九四：解而拇，朋至斯孚。

九四以陽剛之才居上位，承六五之君，大臣也，而下與初六之陰爲應。

拇，在下而微者，謂初也。居上位而親小人，則賢人正士遠退矣。斥去小人，則君子之黨進，而誠相得也。四能解去初六之陰柔，則陽剛君子之朋來至，而誠合矣。不解去小人，則己之誠未至，安能得人之孚也？初六其應，故謂遠之爲解。

拇，茂后反。

象曰：解而拇，未當位也。

四雖陽剛，然居陰，於正疑不足；若復親比小人，則其失正必矣。故戒必解其拇，然後能來君子，以其處未當位也。解者，本合而離之也，必解拇而後朋孚。蓋君子之交，而小人容於其間，是與君子之誠未至也。

六五：君子維有解，吉，有孚于小人。

六五居尊位，爲解之主，人君之解也，以君子通言之。君子所親比者，必君子也；所解去者，必小人也，故君子維有解則吉也。小人去，則君子進矣，吉孰大焉？

有孚者，世云「見驗」也，可驗之於小人。小人之黨去，則是君子能有解也。小人去，則君子自進，正道自行，天下不足治也。

象曰：君子有解，小人退也。

君子之所解者，謂退去小人也。小人去，則君子之道行，是以吉也。

上六：公用射隼，于高墉之上獲之，无不利。

上六，尊高之地，而非君位，故曰「公」，但據解終而言也。

隼，鷙害之物，象爲害之小人。墉，牆內外之限也。害若在內，則是未解之時也；

〔註 156〕《四庫》本作「誨」。

若出墉外，則是无害矣，復何所解？故在墉上，離乎內而未去也。云「高」，見防限之嚴而未去者。

上，解之極也。解極之時，而獨有未解者，乃害之堅強者也。上居解極，解道已至，器已成也，故能射而獲之。既獲之，則天下之患解已盡矣，何所不利？

夫子於《繫辭》復伸其義曰：「隼者，禽也。弓矢者，器也。射之者，人也。君子藏器於身，待時而動，何不利之有？動而不括，是以出而有獲，語成器而動者也。」鷙害之物在墉上，苟无其器，與不待時而發，則安能獲之？所以解之之道，器也；事之當解，與已解之之道至者，時也。如是而動，故无括結，發而无不利矣。括結，謂阻礙。聖人於此發明藏器待時之義。

夫行一身至於天下之事，苟无其器，與不以時而動，小則括塞，大則喪敗。自古喜有爲而无成功，或顛覆者，皆由是也。

射，食亦反。隼，荀尹反。墉，音容。鷙，音至。

象曰：公用射隼，以解悖也。

至解終而未解者，悖亂之大者也。射之，所以解之也；解，則天下平矣。

解，佳買反。悖，布內反。

《周易》下經　卷第四

《周易》下經　卷第五

程頤傳

䷨ 兌下艮上 **損**

《序卦》:「解者，緩也。緩必有所失，故受之以損。」

縱緩則必有所失，失則損也，損所以繼解也。爲卦艮上兌下。

山體高，澤體深；下深則上益高，爲損下益上之義。

又：澤在山下，其氣上通，潤及草木百物，是損下而益上也。

又：下爲兌說，三爻皆上應，是說以奉上，亦損下益上之義。

又：下兌之成兌，由六三之變也。上艮之成艮，自上九之變也。三本剛而成柔，上本柔而成剛，亦損下益上之義。損上而益於下，則爲益；取下而益於上，則爲損。

在人，上者施其澤以及下，則益也；取其下以自厚，則損也。譬如累土〔註 1〕，損於上以培厚其基本，則上下安固矣，豈非益乎？取於下以增上之高，則危墜至矣，豈非損乎？故損者，損下益上之義；益則反是。

損，蓑本反。

損：有孚，元吉，无咎，可貞，利有攸往。

損，減損也。凡損抑其過以就義理，皆損之道也。損之道，必有孚誠，謂至誠順於

〔註 1〕《四庫》本作「譬諸壘土」。

理也。損而順理，則大善而吉。所損无過差，可貞固常行，而利有所往也。

人之所損，或過或不及，〔註2〕或不常〔註3〕，皆不合正理，非有孚也。非有孚，則无吉而有咎，非可貞之道，不可行也。

曷之用？二簋可用享。

損者，損過而就中，損浮末而就本實也。聖人以寧儉爲禮之本，故於〔註4〕損發明其義，以享祀言之。

享祀之禮，其文最繁，然以誠敬爲本。多儀備物，所以將飾其誠敬之心；飾過其誠，則爲僞矣。損飾，所以存誠也，故云「曷之用？二簋可用享」。二簋之約，可以享祭，言在乎誠而已，誠爲本也。

天下之害，无不由末之勝也。峻宇雕墻，本於宮室；酒池肉林，本於飲食；淫酷殘忍，本於刑罰；窮兵黷武，本於征討。凡人欲之過者，皆本於奉養；其流之遠，則爲害矣。先王制其本者，天理也；後人流於末者，人欲也。損之義，損人欲以復天理而已。

曷，何葛反。簋，音軌。

彖曰：損，損下益上，其道上行。

損之所以爲損者，以損於下而益於上也。取下以益上，故云「其道上行」。

夫損上而益下則爲益，損下而益上則爲損。損基本以爲高者，豈可謂之益乎？

損而有孚，元吉，无咎，可貞，利有攸往。

謂損而以至誠，則有此元吉以下四者，損道之盡善也。

曷之用？二簋可用享。二簋應有時，損剛益柔有時。

夫子特釋「曷之用，二簋可用享」。

卦辭簡直，謂當損去浮飾，曰：「何所用哉？二簋可以享也。」厚本損末之謂也。夫子恐後人不達，遂以爲文飾當盡去，故詳言之。

有本必有末，有實必有文，天下萬事无不然者。无本不立，无文不行。父子主恩，

〔註2〕一有「或常」字。
〔註3〕一作「當」。
〔註4〕《四庫》本作「爲」。

必有嚴順之體；君臣主敬，必有承接之儀。禮讓存乎內，待威儀而後行；尊卑有其序，非物采則〔註 5〕无別。文之與實，相須而不可闕也。及乎文之勝，末之流，遠本喪實，乃當損之時也；故云：「曷所用哉？二簋足以薦其誠矣。」謂當務實而損飾也。夫子恐人之泥言也，故復明之曰：「二簋之質，用之當有時。非其所用而用之，不可也。」謂文飾未過而損之，與損之至於過甚，則非也。

損剛益柔有時：剛為過，柔為不足，損益，皆損剛益柔也；必順時而行，不當時而損益之，則非也。

損益盈虛，與時偕行。

或損或益，或盈或虛，唯隨時而已。過者損之，不足〔註 6〕者益之；虧者盈之，實者虛之：與時偕行也。

象曰：山下有澤，損；君子以懲忿窒欲。

山下有澤，氣通上潤，與深下以增高，皆損下之象。君子觀損之象，以損於己。在修己之道，所當損者，惟忿與欲；故以懲戒其忿怒，窒塞其意欲也。

懲，直升反。忿，芳粉反。窒，珍栗反。

初九：已事遄往。无咎，酌損之。

損之義，損剛益柔，損下益上也。初以陽剛應於四，四以陰柔居上位，賴初之益者也。下之益上，當損己而不自以為功。所益於上者，事既已則速去之，不居其功，乃无咎也。若享其成功之美，非損己益上也；於為下之道，為有咎矣。四之陰柔，賴初者也，故聽於初。初當酌度其宜，而損己以益之。過與不及，皆不可也。

已，音以。遄，市專反。

象曰：已事遄往，尚合志也。

尚，上也，時之所崇用為尚。初之所尚者，與上合志也。四賴於初，初益於四，與上合志也。

九二：利貞，征凶，弗損益之。

二以剛中，當損剛之時，居柔而說體，上應六五陰柔之君，以柔說應上，則失其剛

〔註 5〕一作「而」。
〔註 6〕一作「及」。

中之德，故戒所利在貞正也。

征，行也。離乎中，則失其貞正而凶矣。守其中，乃貞也。

弗損益之：不自損其剛貞，則能益其上，乃益之也。若失其剛貞而用柔說，適足以損之而已〔註 7〕，非損己而〔註 8〕益上也。世之愚者，有雖无邪心，而唯知竭力順上爲忠者，蓋不知「弗損益之」之義也。

象曰：九二利貞，中以為志也。

九居二，非正也；處說，非剛也，而得中爲善。若守其中德，何有不善？豈有中而不正者？豈有中而有過者？二所謂「利貞」，謂以中爲志也。志存乎中，則自正矣。大率中重於正，中則正矣，正不必中也。能守中，則有益於上矣。

六三：三人行，則損一人；一人行，則得其友。

損者，損有餘也；益者，益不足也。三人，謂下三陽、上三陰。三陽同行，則損九三以益上；三陰同行，則損上六以爲三：三人行則損一人也。

上以柔易剛而謂之損，但言其減一耳。上與三雖本相應，由二爻升降，而一卦皆成，兩相與也。初、二，二陽；四、五，二陰，同德相比。三與上應，皆兩相與，則其志專，皆爲得其友也。三雖與四相比，然異體而應上，非同行者也。

三人則損一人，一人則得其友。蓋天下无不二者，一與二相對待，生生之本也；三則餘而當損矣，此損益之大義也。夫子又於《繫辭》盡其義曰：「天地絪縕，萬物化醇，男女構精，萬物化生。《易》曰：『三人行，則損一人；一人行，則得其友。』言致一也。」

絪縕，交密之狀。天地之氣，相交而密，則生萬物之化醇。醇，謂醲厚。醲厚，猶精一也。男女精氣交構，則化生萬物；唯精醇專一，所以能生也。一陰一陽，豈可二也？故三則當損，言專致乎一也。天地之間，當損益之，明且大者，莫過此也。

象曰：一人行，三則疑也。

一人行而得一人，乃得友也。若三人行，則疑所與矣，理當損去其一人，損其餘也。

〔註 7〕一无「而已」字。
〔註 8〕一有「以」字。

六四：損其疾，使遄有喜，无咎。

四以陰柔居上，與初之剛陽相應。在損時而應剛，能自損以從剛陽也，損不善以從善也。初之益四，損其柔而益之以剛，損其不善也，故曰「損其疾」。

疾，謂疾病，不善也。損於不善，唯使之遄速，則有喜而无咎。人之損過，唯患不速；速則不至於深過，爲可喜也。

象曰：損其疾，亦可喜也。

損其所疾，固可喜也。云「亦」，發語辭。

六五：或益之，十朋之，龜弗克違，元吉。

六五於損時，以中順居尊位。虛其中，以應乎二之剛陽，是人君能虛中自損，以順從在下之賢也。能如是，天下孰不損己自盡以益之？故或有益之之事，則十朋助之矣。十，衆辭。龜者，決是非吉凶之物。衆人之公論，必合正理，雖龜筴不能違也。如此，可謂大善之吉矣。古人曰：「謀從衆，則合天心。」

象曰：六五元吉，自上祐也。

所以得元吉者，以其能盡衆人之見，合天地之理，故自上天降之福祐也。

上九：弗損益之，无咎；貞吉，利有攸往，得臣无家。

凡損之義有三：損己從人也；自損以益於人也；行損道以損於人也。損己從人，徙於義也。自損益人，及於物也。行損道以損於人，行其義也。各因其時，取大者言之。

四、五二爻，取損己從人。下體三爻，取自損以益人。損時之用，行損道以損天下之當損者也。

上九則取不行其損爲義。九居損之終，損極而當變者〔註 9〕也。以剛陽居上，若用〔註 10〕剛以損削於下，非爲上之道，其咎大矣。若不行其損，變而以剛陽之道益於下，則无咎而得其正且吉也。如是，則宜有所往，往則有益矣。在上能不損其下而益之，天下孰不服從？從服〔註 11〕之衆，无有內外也，故曰「得臣无家」。得臣，謂得人心歸服。无家，謂无有遠近內外之限也。

象曰：弗損益之，大得志也。

〔註 9〕一无「者」字。
〔註 10〕一有「其」字。
〔註 11〕《四庫》本作「服從」。

居上，不損下而反益之，是君子大得行其志也。君子之志，唯在益於人而已。

䷩ 震下巽上 益

《序卦》:「損而不已必益，故受之以益。」

盛衰損益如循環，損極必益，理之自然，益所以繼損也。爲卦巽上震下。

雷、風二物，相益者也；風烈則雷迅，雷激則風怒，兩相助益，所以爲益：此以象言也。

巽、震二卦，皆由下變而成。陽變而爲陰者，損也；陰變而爲陽者，益也。上卦損而下卦益，損上益下，所以爲益：此以義言也。下厚則上安，故益下爲益。

益：利有攸往，利涉大川。

益者，益於天下之道也，故利有攸往。益之道，可以濟險難，利涉大川也。

彖曰：益，損上益下，民說无疆。自上下下，其道大光。

以卦義與卦才言也。

卦之爲益，以其損上益下也。損於上而益下，則民說之无疆，謂无窮極也。自上而降己以下下，其道之大光顯也。陽下居初，陰上居四，爲自上下下之義。

說，音悅。疆，居良反；下同。下下：上，遐嫁反；下，如字。

利有攸往，中正有慶。

五以剛陽中正居尊位，二復以中正應之，是以中正之道益天下，天下受其福慶也。

利涉大川，木道乃行。

益之爲〔註12〕道，於平常无事之際，其益猶小。當艱危險難，則所益至大，故利涉大川也。於濟艱險，乃益道大行之時也。

益誤作「木」。或以爲上巽下震，故云「木道」，非也。

益，動而巽，日進无疆。

又以二體言卦才。

〔註12〕一无「爲」字。一作「於」。

下動而上巽，動而巽也。為益之道，其動巽順於理，則其益日進〔註 13〕，廣大无有疆限也。動而不順於理，豈能成大益也？

天施地生，其益无方。

以天地之功，言益道之大，聖人體之，以益天下也。天道資始，地道生物；天施地生，化育萬物，各正性命，其益可謂无方矣。

方，所也，有方所〔註 14〕則有限量。无方，謂廣大无窮極也。天地之益萬物，豈有窮際乎？

施，始豉反。

凡益之道，與時偕行。

天地之益无窮者，理而已矣。聖人利益天下之道，應時順理，與天地合，與時偕行也。

象曰：風雷，益；君子以見善則遷，有過則改。

風烈則雷迅，雷激則風怒，二物相益者也。君子觀風雷相益之象，而求益於己。為益之道，无若見善則遷，有過則改也。見善能遷，則可以盡天下之善；有過能改，則无過矣。益於人者，无大於是。

初九：利用為大作，元吉，无咎。

初九，震動之主，剛陽之盛也。居益之時，其才足以益物；雖居至〔註 15〕下，而上有六四之大臣應於己。四，巽順之主；上能巽於君，下能順〔註 16〕於賢才也。在下者，不能有為也；得在上者應從之，則宜以其道輔於上，作大益天下之事：利用為大作也。

居下而得上之用，以行其志，必須所為大善而吉，則无過咎。不能元吉，則不唯在己有咎，乃累乎上，為上之咎也。在至下而當大任，小善不足以稱也；故必元吉，然後得无咎。

象曰：元吉无咎，下不厚事也。

在下者，本不當處厚事；厚事，重大之事也。以為在上所任，所以當大事，必能濟

〔註 13〕一本「益」字在「日進」下。
〔註 14〕一无「所」字。
〔註 15〕一无「至」字。
〔註 16〕一作「巽」。

大事，而致元吉，乃為无咎。能致元吉，則在上者任之為知人，己當之為勝任；不然，則上下皆有咎也。

六二：或益之，十朋之，龜弗克違，永貞吉。王用享于帝，吉。

六二處中正而體柔順，有虛中之象。人處中正之道，虛其中以求益，而能順從天下，孰不願告而益之？孟子曰：「夫苟好善，則四海之內，皆將輕千里而來，告之以善。」

夫滿則不受，虛則來物，理自然也；故或有可益之事，則眾朋助而益之。十者，眾辭。眾人所是，理之至當也。龜者，占吉凶、辯是非之物；言其至是，龜不能違也。

永貞吉，就六二之才而言。二，中正虛中，能得眾人之益者也；然而，質本陰柔，故戒在常永貞固，則吉也。求益之道，非永貞則安能守也〔註17〕？

損之六五，十朋之則〔註18〕元吉者，蓋居尊自損，應下之剛，以柔而居剛。柔為虛受，剛為固守，求益之至善，故元吉也。六二虛中求益，亦有剛陽之應。而以柔居柔，疑從〔註19〕益之未固也，故戒能常永貞固則吉也。

王用享于帝吉：如二之虛中而能永貞，用以享上帝，猶當獲吉，況與人接物，其意有不通乎？求益於人，有不應乎？祭天，天子之事。故云「王用」也。

享〔註20〕，香兩反。

象曰：或益之，自外來也。

既中正虛中，能受天下之善而固守，則有有益之事，眾人自外來益之矣。

或曰：「自外來，豈非謂五乎？」曰：「如二之中正虛中，天下孰不願益之？五為正應，固在其中矣。」

六三：益之用凶事，无咎。有孚中行，告公用圭。

三居下體之上，在民上者也，乃守令也。居陽應剛，處動之極。居民上而剛決，果於為益者〔註21〕也。果於為益，用之於〔註22〕凶事則无咎。凶事，謂患難非常之事。

〔註17〕一作「之」。

〔註18〕據《導讀》本，《李》本作「龜」。《二程集》亦作「龜」。

〔註19〕《四庫》本無「從」字。

〔註20〕底本「享」字前有「用」字，應為衍文，故刪之。

〔註21〕一无「者」字。

〔註22〕《四庫》本無「於」字。

三居下之上，在下當承稟於上，安得自任，擅爲益乎？唯於患難非常之事，則可量宜應卒，奮不顧身，力庇其民，故无咎也。下專自任，上必忌疾，雖當凶難，以〔註 23〕義在可爲；然必有其孚誠，而所爲合於中道，則誠意通於上，而上信與之矣。專爲而无爲上愛民之至誠，固不可也；雖有誠意，而所爲不合中行，亦不可也。

圭者，通信之物。《禮》云：「大夫執圭而使，所以申信也。」凡祭祀朝聘用圭玉，所以通達誠信也。有誠孚而得中道，則能使上信之，是猶告公上用圭玉也，其孚能通達於上矣。在下而有爲之道，固當有孚中行。又：三，陰爻而不中，故發此義。

或曰：「三乃陰柔，何得反以剛果任事爲義？」曰：「三，質雖本陰，然其居陽，乃自處以剛也。應剛，乃志在乎剛也。居動之極，剛果於行也。以此行益，非剛果而何？《易》以所勝爲義，故不論其本質也。」

象曰：益用凶事，固有之也。

六三，益之獨可用於凶事者，以其固有之也，謂專固自任其事也。居下當稟承於上，乃專任其事；唯救民之凶災，拯時之艱急，則可也。乃處急難變故之權宜，故得无咎；若平時，則不可也。

六四：中行，告公從，利用為依遷國。

四當益時，處近君之位，居得其正，以柔巽輔上，而下順應於初之剛陽；如是，可以益於上也。唯處不得其中，而所應又不中，是不足於中也；故云：「若行得中道，則可以益於君上，告於上而獲信從矣。」

以柔巽之體，非有剛特之操，故「利用爲依遷國」。爲依，依附於上也。遷國，順下而動也。上依剛中之君，而致其益；下順剛陽之才，以行其事：利用如是也。自古國邑，民不安其居則遷；遷國者，順下而動也。

象曰：告公從，以益志也。

爻辭但云：「得中行，則告公而獲從。」《象》復明之曰：「告公而獲從者，告之以益天下之志也。」志苟在於益天下，上必信而從之。事君者，不患上之不從，患其志之不誠也。

九五：有孚惠心，勿問，元吉。有孚，惠我德。

〔註 23〕一无「以」字。

五，剛陽中正居尊位，又得六二之〔註 24〕中正相應，以行其益，何所不利？以陽實在中，有孚之象也。以九五之德之才之位，而中心至誠，在惠益於物，其至善大吉，不問可知，故云：「勿問，元吉。」人君居得致之位，操可致之權，苟至誠益於〔註 25〕天下，天下受其大福，其元吉不假言也。

有孚，惠我德：人君至誠益於〔註 26〕天下，天下之人，无不至誠愛戴，以君之德澤爲恩惠也。

象曰：有孚惠心，勿問之矣；惠我德，大得志也。

人君有至誠惠益天下之心，其元吉不假言也，故云「勿問之矣」。天下至誠，懷吾德以爲惠，是其道大行，人君之志得矣。

上九：莫益之，或擊之，立心勿恒，凶。

上，居无位之地〔註 27〕，非行益於人者也；以剛處益之極，求益之甚者也。所應者陰，非取善自益者也。利者，眾人所同欲也；專欲益己，其害大矣。欲之甚，則昏蔽而忘義理；求之極，則侵奪而致仇怨，故夫子曰：「放於利而行，多怨。」孟子謂：「先利，則不奪不厭。」聖賢之深戒也。九以剛而求益之極，眾人所共惡，故无益之者，而或攻擊之矣。

立心勿恒，凶：聖人戒人存心不可專利，云：「勿恒如是，凶之道也。」所〔註 28〕當速改也。

象曰：莫益之，偏辭也；或擊之，自外來也。

理者，天下之至公。利者，眾人所同欲。苟公其心，不失其正理，則與眾同利，无侵於人，人亦欲與之。若切於好利，蔽於自私，求自益以損於人，則人亦與之力爭；故莫肯益之，而有擊奪之者矣。云「莫益之」者，非其偏己之辭也。苟不偏己，合於公道，則人亦益之，何爲擊之乎？既求益於人，至於甚極，則人皆惡而欲攻之，故擊之者，自外來也。

人爲善，則千里之外應之。六二中正虛己，益之者自外而至，是也。苟爲不善，則

〔註 24〕一无「之」字。
〔註 25〕一作「於益」。
〔註 26〕一作「於益」。
〔註 27〕底本作「也」，字體偏小，疑爲「地」字脱落「土」部所致。今從《四庫》本更正。
〔註 28〕一作「謂」。

千里之外違之。上九求益之極，擊之者自外而至，是也。《繫辭》曰：「君子安其身而後動，易其心而後語，定其交而後求。君子脩此三者，故全也。危以動，則民不與也；懼以語，則民不應也；无交而求，則民不與也。莫之與，則傷之者至矣。《易》曰：『莫益之，或擊之，立心勿恒，凶。』」君子言動與求，皆以其道，乃完善也；不然，則取傷而凶矣。

䷪ 乾下兌上 夬

《序卦》：「益而不已必決，故受之以夬。夬者，決也。」

益之極，必決而後止。理无常益，益〔註29〕而不已，已乃決也，夬所以次益也。爲卦兌上乾下。

以二體言之，澤，水之聚也，乃上於至高之處，有潰決之象。以爻言之，五陽在下，長而將極；一陰在上，消而將盡；眾陽上進，決去一陰，所以爲夬也。夬者，剛決之義。眾陽進而決去一陰，君子道長，小人道〔註30〕衰，將盡之〔註31〕時也。

夬：揚于王庭，孚號，有厲。

小人方盛之時，君子之道未勝，安能顯然以正道決去之？故含晦俟時，漸圖消之之道。今既小人衰微，君子道盛，當顯行之於公朝，使人明知善惡，故云「揚于王庭」。

孚信之在中，誠意也。號者，命眾之辭。君子之道雖長盛，而不敢忘戒備，故至誠以命眾，使知尚有危道。雖以此之甚盛，決彼之甚衰，若易而无備，則有不虞之悔；是尚有危理，必有戒懼之心，則无患也。聖人設戒之意深矣。

夬，古恠反。號，去聲。

告自邑，不利即戎，利有攸往。

君子之治小人，以其不善也，必以己之善道勝革之；故聖王誅亂，必先脩己，舜之敷文德是也。

邑，私邑。告自邑，先自治也。以眾陽之盛，決去〔註32〕一陰，力固有餘，然不可

〔註29〕一无下「益」字。
〔註30〕《四庫》本作「消」。
〔註31〕《四庫》本有二「之」字。
〔註32〕《四庫》本作「於」。

極其剛，至於太過；太過，乃如蒙上九之爲寇也。

戎，兵者強武之事。不利即戎，謂不宜尚壯武也。即，從也。從戎，尚武也。

利有攸往：陽雖盛，未極乎上；陰雖微，猶有未去，是小人尚有存者，君子之道，有未至也，故宜進而往也。不尚剛武，而其道益進，乃夬之善也。

彖曰：夬，決也，剛決柔也。健而說，決而和。
夬爲決義，五陽決上之一陰也。健而說，決而和，以二體言卦才也。下健而上說，是健而能說，決而能和，決之至善也。兌說爲和。

說，音悅。決，古穴反。

揚于王庭，柔乘五剛也。
柔雖消矣，然居五剛之上，猶爲乘陵之象。陰而乘陽，非理之甚，君子勢既足以去之，當顯揚其罪於王朝大庭，使眾知善惡也。

孚號有厲，其危乃光也。
盡誠信以命其眾，而知有危懼，則君子之道，乃无虞而光大也。

告自邑，不利即戎，所尚乃窮也。
當先自治，不宜專尚剛武；即戎，有〔註33〕所尚，乃至窮極矣。夬之時所尚，謂剛武也。

利有攸往，剛長乃終也。
陽剛雖盛長，猶未終，尚有一陰，更當決去，則君子之道純一，而无害之者矣，乃剛長之終也。

象曰：澤上於天，夬；君子以施祿及下，居德則忌。
澤，水之聚也，而上於天至高之處，故爲夬象。君子觀澤決於上，而注溉於下之象，則以施祿及下；謂施其祿，澤以及於下也。

觀其決潰之象，則以居德則忌。居德，謂安處其德。則，約也；忌，防也，謂約立防禁。有防禁，則无潰散也。王弼作「明忌」，亦通。

不云「澤在天上」，而云「澤上於天」：上於天，則意不安而有決潰之勢。云「在天

〔註33〕《四庫》本作「則有」。

上」，乃安辭也。

止，時掌反。施，去聲。潰，胡對反。

初九：壯于前趾，往不勝，為咎。

九，陽爻而乾體，剛健在上之物，乃在下而居決時，壯于前進者也。

前趾，謂進行。人之決於行也，行而宜，則其決爲是；往而不宜，則決之過也。故往而不勝，則爲咎也。

夬之時而往，往決也，故以勝負言。九居初而壯於進，躁於動者也，故有「不勝」之戒。陰雖將盡，而己之躁動，自宜有不勝之咎，不計彼也。

象曰：不勝而往，咎也。

人之行，必度其事可爲，然後決之，則无過矣。理不能勝，而且往，其咎可知。凡行而有咎者，皆決之過也。

九二：惕號，莫夜有戎，勿恤。

夬者，陽決陰，君子決小人之時，不可忘戒備也。陽長將極之時，而二處中居柔，不爲過剛，能知戒備，處夬之至善也。內懷兢惕，而外嚴誡號，雖暮夜有兵戎〔註 34〕，亦可勿恤矣。

號，去聲。莫，音暮。

象曰：有戎勿恤，得中道也。

暮夜有兵戎〔註 35〕，可懼之甚也；然可勿恤者，以自處之善也。既得中道，又知惕懼，且有戒備，何事之足恤也？

九居二，雖得中，然非正，其爲至善，何也？曰：「陽決陰，君子決小人，而得中，豈有不正也？知時識勢，學《易》之大方也。」

九三：壯于頄，有凶。君子夬夬，獨行遇雨，若濡有慍，无咎。

爻辭差錯，安定胡公移其文曰：「壯于頄，有凶。獨行遇雨，若濡有慍。君子夬夬，无咎。」亦未安也。當云：「壯于頄，有凶。獨行遇雨，君子夬夬，若濡有慍，无咎。」

〔註 34〕《四庫》本無「戎」字。
〔註 35〕底本作「戒」，應爲形譌。今據《四庫》本更正。

夬決尚剛健之時，三居下體之上，又處健體之極，剛果於決者也。頄，顴骨也，在上而未極於上者也。三居下體之上，雖在上，而未爲最上。上有君，而自任其剛決，壯于頄者也，有凶之道也。

獨行遇雨：三與上六爲正應，方群陽共決一陰之時，己若以私應之，故不與眾同而獨行，則與上六陰陽和合，故云「遇雨」。《易》中言雨者，皆謂陰陽和也。君子道長，決去小人之時，而己獨與之和，其非可知。唯君子處斯時，則能夬夬；謂夬其夬，果決其斷也。雖其私與，當遠絕之。若見濡污，有慍惡之色，如此則无過咎也。

三，健體而處正，非必有是失也，因此義以爲教耳。爻文所以交錯者，由有「遇雨」字，又有「濡」字，故誤以爲連也〔註36〕。

頄，音求；又音逵。慍，紆運反。顴，音權。

象曰：君子夬夬，終无咎也。

牽梏於私好，由无決也。君子義之與比，決於當決，故終不至於有咎也。

牽，苦年反。梏，音酷。

九四：臀无膚，其行次且。牽羊悔亡，聞言不信。

臀无膚，居不安也。行次且，進不前也。次且，進難之狀。九四以陽居陰，剛決不足，欲止，則眾陽並進於下，勢不得安，猶臀傷而居，不能安也；欲行，則居柔，失其剛壯，不能強進，故「其行次且」也。

牽羊悔亡：羊者，群行之物。牽者，挽拽之義。言若能自強而牽挽，以從群行，則可以亡其悔。然既處柔，必不能也；雖使聞是言，亦必不能信用也。夫過而能改，聞善而能用，克己以從義，唯剛明者能之。

在它卦，九居四，其失未至如此之甚；在夬而居柔，其害大矣。

臀，音豚。次，七私反。且，七餘反。

象曰：其行次且，位不當也；聞言不信，聰不明也。

九處陰，位不當也。以陽居柔，失其剛決，故不能強進，其行次且。

剛然後能明，處柔則遷，失其正性，豈復有明也？故聞言而不能信者，蓋其聰聽之

〔註36〕一作「誤而相連也」。

不明也。

九五：莧陸夬夬，中行无咎。

五雖剛陽中正居尊位，然切近於上六；上六說體，而卦獨一陰，陽之所比也。五爲決陰之主，而反比之，其咎大矣；故必決其決，如莧陸然，則於其中行之德，爲无咎也。

中行，中道也。莧陸，今所謂馬齒莧是也；曝之難乾，感陰氣之多者也，而脆易折。五若如莧陸，雖感於陰，而決斷之易，則於中行无過咎矣；不然，則失其中正也。感陰多之物，莧陸爲易斷，故取爲象。

莧，侯辨反。曝，音僕。脆，七歲反。易，去聲。

象曰：中行无咎，中未光也。

卦辭言夬夬，則於中行爲无咎矣。《象》復盡其義云「中未光也」。夫人心正意誠，乃能極中正之道，而充實光輝。五心有所比，以義之不可而決之，雖行於外，不失中正之義，可以无咎；然於中道，未得爲光大也。蓋人心一有所欲，則離道矣。夫子於此，示人之意深矣。

上六：无號，終有凶。

陽長將極，陰消將盡，獨一陰處窮極之地，是眾君子得時，決去危極之小人也；其勢必須消盡，故云：「无用號咷畏懼，終必有凶也。」

號，戶羔反。

象曰：无號之凶，終不可長也。

陽剛君子之道，進而益盛。小人之道，既已窮極，自然消亡，豈復能久長〔註37〕乎？雖號咷，无以爲也，故云「終不可長也」。

先儒以卦中有「孚號」、「惕號」，欲以「无號」爲「无號」，作去聲，謂无用更加號令，非也。一卦中，適有兩去聲字，一平聲字，何害？而讀《易》者，率皆疑之。

或曰：「聖人之於天下，雖大惡，未嘗必絕之也。今直使之无號，謂必有凶，可乎？」曰：「夬者，小人之道消亡之時也。決去小人之道，豈必盡誅之乎？使之變革，乃小人之道亡也。道亡，乃其凶也。」

〔註37〕《四庫》本作「長久」。

☰☴ 巽下乾上 姤

《序卦》:「夬，決也。決必有〔註38〕遇，故受之以姤。姤，遇也。」

決，判也。物之決判，則有遇合。本合則何遇？姤所以次夬也。爲卦乾上巽下。

以二體言之，風行天下，天之下者，萬物也；風之行，无不經觸，乃遇之象。又：一陰始生於下，陰與陽遇也，故爲姤。

姤：女壯，勿用取女。

一陰始生，自是而長，漸以盛矣〔註39〕，是女之將長壯也。陰長則陽消，女壯則男弱，故戒勿用取如是之女。取女者，欲其柔和順從，以成家道。

姤，乃方進之陰，漸壯而敵陽者，是以不可取也。女漸壯，則失男女之正，家道敗矣。

姤，雖一陰甚微，然有漸壯之道，所以戒也。

姤，古反豆。

彖曰：姤，遇也，柔遇剛也。

姤之義，遇也。卦之爲姤，以柔遇剛也。一陰方生，始與陽相遇也。

勿用取女，不可與長也。

一陰既生，漸長而盛，陰盛則陽衰矣。取女者，欲長久而成家也。此漸盛之陰，將消勝於陽，不可與之長久也。凡女子、小人、夷狄，勢苟漸盛，何可與久也？故戒勿用取如是之女。

天地相遇，品物咸章也。

陰始生於下，與陽相遇，天地相遇也。陰陽不相交遇，則萬物不生。天地相遇，則化育庶類，品物咸章，萬物章明也。

剛遇中正，天下大行也。

以卦才言也。五與二皆以陽剛居中與正，以中正相遇也。君得剛中之臣，臣遇中正

〔註38〕《二程集》有「所」字。原《序卦》亦有「所」字。
〔註39〕《四庫》本作「大」。

之君；君臣以剛陽遇中正，其道可以大行於天下也〔註40〕。

姤之時義大矣哉！

贊姤之時與姤之義至大也。

天地不相遇，則萬物不生；君臣不相遇，則政治不興；聖賢不相遇，則道德不亨；事物不相遇，則功用不成。姤之時與義皆甚大也。

象曰：天下有風，姤；后以施命誥四方。

風行天下，无所不周；爲君后者，觀其周徧〔註41〕之象，以施其命令，周誥四方也。

風行地上，與天下有風，皆爲周徧庶物之象。而行於地上，徧觸萬物，則爲觀，經歷觀省之象也；行於天下，周徧四方，則爲姤，施發命令之象也。

諸《象》或稱先王，或稱后，或稱君子、大人。稱先王者，先王所以立法制、建國，作樂、省方，勑法、閉關，育物、享帝，皆是也。稱后者，后王之所爲也；財成天地之道，施命誥四方是也。君子，則上下之通稱。大人者，王公之通稱。

初六：繫于金柅，貞吉；有攸往，見凶，羸豕孚蹢躅。

姤，陰始生而將長之卦。一陰生，則長而漸盛。陰長則陽消，小人道長也，制之當於其微而未盛之時。

柅，止車之物；金爲之，堅強之至也。止之以金柅，而又繫之，止之固也。固止使不得進，則陽剛貞正之道吉也。使之進往，則漸盛而害於陽，是見凶也。

羸豕孚蹢躅：聖人重爲之戒，言陰雖甚微，不可忽也。豕，陰躁之物，故以爲況。羸弱之豕，雖未能強猛，然其中心在乎蹢躅。蹢躅，跳躑也。陰微而在下，可謂羸矣；然其中心常在乎〔註42〕消陽也。君子、小人異道，小人雖微弱之時，未嘗无害君子之心。防於微，則无能爲矣。

柅，女凡反。羸，劣隨反。

象曰：繫于金柅，柔道牽也。

牽者，引而進也。陰始生而漸進，柔道方牽也。繫之于金柅，所以止其進也。不使

〔註40〕《四庫》本作「矣」。

〔註41〕底本作「偏」，應爲形譌。據《四庫》本更正。

〔註42〕一无「乎」字。

進，則不能消正道，乃貞吉也。

九二：包有魚，无咎，不利賓。

姤，遇也。二與初密比，相遇者也。在它卦，則初正應於四；在姤，則以遇爲重。相遇之道，主於專一。二之剛中，遇固以誠；然初之陰柔，群陽在上，而又有相〔註 43〕應者，其志所求也。陰柔之質，鮮克貞固；二之於初，難得其誠心矣。所遇不得其誠心，遇道之乖也。

包者，苴裹也。魚，陰物之美者。陽之於陰，其所說美，故取魚象。二於初，若能固畜之，如包苴之有魚，則於遇爲无咎矣。

賓，外來者也。不利賓，包苴之魚，豈能及賓？謂不可更及外人也。遇道當專一，二則雜矣。

苴，千余反。裹，音果。

象曰：包有魚，義不及賓也。

二之遇初，不可使有二於外，當如包苴之有魚。包苴之魚，義不及於賓客也。

九三：臀无膚，其行次且，厲，无大咎。

二與初既相遇，三說初而密比於二，非所安也。又爲二所忌惡，其居不安，若臀之无膚也。

處既不安，則當去之。而居姤之時，志求乎遇，一陰在下，是所欲也；故處雖不安，而其行則又次且也。次且，進難之狀，謂不能遽舍也。然三剛正而處巽，有不終迷之義。若知其不正，而懷危懼，不敢妄動，則可以无大咎也。非義求遇，固已有咎矣，知危而止，則不至於大〔註 44〕也。

象曰：其行次且，行未牽也。

其始，志〔註 45〕求遇於初，故其行遲遲。未牽，不促其行也。既知危而改之，故未至於大咎也。

九四：包无魚，起凶。

〔註 43〕《四庫》本作「所」。
〔註 44〕一有「咎」字。
〔註 45〕《四庫》本有「在」字。

包者，所裹畜也。魚，所美也。四與初爲正應，當相遇者也。而初已遇於二矣，失其所遇，猶包之无魚，亡其所有也。四當姤遇之時，居上位而失其下；下之離，由己之失德也。四之失者，不中正也；以不中正而失其民，所以凶也。

曰：「初之從二，以比近也。豈四之罪乎？」曰：「在四而言，義當有咎；不能保其下，由失道也。豈有上不失道，而下離者乎？遇之道，君臣、民主、夫婦、朋友皆在焉。四以下睽，故主民而言。爲上而下離，必有凶變；起者，將生之謂。民心既離，難將作矣。」

象曰：无魚之凶，遠民也。

下之離，由己致之。遠民者，己遠之也。爲上者，有以使之離也。

遠，去聲。

九五：以杞包瓜，含章，有隕自天。

九五，下亦无應，非有遇也。然得遇之〔註46〕道，故終必有遇。夫上下之遇，由相求也。

杞，高木而葉大。處高體大，而可以包物者，杞也。美實之在下者，瓜也。美而居下者，側微之賢之象也。九五尊居君位，而下求賢才，以至高而求至下，猶以杞葉而包瓜，能自降屈如此。又：其內蘊中正之德，充實章美，人君如是，則无有不遇所求者也。

雖屈己求賢，若其德不正，賢者不屑也，故必含畜章美，內積至誠，則「有隕自天」矣，猶云「自天而降」，言必得之也。

自古人君至誠降屈，以中正之道，求天下之賢，未有不遇者也。高宗感於夢寐，文王遇於魚〔註47〕釣，皆由是道也。

杞，音起。包，白交反。瓜，工花反。

象曰：九五含章，中正也；

所謂「含章」，謂其含蘊〔註48〕中正之德也。德充實，則成章而有輝光。

〔註46〕一有「之」字。

〔註47〕《四庫》本作「漁」。

〔註48〕一无「蘊」字。

有隕自天，志不舍命也。

命，天理也。舍，違也。至誠中正，屈己求賢，存志合於天理，所以有隕自天，必得之矣。

上九：姤其角，吝，无咎。

至剛而在最上者，角也。九以剛居上，故以角爲象。人之相遇，由降屈以相從，和順以相接，故能合也。上九高亢而剛極，人誰與之？以此求遇，固可吝也。己則如是，人之遠之，非它人之罪也。由己致之，故无所歸咎。

象曰：姤其角，上窮吝也。

既處窮上，剛亦極矣，是上窮而致吝也。以剛極居高而求遇，不亦難乎？

䷬ 坤下兌上 **萃**

《序卦》:「姤者，遇也。物相遇而後聚，故受之以萃。萃者，聚也。」

物相會遇，則成群聚〔註 49〕，萃所以次姤也。爲卦兌上坤下，〔註 50〕澤上於地。

水之聚也，故爲萃。不言「澤在地上」，而云「澤上於地」，言「上於地」，則爲方聚之義也。

萃：亨，王假有廟。

王者萃聚天下之道，至於有廟，極〔註 51〕也。群生至衆也，而可一其歸仰；人心莫知其鄉也，而能致其誠敬；鬼神之不可度也，而能致其來格天下。萃合人心，總攝衆志之道非一，其至大莫過於宗廟；故王者萃天下之道，至於有廟，則萃道之至也。

祭祀之報，本於人心，聖人制禮以成其德耳。故豺獺能祭，其性然也。

萃下有「亨」字，羨文也。亨字自在下，與渙不同。渙則先言卦才，萃乃先言卦義，《彖辭》甚明。

萃，在季反。假，更白反；下同。

〔註 49〕《四庫》本無「聚」字。
〔註 50〕底本無「兑上坤下」四字，依《程傳》體例，疑刻本缺漏，故據《四庫》本補入。
〔註 51〕一无「極」字。

利見大人，亨，利貞。

天下之聚，必得大人以治之。人聚則亂，物聚則爭，事聚則紊，非大人治之，則萃所以致爭亂也。萃以不正，則人聚爲苟合，財聚爲悖入，安得亨乎？故利貞。

用大牲，吉，利有攸往。

萃者，豐厚〔註52〕之時也，其用宜稱，故用大牲吉。

事莫重於祭，故以祭享而言。上交鬼神，下接民物，百用莫不皆〔註53〕然。當萃之時，而交物以厚〔註54〕，則是享豐富之吉也，天下莫不同其富樂矣。若時之〔註55〕厚，而交物以薄，乃不享其豐美，天下莫之與，而悔吝生矣。蓋隨時之宜，順理而行，故《彖》云「順天命也」。

夫不能有爲者，力之不足也。當萃之時，故利有攸往。大凡興功〔註56〕立事，貴得可爲之時；萃而後用，是以動而有裕，天理然也。

彖曰：萃，聚也；順以說，剛中而應，故聚也。

萃之義，聚也。順以〔註57〕說，以卦才言也。上說而下順，爲上以說道使民，而順於人心；下說上之政令，而順從於上。既上下順說，又陽剛處中正之位，而下有應助；如此，故能聚也。欲天下之萃，才非如是，不能也。

說，音悅；下同。

王假有廟，致孝享也。

王者萃人心之道，至於建立宗廟，所以致其孝享之誠也。祭祀，人心之所自盡也，故萃天下之心者，无如孝享。王者萃天下之道，至於有廟，則其極也。

享，香兩反。

利見大人，亨，聚以正也。

萃之時，見大人則能亨，蓋聚以正道也。見大人，則其聚以正道，得其正則亨矣。

〔註52〕《四庫》本作「亨」。

〔註53〕一作「當」。

〔註54〕底本作「享」，以下文「交物以薄」觀之，應爲「厚」字，據《四庫》本更正。

〔註55〕一无「之」字。

〔註56〕《四庫》本作「工」。

〔註57〕一作「而」。

萃不以正，其能亨〔註58〕乎？

用大牲，吉，利有攸往，順天命也。

用大牲，承上有廟之文，以享祀而言；凡事莫不如是。豐聚之時，交於物者當厚，稱其宜也。物聚而力贍，乃可以有爲，故利有攸往；皆天理然也，故云「順天命也」。

觀其所聚，而天地萬物之情可見矣。

觀萃之理，可以見天地萬物之情也。天地之化育，萬物之生成，凡有者皆聚也。有无、動靜、終始之理，聚散而已；故觀其所以聚，則天地萬物之情可見矣。

象曰：澤上於地，萃；君子以除戎器，戒不虞。

澤上於地，爲萃聚之象。君子觀萃象，以除治戎器，用戒〔註59〕備於不虞。凡物之萃，則有不虞度之事，故眾聚則有爭，物聚則有奪。大率既聚〔註60〕則多故矣，故觀萃象而戒也。

除，謂簡治也，去弊惡也。除而聚之，所以戒不虞也。

上，時掌反。除，如字；本亦作儲。

初六：有孚不終，乃亂乃萃。若號，一握為笑，勿恤，往无咎。

初與四爲正應，本有孚以相從者也；然當萃時，三陰聚處，柔无守正之節，若捨正應而從其類，乃有孚而不終也。

乃亂，惑亂其心也。乃萃，與其同類聚也。初若守正，不從號呼，以求正應，則一握笑之矣。一握，俗語，一團也，謂眾〔註61〕以爲笑也。若能勿恤，而往從剛陽之正應，則无過咎；不然，則入小人之群矣。

握，烏學反。號，呼報反。

象曰：乃亂乃萃，其志亂也。

其心志爲同類所惑亂，故乃萃於群陰也。不能固其守，則爲小人所惑亂，而失其正矣。

〔註58〕底本作「享」，形譌。據上文「得其正則亨矣」觀之，應爲「亨」字，據《四庫》本更正。
〔註59〕底本作「戎」，形譌。《象》爲「戒不虞」，故應爲「戒」字，據《四庫》本更正。
〔註60〕《四庫》本作「眾」。
〔註61〕一有「聚」字。

六二：引吉，无咎，孚乃利用禴。

初，陰柔又非中正，恐不能終其孚，故因其才而爲之戒。二，雖陰柔而得中正，故雖戒而微辭〔註62〕。凡爻之辭，關〔註63〕得失二端者，爲法爲戒，亦各隨其才而設也。

引吉无咎：引者，相牽也。人之交，相求則合，相待〔註64〕則離。二與五爲正應，當萃者也；而相遠，又在群陰之間，必相牽引，則得其萃矣。

五居尊位，有中正之德；二亦以中正之道往與之萃，乃君臣和合也。其所共致，豈可量也，是以吉而无咎也。无咎者，善補過也；二與五不相引，則過矣。

孚乃利用禴：孚信之在中，誠之謂也。禴，祭之簡薄者也。菲薄而祭，不尚備物，專〔註65〕以誠意交於神明也。孚乃者，謂有其〔註66〕孚，則可不用文飾，專以至誠交於上〔註67〕也。以禴言者，謂薦其誠而已。上下相聚而尚飾焉，是未誠也。蓋其中實者，不假飾於外，用禴之義也。孚信者，萃之本也。不獨君臣之聚，凡天下之聚，在誠而已。

禴，羊略反。

象曰：引吉无咎，中未變也。

萃之時，以得聚爲吉，故九四爲得上下之萃。二與五雖正應，然異處有間，乃當萃而未合者也；故能相引而萃，則吉而无咎。以其有中正之德，未遽至改變也；變則不相引矣。

或曰：「二既有中正之德，而《象》云「未變」，辭若不足，何也？」曰：「群陰比處，乃其類聚。方萃之時，居其間，能自守不變，遠須正應，剛立者能之。二，陰柔之才，以其有中正之德，可覬其未至於變耳，故《象》含其意以存戒也。」

六三：萃如，嗟如，无攸利。往无咎，小吝。

三，陰柔不中正之人也，求萃於人，而人莫與求。四，則非其正應，又非其類，是以不正，爲四所棄也。與二，則二自以中正應五，是以不正，爲二所不與也。故欲〔註

〔註62〕一作「其辭微」。
〔註63〕一作「開」。
〔註64〕一作「恃」。
〔註65〕《四庫》本作「直」。
〔註66〕一作「其有」。
〔註67〕一有「下」字。
〔註68〕一无「欲」字。

68〕萃如，則爲人棄絕而嗟如，不獲萃而嗟恨也。上下皆不與，无所利也。唯往而從上六，則得其萃，爲无咎也。

三與上，雖非陰陽正應，然萃之時，以類相從，皆以柔居一體之上；又皆无與，居相應之地，上復處說順之極，故得其萃而无咎也。

《易》道變動无常，在人識之。然而小吝，何也？三始求聚〔註69〕於四與二，不獲，而後往從上六。人之動爲如此，雖得所求，亦可小羞吝也。

象曰：往无咎，上巽也。

上居柔說之極，三往而无咎者，上六巽順而受之也。

九四：大吉，无咎。

四當萃之時，上比九五之君，得君臣之聚也；下比下體群陰，得下民之聚也。得上下之聚，可謂善矣。然四以陽居陰，非正也；雖得上下之聚，必得大吉，然後爲无咎也。大爲周遍之義。无所不周，然後爲大；无所不正，則爲大吉，大吉則无咎也〔註70〕。

夫上下之聚，固有不由正道而得者；非理枉道而得君者，自古多矣。非理枉道而得民者，蓋亦有焉；如齊之陳常〔註71〕，魯之季氏是也。然得爲大吉乎？得爲无咎乎？故九四必能大吉，然後爲〔註72〕无咎也。

象曰：大吉无咎，位不當也。

以其位之不當，疑其所爲未能盡善，故云：「必得大吉，然後爲〔註73〕无咎也。」非盡善，安得爲大吉乎？

九五：萃有位，无咎。匪孚，元永貞，悔亡。

九五居天下之尊，萃天下之眾，而君臨之，當正其位，修其德。

以陽剛居尊位，稱其位矣，爲有其位矣〔註74〕。得中正之道，无過咎也。如是而有不信而未歸者，則當自反，以脩其「元永貞」之德，則无思不服，而「悔亡」矣。

〔註69〕《四庫》本作「萃」。
〔註70〕一作「矣」。
〔註71〕《四庫》本作「恒」。按：陳常，春秋齊人，漢避孝文帝諱，改恒爲常。
〔註72〕一作「能」。
〔註73〕一作「能」。
〔註74〕一作「也」。

元永貞者，君之德，民所歸也；故比天下之道，與萃天下之道，皆在此三者。

王者既有其位，又有其德，中正无過咎，而天下尚有未信服歸附者，蓋其道未光大也，元永貞之道未至也，在脩德以來之；如苗民逆命，帝乃誕敷文德。舜德非不至也，蓋有遠近昏明之異，故其歸有先後；既有未歸，則當脩德也。所謂德，元永貞之道也。

元，首也、長也，爲君德，首出庶物，君長群生，有尊大之義焉，有主統之義焉；而又恒永貞固，則通於神明，光於四海，无思不服矣。乃无匪孚，而其悔亡也。所謂「悔」，志之未光，心之未慊也。

象曰：萃有位，志未光也。

《象》舉爻上句。王者之志，必欲誠信著於天下，有感必通，含生之類，莫不懷歸。若尚有匪孚，是其志之未光大〔註 75〕也。

上六：齎咨涕洟，无咎。

六，說之主。陰柔小人，說高位而處之，天下孰肯與也？求萃而人莫之與，其窮至於齎咨而涕洟也。齎咨，咨嗟也。人之絕之，由己自取，又將誰咎？爲人惡絕，不知所爲，則隕穫而至嗟涕，眞小人之情狀也。

齎，將池反。咨，音諮。涕，音體。洟，池麗反。

象曰：齎咨涕洟，未安上也。

小人所處，常失其宜。既貪而從欲，不能自擇安地，至於困窮，則顚沛不知所爲。六之涕洟，蓋不安於處上也。君子愼其所處，非義不居；不幸而有危困，則泰然自安，不以累其心。小人居不懌〔註 76〕安，常履非據；及其窮迫，則隕穫躁撓，甚至涕泣〔註 77〕，爲可羞也。未者，非遽之辭，猶俗云「未便」也；未便能安於上也。陰而居上，孤處无與，既非其據，豈能安乎？

䷭ 巽下坤上　升

《序卦》:「萃者，聚也。聚而上者，謂之升，故受之以升。」

〔註 75〕底本作「夫」，形譌，據《四庫》本更正。

〔註 76〕《四庫》本作「擇」。

〔註 77〕《四庫》本作「洟」

物之積聚，而益高大，聚而上也，故為升，所以次於萃也。為卦坤上巽下。

木在地下，為地中生木。木生地中，長而益高，為升之象也。

升：元亨，用見大人，勿恤。南征吉。

升者，進而上也。升進〔註78〕則有亨義，而以卦才之善，故元亨也。用此道以見大人，不假憂恤，前進則吉也。南征，前進也。

升，式陵反。

彖曰：柔以時升，巽而順，剛中而應，是以大亨。

以二體言，柔升，謂坤上行也。巽既體卑而就下，坤乃順時而上，升以時也，謂時當升也。柔既上而成升，則下巽而上順。以巽順之道升，可謂時矣。

二以剛中之道應於五，五以中順之德應於二，能巽而順，其升以時，是以元亨也。《彖》文誤作「大亨」，解在大有卦。

用見大人，勿恤，有慶也。

凡升之道，必由大人。升於位，則由王公；升於道，則由聖賢。用巽順剛中之道以見大人，必遂其升。

勿恤，不憂其不遂也。遂其升，則己之〔註79〕福慶，而福慶及物也。

南征吉，志行也。

南，人之所向。南征，謂前進也。前進則遂其升，而得行其志，是以吉也。

象曰：地中生木，升；君子以順德，積小以高大。

木生地中，長而上升，為升之象。君子觀升之象，以順修其德，積累微小，以至高大也。順則可進，逆乃退也。萬物之進長〔註80〕，皆以順道也。善不積，不足以成名；學業之充實，道德之崇高，皆由積累而至。積小所以成高大，升之義也。

初六：允升，大吉。

初以柔居巽體之下，又巽之主，上承於九二之剛，巽之至者也。二以剛中之德，上應於君，當升之任者也。

〔註78〕一作「進升」。

〔註79〕一作「有」。

〔註80〕《四庫》本無「長」字。

允者，信從也。初之柔巽，唯信從於二；信二而從之同升，乃大吉也。

二，以德言則剛中，以力言則當任。初之陰柔，又无應援，不能自升，從於剛中之賢以進，是由剛中之道也，吉孰大焉？

象曰：允升大吉，上合志也。

與在上者合志同升也。上，謂九二。從二而升，乃與二同志也。能信從剛中之賢〔註81〕，所以大吉。

九二：孚乃利用禴，无咎。

二，陽剛而在下；五，陰柔而居上。夫以剛而事柔，以陽而從陰，雖有時而然，非順道也。以暗而臨明，以剛而事弱，若黽勉於事勢，非誠服也。上下之交不以誠，其可以〔註82〕久乎？其可以有爲乎？五雖陰柔，然居尊位；二雖剛陽，事上者也，當內存至誠，不假文飾於外。誠積於中，則自不事外飾，故曰「利用禴」，謂尚誠敬也。

自古剛強之臣，事柔弱之君，未有不爲矯飾者也。禴，祭之簡質者也。云「孚乃」，謂既孚，乃宜不用文飾，專以其誠感通於上也。如是則得无咎。以剛強之臣，而事柔弱之君，又當升之時，非誠意相交，其能免於咎乎？

象曰：九二之孚，有喜也。

二能以孚誠事上，則不唯爲臣之道无咎而已，可以行剛中之道，澤及天下，是有喜也。凡《象》言「有慶」者，如是則有福慶及於物也。言「有喜」者，事既善而又〔註83〕有可〔註84〕喜也。如大畜「童牛之牿，元吉」，《象》云「有喜」。蓋牿於童則易，又免強制之難，是有可喜也。

九三：升虛邑。

三以陽剛之才，正而且巽，上皆順之；復有援應〔註85〕，以是而升，如入无人之邑。孰禦哉？

象曰：升虛邑，无所疑也。

〔註81〕一作「道」。
〔註82〕一无「以」字。
〔註83〕一无「又」字。
〔註84〕一无「可」字。
〔註85〕一作「者」。

入无人之邑，其進无疑阻也。

六四：王用亨于岐山，吉，无咎。

四，柔順之才，上順君之升，下順下之進，己則止其所焉。以陰居柔，陰而在下，止其所也。

昔者，文王之居岐山之下，上順天子，而欲致之有道；下順天下之賢，而使之升進；己則柔順謙恭，不出其位。至德如此，周之王業，用是而亨也。四能如是，則亨而吉，且无咎矣。

四之才固自善矣，復有无咎之辭，何也？曰：「四之才雖善，而其位當戒也。居近君之位，在升之時，不可復升，升則凶咎可知，故云：『如文王則吉而无咎也。』然處大臣之位，不得无事於升。當上升其君之道，下升天下之賢，己則止其分焉。分雖當止，而德則當升也，道則當亨也。盡斯道者，其唯文王乎！」

亨，許更反。岐，其宜反；下同。

象曰：王用亨于岐山，順事也。

四居近君之位，而當升時，得吉而无咎者，以其有順德也。以柔居坤，順之至也。文王之亨于岐山，亦以順時順事〔註86〕而已。上順於上，下順乎下，己順處其義，故云「順事也」。

六五：貞吉，升階。

五，以下有剛中之應，故能居尊位而吉。然質本陰柔，必守貞固，乃得其吉也。若不能貞固，則信賢不篤，任賢不終，安能吉也？

階，所由而升也。任剛中之賢，輔之而升，猶登進自階，言有由而易也，指言九二正應。然在下之賢，皆用升之階也。能用賢，則彙升矣。

象曰：貞吉升階，大得志也。

倚任賢才，而能貞固，如是而升，可以致天下之大治，其志可大得也。君道之升〔註87〕，患无賢才之助爾；有助，則由〔註88〕自階而升也。

〔註86〕《四庫》本無「順事」二字。
〔註87〕一作「興」。
〔註88〕《四庫》本作「猶」。《註評》本引《吉澄》本、《武英殿》本亦作「猶」。

上六：冥升，利于不息之貞。

六以陰居升之極，昏冥於升，知進而不知止者也，其爲不明甚矣。然求升不已之心，有時而用於貞正，而當不息之事，則爲宜矣。君子於貞正之德，終日乾乾，自強不息，如〔註 89〕上六不已之心，用之於此，則利也。以小人貪求无已之心，移於進德，則何善如之？

象曰：冥升在上，消不富也。

昏冥於升，極上而不知已，唯有消亡，豈復有加益也？不富，无復增益也。升既極，則有退而无進也。

䷮ 坎下兌上 **困**

《序卦》：「升而不已必困，故受之以困。」

升者，自下而上。自下升上，以力進也，不已必困矣；故升之後，受之以困也。困者，憊乏之義。爲卦兌上而坎下。

水居澤上，則澤中有水也；乃在澤下，枯涸无水之象，爲困乏之義。

又：兌以陰在上，坎以陽居下，與上六在二陽之上，而九二陷於二陰之中，皆陰柔揜於陽剛，所以爲困也。君子爲小人所掩蔽，窮困之時也。

困：亨，貞大人，吉，无咎，有言不信。

如卦之才，則困而能亨；且得貞正，乃大人處困之道也，故能吉而无咎。大人處困，不唯其道自吉，樂天安命〔註 90〕，乃不失其吉也；況隨時善處，復有咎〔註 91〕乎？

有言不信：當困而言，人誰信之？

彖曰：困，剛揜也。

卦所以爲困，以剛爲柔所掩蔽也。陷於下而掩於上，所以困也。陷亦揜也，剛陽君子而爲陰柔小人所掩蔽，君子之道困窒之時也。

揜，於檢反。

〔註 89〕一作「以」。

〔註 90〕一作「知命」、一作「安義」。

〔註 91〕《四庫》本作「裕」，應爲形譌。《二程集》：「有」字疑當作「何」，語法方順。

險以說，困而不失其所，亨，其唯君子乎？

以卦才言處困之道也。

下險而上說，爲處險而能說；雖在困窮艱險〔註92〕之中，樂天安義，自得其說樂也。時雖困也，處不失義，則其道自亨，困而不失其所亨也。能如是者，其唯君子乎？若時當困而反亨，身雖亨，乃其道之困也。君子，大人通稱。

說，音悅。

貞大人吉，以剛中也。

困而能貞，大人所以吉也，蓋其以剛中之道也，五與二是也。非剛中，則遇困而失其正矣。

有言不信，尚口，乃窮也。

當困而言，人所不信，欲以口免困，乃所以致窮也。以〔註93〕說處困，故有尚口之戒。

象曰：澤无水，困；君子以致命遂志。

澤无水，困乏之象也。君子當困窮之時，既盡其防慮之道，而不得免，則命也；當推致其命，以遂其志。知命之當然也，則窮塞禍患，不以動其心，行吾義而已。苟不知命，則恐懼於險難，隕穫於窮戹；所守亡矣，安能遂其爲善之志乎？

初六：臀困于株木，入于幽谷，三歲不覿。

六以陰柔處於至卑，又居坎險之下，在困不能自濟者也。必得在上剛明之人爲援助，則可以濟其困矣。

初與四爲正應。九四以陽而居陰，爲不正，失〔註94〕剛而不中，又方困於陰揜，是惡能濟人之困，猶株木之〔註95〕不能蔭覆於物。

株木，无枝葉之木也。四，近君之位，在它卦，不爲无助。以居困而不能庇物，故爲株木。臀，所以居也。臀困於株木，謂无所庇，而不得安其居；居安則非困也。

入於幽谷：陰柔之人，非能安其所遇；既不能免於困，則益迷闇妄動，入於深困。

〔註92〕一作「險難」。
〔註93〕《四庫》本有二「以」字，其一應爲衍文。
〔註94〕一作「夫」。
〔註95〕《四庫》本有「下」字。

幽谷，深暗之所也。方益入於困，无自出之勢，故至於三歲不覿，終困者也。不覿，不遇其所亨也。

臀，徒敦反。株，張愚反。覿，大歷反。

象曰：入于幽谷，幽不明也。

幽者〔註96〕，不明也；謂益入昏闇，自陷於深困也。明則不至於陷矣。

九二：困于酒食，朱紱方來，利用享〔註97〕祀，征凶，无咎。

酒食，人所欲，而所以施惠也。二以剛中之才，而處困之時，君子安其所遇，雖窮戹險難，无所動其心，不恤其爲困也。所困者，唯困於所欲耳。君子之所欲者，澤天下之民，濟天下之困也。二未得遂其欲，施其惠，故爲困於酒食也。大人、君子，懷其道而困於下，必得有道之君，求而用之，然後能施其所蘊。

二以剛中之德困於下，上有九五剛中之君，道同德合，必來相求，故云「朱紱方來」。方來〔註98〕，方且來也。朱紱，王者之服，蔽膝也。以行來爲義，故以蔽膝言之。

利用享祀：享祀，以至誠通神明也。在困之時，利用至誠，如享祀然。其德既誠〔註99〕，自能感通於上。自昔賢哲困於幽遠，而德卒升聞，道卒爲用者，唯自守至誠而已。

征凶，无咎：方困之時，若不至誠安處以俟命，往〔註100〕而求之，則犯難得凶，乃自取也，將誰咎乎？不度時而征，乃不安其所，爲困所動也。失剛中之德，自取凶悔，何所怨咎？諸卦，二、五以陰陽相應而吉，唯小畜與困乃戹於陰，故同道相求。小畜，陽爲陰所畜；困，陽爲陰所揜也。

象曰：困于酒食，中有慶也

雖困於所欲，未能施惠於人；然守其剛中之德，必能致亨而有福慶也。雖使時未亨通，守其中德，亦君子之道亨，乃有慶也。

六三：困于石，據于蒺藜；入于其宮，不見其妻，凶。

六三以陰柔不中正之質，處險極而用剛。居陽，用剛也，不善處困之甚者也。

〔註96〕《四庫》本無「者」字。

〔註97〕享祀，《四庫》本皆作「亨祀」。按：亨、享，古義通，下文不再校出。

〔註98〕「方且來也」，乃釋「方來」之義。底本缺「方來」二字，據《四庫》本補正。

〔註99〕一作「成」。

〔註100〕據《導讀》本，《李》本作「征」。

石，堅重難勝之物。蒺藜，刺〔註 101〕不可據之物。三以剛險而上進，則二陽在上，力不能勝，堅不可犯，益自困耳：困于石也。以不善之德，居九二剛中之上，其不安猶藉刺：據于蒺藜也。進退既皆益困，欲安其所，益不能矣〔註 102〕。

宮，其居所安也。妻，所安之主也。知進退之不可，而欲安其居，則失其所安矣。進退與處皆不可〔註 103〕，唯死而已，其凶可知。

《繫辭》曰：「非所困而困焉，名必辱；非所據而據焉，身必危。既辱且危，死期將至，妻其可得見邪？」

二陽不可犯也，而犯之以取困，是非所困而困也。名辱，其事惡也。三在二上，固爲據之；然苟能謙柔以下之，則无害矣；乃用剛險以乘之，則不安而取困，如據蒺藜也。如是，死期〔註 104〕將至，所安之主可得而〔註 105〕見乎？

蒺，音疾。藜，音梨。

象曰：據于蒺藜，乘剛也；入于其宮，不見其妻，不祥也。

據于蒺藜，謂乘九二之剛，不安猶藉刺也。不祥者，不善之徵；失其所安者，不善之效，故云「不見其妻，不祥也」。

九四：來徐徐，困于金車，吝，有終。

唯力不足，故困。亨困之道，必由援助。當困之時，上下相求，理當然也。四與初爲正應；然四以不中正處困，其才不足以濟人之困。初六〔註 106〕比二，二有剛中之才，足以拯困，則宜爲初所從矣。

金，剛也。車，載物者也。二以剛在下載己，故謂之金車。四欲從初，而阻於二，故其來遲疑而徐徐，是困于金車也。己之所應，疑其少己而之它，將從之，則猶豫不敢遽前，豈不可羞吝乎？

有終者，事之所歸者，正也；初、四正應，終必相從也。寒士之妻，弱國之臣，各安其正而已。苟擇勢而從，則惡之大者，不容於世矣。二與四皆以陽居陰，而二以

〔註 101〕一无「刺」字。
〔註 102〕一作「也」。
〔註 103〕一有「則」字。
〔註 104〕《四庫》本作「其」。
〔註 105〕一无「而」字。
〔註 106〕《四庫》本無「六」字。

剛中之才，所以能濟困也。居陰者，尙柔也；得中者，不失剛柔之宜也。

象曰：來徐徐，志在下也；雖不當位，有與也。

四應於〔註 107〕初，而隔於二，志在下求，故徐徐而來；雖居不當位爲未善，然其正應相與，故有終也。

九五：劓刖，困于赤紱；乃徐有說，利用祭祀。

截鼻曰劓，傷於上也。去足爲刖，傷於下也。上下皆揜於陰，爲其傷害，劓刖之象也。

五，君位也。人君之困，由上下无與也。赤紱，臣下之服，取行來之義，故以紱言。人君之困，以天下不來也；天下皆來，則非困也。五雖在困，而有剛中之德；下有九二剛中之賢，道同德合，徐必相應而來，共濟天下之困，是始困而徐有喜說也。

利用祭祀：祭祀之事，必致其誠敬，而後受福。人君在困時，宜念天下之困，求天下之賢，若祭祀然。致其誠敬〔註 108〕，則能致天下之賢，濟天下之困矣。

五與二同德，而云「上下无與」，何也？曰：「陰陽相應者，自然相應也；如夫婦、骨肉，分定也。五與二皆陽爻，以剛中之德，同而相應，相求而後合者〔註 109〕也，如君臣、朋友，義合也。方其始困，安有上下之與？有與，則非困也〔註 110〕，故徐合而後有〔註 111〕說也。」

二云「享祀」，五云「祭祀」，大意則宜用至誠，乃受福也。祭與祀、享，泛言之，則可通；分而言之，祭天神、祀地示〔註 112〕、享人鬼。五，君位，言祭；二在下，言享；各以其所當用也。

劓，魚器反。刖，音月。紱，音弗。

象曰：劓刖，志未得也；乃徐有說，以中直也；利用祭祀，受福也。

始爲陰揜，无上下之與，方困未得志之時也。徐而有說，以中直之道，得在下之賢，

〔註 107〕一无「於」字。
〔註 108〕一作「至誠」。
〔註 109〕一无「者」字。
〔註 110〕《四庫》本無「也」字。
〔註 111〕一无「有」字。
〔註 112〕《四庫》本作「祇」。

共〔註 113〕濟於困也。不曰「中正與二合」者，云「直」乃宜也。「直」比「正」意差緩。盡其誠意，如祭祀然；以求天下之賢，則能〔註 114〕亨天下之困，而享受其福慶也。

上六：困于葛藟，于臲卼，曰動悔有悔，征吉。

物極則反，事極則變。困既極矣，理當變也〔註 115〕。

葛藟，纏束之物。臲卼，危動之狀。六處困之極，爲困所纏束，而居最高危之地，困于葛藟與臲卼也。

動悔，動輒有悔，无所不困也。有悔，咎前之失也。

曰，自謂也。若能曰：「如是動皆得悔，當變前之所爲，有悔也。能悔，則往而得吉也。」困極而征，則出於困矣，故吉。

三以陰在下卦之上而凶，上居一卦之上而无凶，何也？曰：「三居剛而處險，困而用剛險，故凶。上以柔居說，唯爲困極耳，困極〔註 116〕則有變困之道也。」

困與屯之上，皆以无應居卦終；屯則「泣血漣如」，困則「有悔征吉」，屯險極而困說體故也。以說順進，可以離乎困也。

藟，力軌反。臲，五結反。卼，五骨反。

象曰：困于葛藟，未當也；動悔有悔，吉行也。

爲困所纏而不能變，未得其道也，是處之未當也。知動則得悔，遂有悔而去之，可出於困，是其行而吉也。

䷯ 巽下 坎上 **井**

《序卦》：「困乎上者必反下，故受之以井。」

承上「升而不已必困」爲言，謂上升不已而困，則必反於下也。物之在下者，莫如井，井所以次困也。爲卦坎上巽下。

〔註 113〕《四庫》本作「其」。
〔註 114〕一无「能」字。
〔註 115〕《四庫》本作「矣」。
〔註 116〕底本作「變」，形譌。上文作「困極」，故據《四庫》本更正。

坎，水也。巽之象，則木也；巽之義，則入也。木，器之象，木入於水下而上乎水，汲〔註 117〕井之象也。

井：改邑不改井，无喪无得，往來井井。

井之爲物，常而不可改也。邑可改而之它，井不可遷也，故曰「改邑不改井」。汲之而不竭，存之而不盈：无喪无得也。至者皆得其用：往來井井也。

无喪无得，其德也常；往來井井，其用也周。常也，周也，井之道也。

喪，息浪反。

汔至，亦未繘井。羸其瓶，凶。

汔，幾也。繘，綆也。井以濟用爲功，幾至而未及用，亦與未下繘於井同也。

君子之道，貴乎有成，所以五穀不熟，不如荑稗；掘井九仞，而不及泉，猶爲棄井。有濟物之用，而未及物，猶无有也。羸敗其瓶而失之，其用喪矣，是以凶也。羸，毀敗也。

汔，許訖反。繘，音橘。羸，律悲反；下同。

彖曰：巽乎水而上水，井。井，養而不窮也。改邑不改井，乃以剛中也。

巽入於水下，而上其水者，井也。井之養於物，不有窮已〔註 118〕；取之而不竭，德有常也。邑可改，井不可遷，亦其德之常也。二、五之爻，剛中之德，其常乃如是，卦之才與義合也。

上，時掌反。

汔至，亦未繘井，未有功也。羸其瓶，是以凶也。

雖使幾至，既未爲用，亦與未繘井同。井以濟用爲功，水出乃爲用，未出則何功也？瓶，所以上水而致用也，羸敗其瓶，則不爲用矣，是以凶也。

象曰：木上有水，井；君子以勞民勸相。

木承水而上之〔註 119〕，乃器汲水而出井之象。君子觀井之象，法井之德，以勞徠其民，而勸勉以相助之道也。勞徠其民，法井之用也；勸民使相助，法井之施也。

〔註 117〕底本作「伋」，形譌，據四庫更正。
〔註 118〕一作「无有窮也」。
〔註 119〕一作「來」。

勞，力報反。相，息亮反。

初六：井泥不食，舊井无禽。

井與鼎皆物也，就物以爲義。

六以陰柔居下，上无應援，无上水之象；不能濟物，乃井之不可食也。井之不可〔註 120〕食，以泥污也。在井之下，有泥之象。井之用，以其水之養人也，无水，則舍置不用矣。

井水之上，人獲其用，禽鳥亦就而求焉。舊廢之井，人既不食，水不復上，則禽鳥亦不復往矣；蓋无以濟物也。

井本濟人之物，六以陰居下，无上水之象，故爲不食。井之不食，以泥也；猶人當濟物之時，而才弱无援，不能及物，爲時所舍也。

舍，上聲。

象曰：井泥不食，下也；舊井无禽，時舍也。

以陰而居井之下，泥之象也。无水而泥，人所不食也。人不食，則水不上，无以及禽鳥，禽鳥亦不至矣。見其不能濟物，爲時所舍置不用也。若能及禽鳥，是亦有所濟也。

舍，上聲；與乾之時舍，音不同。

九二：井谷射鮒，甕敝漏。

二雖剛陽之才而居下，上无應而比於初，不上而下之象也。井之道，上行者也；澗谷之水，則旁出而就下。二居井而就下，失井之道，乃井而如谷也。井上出，則養人而濟物〔註 121〕，今乃下就污泥，注於鮒而已。鮒，或以爲蝦，或以爲蟇，井泥中微物耳。

射，注也；如谷之下流，注於鮒也。甕敝漏，如甕之破漏也。陽剛之才，本可以養人濟物，而上无應援，故不能上而就下，是以无濟用之功。如水之在甕，本可爲用，乃破敝而漏之，不爲用也。

井之初、二无功，而不言悔吝〔註 122〕，何也？曰：「失則有悔，過則爲咎；无應援而不能成用，非悔咎也。」居二比初，豈非過乎？曰：「處中，非過也。不能上，由

〔註 120〕一无「可」字。
〔註 121〕一作「上出而養人濟物」。
〔註 122〕《四庫》本作「咎」。

无援，非以比初也。」

谷，古木反。射，食亦反。鮒，音附。甕，屋送反。

象曰：井谷射鮒，无與也。

井以上出爲功，二，陽剛之才，本可濟用，以在下而上无應援，是以下比而射鮒。若上有與之者，則當汲引而上，成井之功矣。

九三：井渫不食，為我心惻。可用汲，王明，並受其福。

三以陽剛居得其正，是以〔註 123〕濟用之才者也。在井下之上，水之清潔可食者也。井以上爲用，居下，未得其用也。陽之性上，又志應上六，處剛而過中，汲汲於上進，乃有才用而切於施爲；未得其用，則如井之渫治清潔而不見食，爲其〔註 124〕心之惻怛〔註 125〕也。

三居井之時，剛而不中，故切於施爲，異乎用之則行，舍之則藏者也。然明王用人，豈求備也，故王明則受福矣。三之才足以濟用，如井之清潔，可用汲而食也。若上有明王，則當用之而得其效。賢才見用，則己得行其道，君得享其功，下得被其澤，上下並受其福也。

渫，息列切。

象曰：井渫不食，行惻也；求王明，受福也。

井渫治而不見食，乃人有才智而不見用，以不得行爲憂惻也。既以不得行爲惻，則豈免有求也？故求王明而受福，切〔註 126〕於行也。

六四：井甃，无咎。

四雖陰柔而處正，上承九五之君，才不足以廣施利物，亦可自守者也，故能修治，則得无咎。

甃，砌累也，謂修治也。四雖才弱，不能廣濟物之功，修治其事，不至於廢可也。若不能修治，廢其養人之功〔註 127〕，則失井之道，其咎大矣。

〔註 123〕《四庫》本作「有」。
〔註 124〕《四庫》本無「其」字。
〔註 125〕底本作「但」，形譌，據《四庫》本更正。
〔註 126〕《四庫》本作「志切」。
〔註 127〕底本作「切」，形譌，據《四庫》本更正。

居高位而得剛陽中正之君，但能處正承上，不廢其事，亦可以免咎也。

象曰：井甃无咎，脩井也。

甃者，脩治於井也。雖不能大其濟物之功，亦〔註 128〕能脩治〔註 129〕不廢也；故无咎，僅能免咎而已。若在剛陽，自不至如是；如是，則可咎矣。

九五〔註 130〕：井洌寒泉食。

五以陽剛中正居尊位，其才其德，盡善盡美，井洌寒泉食也。洌，謂甘潔也。井泉以寒爲美，甘潔之寒泉，可爲人食也，於井道爲至善也。然而不言吉者，井以上出爲成功，未至於上，未及用也，故至上而後言元吉。

洌，音烈。

象曰：寒泉之食，中正也。

寒泉而可食，井道之至善者也。九〔註 131〕五中正之德，爲至善之義。

上六：井收勿幕，有孚，元吉。

井以上出爲用，居井之上，井道之成也。收，汲取也。幕，蔽覆也。取而不蔽，其利无窮。井之施，廣矣！大矣！

有孚，有常而不變也。博施而有常，大善之吉也。夫〔註 132〕體井〔註 133〕之用，博施而有常，非大人孰能？他卦之終，爲極爲變，唯井與鼎終，乃爲成功，是以吉也。

收，詩救切；又如字。

象曰：元吉在上，大成也。

以大善之吉，在卦之上，井道之大成也。井以上爲成功。

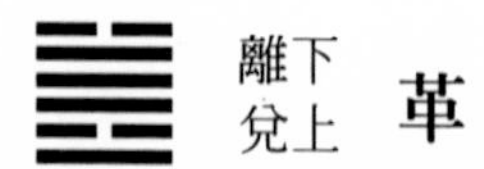
離下
兌上 **革**

〔註 128〕一作「若」。
〔註 129〕一有亦「字」。
〔註 130〕底本漏刻「九」字，據各本經文補正。
〔註 131〕底本作「孔」，《四庫》本作「九」。《二程集》亦作「九」。據《註評》本，《吉澄》本、《武英殿》本均作「九」，應作「九」爲是，更正之。
〔註 132〕一作「人」。
〔註 133〕底本漏刻「井」字，據《四庫》本補正。

《序卦》:「井道不可不革，故受之以革。」

井之爲物，存之則穢敗，易之則清潔，不可不革者也，故井之後，受之以革也。爲卦兌上離下，澤中有火也。

革，變革也。水火，相息之物，水滅火，火涸水，相變革者也。火之性上，水之性下，若相違行，則睽而已；乃火在下，水在上，相就而相剋，相滅息者也，所以爲革也。

又：二女同居，而其歸各異，其志不同，爲不相得也，故爲革也。

革：已〔註 134〕日乃孚，元亨，利貞，悔亡。

革者，變其故也。變其故，則人未能遽信，故必已日，然後人心信從。

元亨，利貞，悔亡：弊壞而後革之，革之所以致其通也，故革之而可以大亨。革之而利〔註 135〕正，道則可久，而得去故之義。无變動之悔，乃悔亡也。革而无甚益，猶〔註 136〕可悔已〔註 137〕，況反害乎？古人所以重改作也。

彖曰：革，水火相息。二女同居，其志不相得，曰革。

澤火相滅息，二〔註 138〕女志不相得，故爲革。息爲止息，又爲生息；物止而後有生，故爲生義。革之相息，謂止息也。

已日乃孚〔註 139〕，革而信之。

事之變革，人心豈能便信？必終日而後孚。在上者，於改爲之際，當詳〔註 140〕告申令，至於已日，使人信之。人心不信，雖強之行，不能成也。先王政令，人心始以爲疑者有矣，然其久也必信。終不孚而成善治者，未之有也。

文明以說，大亨以正，革而當，其悔乃亡。

以卦才言革之道也。

離爲文明，兌爲說。文明，則理无不盡，事无不察；說，則人心和順，革而能照察

〔註 134〕底本刻字，巳、已、己不分。巳日，有作巳者，有作已者，有作己者。《程傳》作「終」解，故從之作「已」(一ˇ)。

〔註 135〕《四庫》本作「利於」。

〔註 136〕一有「有」字。

〔註 137〕《四庫》本作「也」。

〔註 138〕《四庫》本,「二」字前有「又」字。

〔註 139〕底本缺「已日乃」三字，據《四庫》本及參考各家經文補正。

〔註 140〕《四庫》本作「祥」。

事理。和順人心，可致大亨，而得貞正如是，變革得其至當，故悔亡也。

天下之事，革之不得其道，則反致弊害，故革有悔之道。唯革之至當，則新舊之悔皆亡也。

說，音悅。

天地革而四時成。湯、武革命，順乎天而應乎人，革之時大矣哉！

惟〔註141〕革之道，極乎天地變易，時運終始也。天地、陰陽，推遷改易而成四時，萬物於是生長成終，各得其宜，革而後四時成也。

時運既終，必有革而新之者。王者之興，受命於天，故易世謂之革命。湯、武之王，上順天命，下應人心，順乎天而應乎人也。天道變改，世故〔註142〕遷易，革之至大也，故贊之曰「革之時大矣哉」。

象曰：澤中有火，革；君子以治歷明時。

水火相息爲革；革，變也。君子觀變革之象，推日月星辰之遷易，以治歷數，明四時之序也。夫變易之道，事之至大，理之至明，跡之至著，莫如四時；觀四時而順變革，則與天地合其序矣。

初九：鞏用黃牛之革。

變革，事之大也；必有其時，有其位，有其才，審慮而慎動，而後可以无悔。

九，以時，則爲〔註143〕初也；動於事初，則无審慎之意，而有躁易之象。以位，則下也；无時无援而動於下，則有僭妄之咎，而无體勢之重。以才，則離體而陽也；離性上而剛體健，皆速於動也。其才如此，有爲則凶咎至矣。蓋剛不中而體躁，所不足者，中與順也；當以中順自固，而无妄動則可也。

鞏，局束也。革，所以包束。黃，中色。牛，順物。鞏用黃牛之革，謂以中順之道自固，不妄動也。

不云「吉凶」，何也？曰：「妄動則有凶咎；以中順自固，則不革而已，安得便有吉凶乎？」

〔註141〕《四庫》本作「推」。《註評》本據《吉澄》本、《武英殿》本亦作「推」。作「惟」字文意亦通，尊重原刻本，不作更動。

〔註142〕一作「事」。

〔註143〕《四庫》本無「爲」字。

象曰：鞏用黃牛，不可以有為也。

以初九時、位、才，皆不可以有爲，故當以中順自固也。

六二：已日乃革之，征吉，无咎。

以六居二，柔順而得中正；又文明之主，上有剛陽之君，同德相應。中正則无偏蔽，文明則盡事理，應上則得權勢，體順則无違悖。時可矣，位得矣，才足矣，處革之至善者也。然臣道不當爲革之先，又必待上下之信，故已日乃革之也。

如二之才德，所居之地，所逢之時，足以革天下之弊，新天下之治；當進而上輔於君，以行其道，則吉而无咎也。不進則失可爲之時，爲有咎也。

以二體柔而處當位，體柔則其進緩，當位則其處〔註144〕固。變革者，事之大，故有此戒。二得中而應剛，未至失於柔也。聖人因其有可戒之疑，而明其義耳，使賢才不失可爲之時也。

象曰：已日革之，行有嘉也。

已日而革之，征則吉而无咎者，行則有嘉慶也。謂可以革天下之弊，新天下之事；處而不行，是无救弊濟世之心，失時而有咎也。

九三：征凶，貞厲。革言三就，有孚。

九三以剛陽爲下之上，又居離之上，而不得中，躁動於革者也。在下而躁於變革，以是而行，則有凶也。然居下之上，事苟當革，豈可不爲也？在乎守貞正而懷危懼，順從公論，則可行之不疑。

革言，謂當革之論。就，成也、合也。審察當革之言，至於三而皆合，則可信也，言重愼之至。能如是，則必得至當，乃有孚也，己〔註145〕可信而眾所信也。如此，則可以革矣。

在革之時，居下之上，事之〔註146〕當革，若畏懼而不爲，則失時爲害。唯當愼重之至，不自任其剛明，審稽公論，至於三就〔註147〕而後革之，則无過矣。

象曰：革言三就，又何之矣？

〔註144〕《註評》本作「事」，不知何據？疑爲誤植。
〔註145〕底本作「已」，《四庫》本作「己」，《導讀》本、《註評》本皆從之。今從眾。
〔註146〕一作「有」。
〔註147〕一作「復」。

稽之眾論，至於三就，事至當也。又何之矣，乃俗語，更何往也。如是而行，乃順理時行，非己之私意所欲爲也，必得其宜矣。

九四：悔亡，有孚，改命吉。

九四，革之盛也。陽剛，革之才也。離下體而進上體，革之時也。居水火之際，革之勢也。得近君之位，革之任也。下无係〔註 148〕應，革之志也。以九居四，剛柔相際，革之用也。四既具此，可謂當革之時也。

事之可悔而後革之，革之而當，其悔乃亡也。革之既當，唯在處之以至誠，故有孚則改命吉。改命，改爲也，謂革之也。既事當而弊革，行之以誠，上信而下順，其吉可知。

四非中正而至善，何也？曰：「唯其處柔也，故剛而不過，近而不逼，順承中正之君，乃中正之人也。《易》之取義无常也，隨時而已。」

象曰：改命之吉，信志也。

改命而吉，以上下信其志也。誠既至，則上下信矣〔註 149〕。革之道，以上下之信爲本；不當、不孚，則不信。當而不信，猶不可行也，況不當乎？

九五：大人虎變，未占，有孚。

九五以陽剛〔註 150〕之才、中正之德居尊位，大人也。以大人之道，革天下之事，无不當也，无不時也。所過變化，事理炳著，如虎之文采，故云「虎變」。龍虎，大人之象也；變者，事物之變。

曰「虎」，何也？曰：「大人變之，乃大人之變也。以大人中正之道〔註 151〕變革之，炳然昭著，不待占決。知其至當，而天下必信也。天下蒙大人之革，不待占決，知其至當而信之也。」

象曰：大人虎變，其文炳也。

事理明著，若虎文之炳煥明盛也。天下有不孚乎？

炳，兵領反。

〔註 148〕一有「无」字。
〔註 149〕一作「也」。
〔註 150〕《四庫》本作「剛陽」。
〔註 151〕一作「德」。

上六：君子豹變，小人革面，征凶；居，貞吉。

革之終，革道之成也。君子，謂善人。良善，則己從革而變，其著見若豹之彬蔚也。小人，昏愚難遷者；雖未能心化，亦革其面，以從上之教令也。龍虎，大人之象，故大人云「虎」，君子云「豹」也。

人性本善，皆可以變化；然有下愚，雖聖人不能移者。以堯、舜爲君，以聖繼聖，百有餘年，天下被化，可謂深且久矣；而有苗、有象，其來格烝乂，蓋亦革面而已。

小人既革其外，革道可以爲成也。苟更從而深治之，則爲已甚；已甚，非道也，故至革之終而又征，則凶也，當貞固以自守。革至於極，而不守以貞，則所革隨復變矣。天下之事，始則患乎難革；已革，則患乎不能守也。 故革之終，戒以居貞則吉也。居貞，非爲六戒乎？曰：「爲革終言也；莫不在其中矣。」

人性本善，有不可革者，何也？曰：「語其性，則皆善也；語其才，則有下愚之不移。所謂下愚，有二焉：自暴也〔註152〕，自棄也。人苟以善自治，則无不可移者；雖昏愚之至，皆可漸磨而進也。唯自暴者，拒之以不信；自棄者，絕之以不爲。雖聖人與居，不能化而入也，仲尼之所謂下愚也。然天下自棄自暴者，非必皆昏愚也；往往強戾而才力有過人者，商辛是也。聖人以其自絕於善，謂之下愚；然考其歸，則誠愚也。」

既曰「下愚」，其能革面，何也？曰：「心雖絕於善道，其畏威而寡罪，則與人同也。唯其有與人同，所以知其非性之罪也。」

象曰：君子豹變，其文蔚也；小人革面，順以從君也。

君子從化遷善，成文彬蔚，章見於外也。中人以上，莫不變革，雖〔註153〕不移之小人，則亦不敢肆其惡。革易其外，以順從君上之教令，是革面也。至此，革道成矣。小人勉而假善，君子所容也；更往而治之，則凶矣。

䷱ 巽下 離上 **鼎**

《序卦》：「革物者莫若鼎，故受之以鼎。」

鼎之爲用，所以革物也；變腥而爲熟，易堅而爲柔。水火不可同處也，能使相合爲

〔註152〕一无「也」字。
〔註153〕一作「唯」。

用而不相害，是能革物也，鼎所以次革也。爲卦上離下巽。

所以爲鼎，則取其象焉，取其義焉。取其象者有二：以全體言之，則下植爲足，中實爲腹。中實〔註 154〕受物，在中之象。對峙於上者，耳也；橫亘乎上者，鉉也，鼎之象也。以上下二體言之，則中虛在上，下有足以承之，亦〔註 155〕鼎之象也。

取其義，則木從火也。巽，入也，順從之義。以木從火，爲燃之象。火之用，唯燔與烹。燔不假器，故取烹象而爲鼎。以木巽火，烹飪之象也。

制器取其〔註 156〕象也，乃象器以爲卦乎？曰：「制器取於象也。象存〔註 157〕乎卦，而卦不必先器。聖人制器，不待見卦而後知象，以眾人之不能知象也，故設卦〔註 158〕以示之。卦器之先後，不害於義也。」

或疑鼎非自然之象，乃人爲也。曰：「固人爲也；然烹飪可以成物，形制如是則可用，此非人爲，自然也。在井亦然。器雖在卦先，而所取者，乃卦之象，卦復用器以爲義也。」

鼎：元吉，亨。

以卦才言也。如卦之才，可以致元亨也。止當云「元亨」，文羨「吉」字。卦才可以致元亨，未便有元吉也。《彖》復止云「元亨」，其羨明矣。

鼎，下冷反。

彖曰：鼎，象也。

卦之爲鼎，取鼎之象也。鼎之爲器，法卦之象也〔註 159〕。有象而後有器，卦復用器而爲義也。

鼎，大器也，重寶也；故其制作形模，法象尤嚴。鼎之名，正也；古人訓方，方，實正也。以形言，則耳對植於上，足分峙於下，周圓內外，高卑厚薄，莫不有法而至正。至正，然後成安重之象〔註 160〕；故鼎者，法象之器，卦之爲鼎，以其象也。

〔註 154〕《四庫》本無「中實」二字。
〔註 155〕一无「亦」字。
〔註 156〕一作「諸」。
〔註 157〕底本作「百」，形譌，據《四庫》本更正。《註評》本據《武英殿》本亦作「存」。
〔註 158〕一无「卦」字。
〔註 159〕一作「法象之器也」。
〔註 160〕底本作「象」，據《四庫》本更正。

以木巽火，亨飪也；聖人亨以享上帝，而大亨以養聖賢。
以二體言鼎之用也。

以木巽火：以木從火，所以烹〔註161〕飪也。鼎之爲器，生人所賴至切者也；極其用之大，則聖人亨以享上帝，大亨以養聖賢。聖人，古之聖王。大，言其廣。

亨，普庚反。飪，入甚反。

巽而耳目聰明，柔進而上行，得中而應乎剛，是以元亨。
上既言鼎之用矣，復以卦才言。人能如卦之才，可以致元亨也。

下體巽，爲巽順於理。離明而中虛於上，爲耳目聰明之象。凡離在上者，皆云「柔進而上行」。柔，在下之物，乃居尊位，進而上行也。以明居尊，而得中道，應乎剛，能用剛陽之道也。五居中，而又以柔而應剛，爲得中道。其才如是，所以能元亨也。

上，時掌反。

象曰：木上有火，鼎；君子以正位凝命。
木上有火，以木巽火也，烹飪之象，故爲鼎。君子觀鼎之象，以正位凝命。

鼎者，法象之器，其形端正，其體安重；取其端正之象，則以正其位，謂正其所居之位。

君子所處必正，其小至於席，不正不坐，毋跛毋倚。取其安重之象，則以〔註 162〕凝其命令，安重其命令也。

凝，聚止之義，謂安重也。今世俗有「凝然」之語，以命令而言耳，凡動爲皆當安重也。

凝，魚承反。

初六：鼎，顛趾，利出否。得妾以其子，无咎。
六在鼎下，趾之象也；上應於四，趾而向上，顛之象也。鼎覆則趾顛，趾顛則覆其實矣，非順道也；然有當顛之時，謂傾出敗惡，以致潔取新則可也。故顛趾，利在於出否；否，惡也。

四近君，大臣之位；初，在下之人，而相應，乃上求於下，下從其上也。上能用下

〔註161〕《四庫》本作「亨」。
〔註162〕《四庫》本無「以」字。

之善，下能輔上之爲，可以成事功，乃善道，如鼎之顚趾，有當顚之時，未爲悖理也。

得妾以其子，无咎：六陰而卑，故爲妾。得妾，謂得其人也。若得良妾，則能輔助其主，使无過咎也。子，主也。以其子，致其主於无咎也。六陰居下，而卑巽從陽，妾之象也。以六上應四爲顚趾，而發此義。初六，本无才德可取，故云「得妾」，言得其人則如是也。

顚，下田反。趾，音止。出，尺逐反。否，悲己反。

象曰：鼎顛趾，未悖也。

鼎覆而趾顚，悖道也；然非必爲悖者，蓋有傾出否惡之時也。

悖，必內反。

利出否，以從貴也。

出〔註 163〕故而納新，瀉惡而受美，從貴之義也。應於四，上從於貴者也。

九二：鼎有實，我仇有疾，不我能即，吉。

二以剛實居中，鼎中有實之象。鼎之有實，上出則爲用。二，陽剛〔註 164〕，有濟用之才，與五相應，上從六五之君，則得正，而其道可亨。然與初密比，陰從陽者也。九二居中而應中，不至失正；己雖自守，彼必相求，故戒能遠之，使不來即我，則吉也。

仇，對也。陰陽相對之物，謂初也。相從則非正而害義，是有疾也。二當以正自守，使之不能來就己。人能自守以正，則不正不能〔註 165〕就之矣，所以吉也。

仇，音求。

象曰：鼎有實，愼所之也。

鼎之有實，乃人之有才業也，當愼所趨向；不愼所往，則亦陷於非義。二能不暱於初，而上從六五之正應，乃是愼所之也。

我仇有疾，終无尤也。

〔註 163〕《四庫》本作「去」。
〔註 164〕《四庫》本作「剛陽」。
〔註 165〕一有「以」字。

我仇有疾，舉上文也。我仇，對己者，謂初也。初比己而非正，是有疾也。既自守以正，則彼不能即我，所以終无過尤也。

九三：鼎耳革，其行塞，雉膏不食，方雨，虧悔終吉。

鼎耳，六五也，爲鼎之主。三以陽居巽之上，剛而能巽，其才足以濟務，然與五非應而不同。五，中而非正；三，正而非中，不同也，未得於君者也；不得於君，則其道何由而行？

革，變革爲〔註 166〕異也，三與五異而不合也。其行塞，不能亨也。不合於君，則不得其任，无以施其用。

膏，甘美之物，象祿位。雉，指五也，有文明之德，故謂之雉。三有才用，而不得六五之祿位，是不得雉膏食之也。君子蘊其德，久而必彰；守其道，其終必亨。五有聰明之象，而三終上進之物。陰陽交暢則雨，方雨，且將雨也，言五與三，方將和合。

虧悔終吉〔註 167〕，謂不足之悔〔註 168〕，終當獲吉也。三，懷才而不偶，故有不足之悔；然其有陽剛〔註 169〕之德，上聰明而下巽正，終必相得，故吉也。三雖不中，以巽體，故无過剛之失；若過剛，則豈能終吉？

行，下孟反。塞，悉則反。

象曰：鼎耳革，失其義也。

始與鼎耳革異者，失其相求之義也；與五非應，失求合之道也；不中，非同志之象也：是以其行塞而不通。然上明而下才，終必和合，故方雨而吉也。

九四：鼎折足，覆公餗，其形渥，凶。

四，大臣之位，任天下之事者也。天下之事，豈一人所能獨任？必當求天下之賢智，與之協力。得其人，則天下之治，可不勞而致也；用非其人，則敗國家之事，貽天下之患。

四下應於初。初，陰柔小人，不可用者也，而四用之，其不勝任而敗事，猶鼎之折足也。鼎折足，則傾覆公上之餗。餗，鼎實也。居大臣之位，當天下之任，而所用

〔註 166〕一作「謂」。
〔註 167〕一无此二字。校者按：即無「終吉」二字。
〔註 168〕一再有「不足之悔」字。
〔註 169〕《四庫》本作「剛陽」。

非人，至於覆敗，乃不勝其任，可羞愧之甚也。

其形渥，謂赧汗〔註 170〕也，其凶可知。《繫辭》曰：「德薄而位尊，知小而謀大，力少〔註 171〕而任重，鮮不及矣。」言不勝其任也。蔽於所私，德薄知小也。

折，之折反。餗，送鹿反。渥，於角反。

象曰：覆公餗，信如何也。

大臣當天下之任，必能成天下之治安，則不誤君上之所信〔註 172〕，下民之所望，與己致身任道之志。不失所期〔註 173〕，乃〔註 174〕所謂信也；不然，則失其職，誤上之委任，得爲信乎？故曰：「信如何也。」

六五：鼎，黃耳金鉉，利貞。

五在鼎上，耳之象也。鼎之舉措在耳，爲鼎之主也。五有中德，故云「黃耳」。鉉，加耳者也。二應於五，來從於耳〔註 175〕者，鉉也。二有剛中之德，陽體剛中、色黃，故爲金鉉。

五，文明得中而應剛；二，剛中巽體而上應。才无不足也，相應至善矣，所利在貞固而已。六五居中應中，不至於失正，而質本陰柔，故戒以貞固於中也。

鉉，玄典反。

象曰：鼎黃耳，中以為實也。

六五以得中爲善，是以中爲實德也。五之所以聰明應剛，爲鼎之主，得鼎之道，皆由得中也。

上九：鼎，玉鉉，大吉，无不利。

井與鼎以上出爲用，處終，鼎功之成也。在上，鉉之象。剛而溫者，玉也。九雖剛陽，而居陰履柔，不極剛而能溫者也。居成功之道，唯善處而已。剛柔適宜，動靜

〔註 170〕底本作「汙」，據《導讀》本，《周易折中》與《李》本作「汗」。作「汙」費解，更正作「汗」。
〔註 171〕《四庫》本作「小」。
〔註 172〕《四庫》本作「倚」。
〔註 173〕《四庫》本作「斯」。
〔註 174〕底本作「及」，據《四庫》本更正。
〔註 175〕一作「五」。

不過，爲〔註 176〕大吉，无所不利矣。在上爲鉉，雖居无位之地，實當用也，與它卦異矣；井亦然。

象曰：玉鉉在上，剛柔節也。

剛而溫，乃有節也。上居功成〔註 177〕致〔註 178〕用之地，而剛柔中節，所以大吉，无不利也。

井、鼎皆以終爲成功，而鼎不云「元吉」，何也？曰：「井之功用，皆在上出，又有博施有常之德，是以元吉。鼎以烹飪爲功，居上爲成德，與井異；以剛柔節，故得大吉也。」

《周易》下經　卷第五

〔註 176〕《四庫》本作「則爲」。

〔註 177〕《四庫》本作「成功」。

〔註 178〕《二程集》小注：一作「无」。

《周易》下經　卷第六

程頤傳

䷲ 震下震上 **震**

《序卦》:「主器者，莫若長子，故受之以震。」

鼎者，器也；震爲長男，故取主器之義，而繼鼎之後。

長子，傳國家、繼位號者也，故爲主器之主。《序卦》取其一義之大者，爲相繼之義。震之爲卦，一陽生於二陰之下，動而上者也，故爲震。震，動也。不曰「動」者，震有動而奮發震驚之義。

乾坤之交，一索而成震，生物之長也，故爲長男。其象則爲雷，其義則爲動。雷有震奮之象，動爲驚懼之義。

震：亨。

陽生於下而上進，有亨之義。

又：震爲動，爲恐懼，爲有主。震而奮發，動而進，懼而修，有主而保大，皆可以致亨，故震則有亨。

震，止愼反。

震來虩虩，笑言啞啞。

當震動之來，則恐懼不敢自寧，旋顧周慮〔註1〕，虩虩然也。虩虩，顧慮不安之貌。蠅虎謂之虩者，以其周環顧慮，不自寧也。處震如是，則能保其安裕，故笑言啞啞。

〔註 1〕一作「周旋顧慮」。《四庫》本亦作「周旋顧慮」。

啞啞，言笑〔註2〕和適之貌。

虩，許逆反。啞，烏客反。

震驚百里，不喪匕〔註3〕鬯。

言震動之大，而處之之道。

動之大者，莫若雷；震爲雷，故以雷言。雷之震動，驚及百里之遠，人无不懼而自失。

雷聲所及百里也，唯宗廟祭祀執匕鬯者，則不至於喪失。人之致其誠敬，莫如祭祀。匕以載鼎實，升之於俎；鬯以灌地而〔註4〕降神。方其酌祼以求神，薦牲而祈饗〔註5〕，盡其誠敬之心，則雖雷震〔註6〕之威，不能使之懼而失守。故臨大震懼，能安而不自失者，唯誠敬而已。此處震之道也。卦才无取，故但言處震之道。

喪，去聲。匕，必以反。鬯，勅亮反。

彖曰：震亨。震來虩虩，恐致福也；笑言啞啞，後有則也。

震自有亨之〔註7〕義，非由卦才。震來而能恐懼，自修自愼，則可反致福吉也。

笑言啞啞，言自若也〔註8〕；由能恐懼，而後自處有法則也。有則，則安而不懼矣，處震之道也。

震驚百里，驚遠而懼邇也。

雷之震，及於百里，遠者驚，邇者懼，言其威遠大也。

出，可以守宗廟社稷，以為祭主也。

《彖》文脫「不喪匕鬯」一句。卦辭云「不喪匕鬯」，本謂〔註9〕誠敬之至，威懼不能使之自失。《彖》以長子宜如是，因〔註10〕承上文用長子之義通解之，謂其誠敬

〔註2〕《四庫》本作「笑言」。
〔註3〕《二程集》誤植爲「七字」，下皆逕行更正，不另校出。
〔註4〕一无「而」字。
〔註5〕《四庫》本作「享」。
〔註6〕一作「霆」。
〔註7〕一无「之」字。
〔註8〕一作「啞啞笑，言自若也」。
〔註9〕《四庫》本作「爲」。
〔註10〕一有「以」字。

能不喪匕鬯，則君出而可以守宗廟社稷，爲祭主也。長子如是，而後可以守世祀、承國家也。

象曰：洊雷，震；君子以恐懼脩省。

洊，重襲也。上下皆震，故爲洊雷。雷重仍，則威益盛。君子觀洊雷威震之象，以恐懼自修飭循省也。君子畏天之威，則脩正其身，思省其過咎而改之。不唯雷震，凡遇驚懼之事，皆當如是。

初九：震來虩虩，後笑言啞啞，吉。

初九，成震之主，致震者也；在卦之下，處震之初也。知震之來，當震之始，若能以爲恐懼，而周旋顧慮，虩虩然不敢寧止，則終必保其安吉，故〔註 11〕後笑言啞啞也。

象曰：震來虩虩，恐，致福也；笑言啞啞，後有則也。

震來而能恐懼周顧，則无患矣，是能因恐懼而反致福也。因恐懼而自脩省，不敢違於法度，是由震而後有法則，故能保其安吉，而笑言啞啞也。

六二：震來厲，億喪貝，躋于九陵。勿逐，七日得。

六二居中得正，善處震者也，而乘初九之剛。九，震之主；震，剛動而上奮，孰能禦之？厲，猛也、危也。彼來既猛，則己處危矣。

億，度也。貝，所有之資也。躋，升也。九陵，陵之高也。逐，往追也。以震來之厲，度不能當，而必喪其所有，則升至高以避之也。九，言其重，崗〔註 12〕陵之重，高之至也。九，重之多也，如九天、九地也。

勿逐，七日得：二之所貴者，中正也；遇震懼之來，雖量勢巽避，當守其中正，无自失也。億知〔註 13〕必喪也，故遠避以自守，過則復其常矣，是勿逐而自得也。逐，即物也。以己即物，失其守矣，故戒勿逐。避遠自守，處震之大方也。如二者，當危懼而善處者也。卦位有六，七乃更始。事既終，時既易也，不失其守，雖一時不能禦其來，然時過事已，則復其常，故云「七日得」。

躋，子西反。

〔註 11〕一作「然」。
〔註 12〕《四庫》本作「岡」。
〔註 13〕《四庫》本作「之」。

象曰：震來厲，乘剛也。

當震而乘剛，是以彼厲而己危。震剛之來，其可禦乎？

六三：震蘇蘇，震行无眚。

蘇蘇，神氣緩散自失之狀。三以陰居陽，不正；處不正，於平時且不能安，況處震乎？故其震懼而蘇蘇然。若因震懼而能行，去不正而就正，則可以无過。眚，過也。三行則至四，正也。動以就正爲善，故二勿逐則自得，三能行則无眚。以不〔註14〕正而處震懼，有眚可知。

眚，生領反。

象曰：震蘇蘇，位不當也。

其恐懼自失蘇蘇然，由其所處不當故也。不中不正，其能安乎？

九四：震遂泥。

九四，居震動之時，不中不正；處柔，失剛健之道。居四无中正之德，陷溺於重陰之間，不能自震奮者也，故云「遂泥」。泥，滯溺也。以不正之陽，而上下重陰，安能免於泥乎？遂，无反之意。處震懼，則莫能守也；欲震動，則莫能奮也。震道亡矣，豈復能光亨也？

泥，乃計反。

象曰：震遂泥，未光也。

陽者，剛物；震者，動義。以剛處動，本有光亨之道，乃失其剛正，而陷於重陰，以致遂泥，豈能光也？云「未光」，見陽剛，本能震也；以失德，故泥耳。

六五：震往來厲，億无喪，有事。

六五雖以陰居陽，不當位，爲不正；然以柔居剛，又得中，乃有中德者也。不失中，則不違於正矣，所以中爲貴也。

諸卦，二、五雖不當位，多以中爲美。三、四雖當位，或以不中爲過，中常重於正也。蓋中則不違於正，正不必中也。天下之理，莫善於中，於六二、六五可見。

五之動，上往，則柔不可居動之極；下來則犯剛，是往來皆危也。當君位，爲動之主，隨宜應變，在中而已。故當億度，无喪失其所有之事而已。所有之事，謂中德。

〔註14〕一有「中」字。

苟不失中，雖有危，〔註 15〕不至於凶也。

億度，謂圖慮，求不失中也。五所以危，由非剛陽而无助；若以剛陽有助，爲動之主，則能亨矣。

往來皆危，時則甚難〔註 16〕，但期於不失中，則可自守。以柔主動，固不能致亨濟也。

象曰：震往來厲，危行也；其事在中，大无喪也。

往來皆厲，行則有危也。動皆有危，唯在无喪其事而已。其事，謂中也。能不失其中，則可自守也。大无喪，以无喪爲大也。

上六：震索索，視矍矍，征凶。震不于其躬，于其鄰，无咎，婚媾有言。

索索，消索不存之狀，謂其志氣如是。六以陰柔居震動之極，其驚懼之甚，志氣殫索也。矍矍，不安定貌。志氣索索，則視瞻徊徨。以陰柔不中正之質，而處震動之極，故征則凶也。

震之及身，乃于其躬也；不于其躬，謂未及身也。鄰者，近於身者也。能震懼於未及身之前，則不至於極矣，故得无咎。苟未至於極，尚有可改之道。

震終當變，柔不固守，故有畏〔註 17〕鄰戒而能變之義。聖人於震終，示人知懼能改之義，爲勸深矣。

婚媾，所親也，謂同動者。有言，有怨咎之言也。六居震之上，始爲眾〔註 18〕動之首，今乃畏鄰戒而不敢進，與諸處震者異矣，故婚媾有言也。

媾，古亘反。矍，俱縛反。

象曰：震索索，中未得也；雖凶无咎，畏鄰戒也。

所以恐懼自失如此，以未得於中道也，謂過中也。使之得中，則不至於索索矣。極而復征則凶也，若能見鄰戒而知懼，變於未極之前，則无咎也。上六，動之極，震極則〔註 19〕有變義也。

〔註 15〕一有「終」字。
〔註 16〕一作「艱」
〔註 17〕一作「見」。
〔註 18〕一作「震」。
〔註 19〕一作「之終」。

䷳ 艮下艮上 艮

《序卦》:「震者，動也。物不可以終動，止之，故受之以艮。艮者，止也。」

動靜相因，動則有靜，靜則有動；物无常動之理，艮所以次震也。艮者，止也；不曰「止」者：艮，山之象，有安重堅實之意，非止義可盡也。

乾坤之交，三索而成艮，一陽居二陰之上。陽，動而上進之物；既至於上，則止矣。陰者，靜也；上止而下靜，故爲艮也。

然則，與畜止之義何異？曰:「畜止者，制畜之義，力止之也。艮止者，安止之義，止其所也。」

艮其背，不獲其身；行其庭，不見其人，无咎。

人之所以不能安其止者，動於欲也；欲牽於前而求其止，不可得也。故艮之道，當艮其背。所見者在前，而背乃背之，是所不見也。止於所不見，則无欲以亂其心，而止乃安。

不獲其身，不見其身也，謂忘我也。无我則止矣；不能无我，无可止之道。

行其庭，不見其人：庭除之間，至近也。在背，則雖至近不見，謂不交於物也。外物不接，內欲不萌，如是而止，乃得止之道，於止爲无咎也〔註20〕。

艮，根根反。背，必內反。

彖曰：艮，止也。時止則止，時行則行；動靜不失其時，其道光明。

艮爲止；止之道，唯其時。行止動靜不以時，則妄也；不失其時，則順理而合義。在物爲理，處物爲義，動靜合理義，不失其時也，乃其道之光明也。君子所貴乎時，仲尼行止久速是也。艮體篤實，有光明之義。

艮其止，止其所也。

艮其止，謂止之而止也。止之而能止者，由止得其所也。止〔註21〕不得其所，則无可止之理。夫子曰:「於止，知其所止。」謂當止之所也。

夫有物必有則，父止於慈，子止於孝，君止於仁，臣止於敬。萬物庶事，莫不各有

〔註20〕一无「也」字。
〔註21〕《四庫》本有「而」字。

其所，得其所則安，失其所則悖。聖人所以能使天下順治，非能爲物作則也，唯止之各於其所而已。

上下敵應，不相與也。

以卦才言也。上下二體，以敵相應，无相與之義。陰陽相應，則情通而相與；乃以其敵，故不相與也。不相與則相背，爲〔註22〕艮其背，止之義〔註23〕也。

是以不獲其身，行其庭，不見其人，无咎也。

相背，故不獲其身，不見其人；是以能止，能止則无咎也。

象曰：兼山艮，君子以思不出其位。

上下皆山，故爲兼山。此而并彼爲兼，謂重復〔註24〕也，重艮之象也。君子觀艮止之象，而思安所止，不出其位也。位者，所處之分也。萬事各有其所；得其所，則止而安。若當行而止，當速而久，或過或不及，皆出其位也，況踰分非據乎？

初六：艮其趾，无咎，利永貞。

六在最下，趾之象。趾，動之先也。艮其趾，止於動之初也。事止於初，未至失正，故无咎也。以柔處下，當止〔註25〕之時也。行則失其正矣，故止乃无咎。陰柔，患其不能常也，不能固也；故方止之初，戒以利在常永貞固，則不失止〔註26〕之道也。

象曰：艮其趾，未失正也。

當止而行，非正也。止之於初，故未至失正。事止於始則易，而未至於失也。

六二：艮其腓，不拯其隨，其心不快。

六二居中得正，得止之道者也。上无應援，不獲其君矣。三〔註27〕居下之上，成止之主，主乎止者也，乃剛而失中，不得止之宜。剛止於上，非能降而下求，二〔註28〕雖有中正之德，不能從也。二之行止，繫乎所主，非得自由，故爲腓之象。股動則腓隨，動止在股，而不在腓也。

〔註22〕一作「與」。
〔註23〕一有「同」字。
〔註24〕一作「複」。
〔註25〕《四庫》本作「趾」。
〔註26〕一作「正」。
〔註27〕底本作「二」，誤。居下之上應爲第三爻，據《四庫》本更正爲「三」。
〔註28〕底本作「三」，誤。「中正之德」指二，據《四庫》本更正爲「二」。

二既不得以中正之道，拯救三之不中，則必勉而隨之，不能拯而唯隨也。雖咎不在己，然豈其所欲哉？言不聽、道不行也；故其心不快，不得〔註29〕行其志也。士之處高位，則有拯而无隨；在下位，則有當拯、有當隨、有拯之不得而後隨。

腓，符肥反。

象曰：不拯其隨，未退聽也。

所以不拯之而唯隨者，在上者未能下從也。退聽，下從也。

九三：艮其限，列其夤，厲薰心。

限，分隔也，謂上下之際。三以剛居剛而不中，爲成艮之主，決止之極〔註30〕也。已在下體之上，而隔上下之限，皆爲止義，故爲艮其限，是確〔註31〕乎止而不復能進退者也。

在人身，如列其夤。夤，膂也，上下之際也。列絕其夤，則上下不相從屬，言止於下之堅也。止道貴乎得宜，行止不能以時，而定於一；其堅強如此，則處世乖戾，與物睽絕，其危甚矣。

人之固止一隅，而舉世莫與宜者，則艱蹇忿畏，焚〔註32〕撓其中，豈有安裕之理？厲薰心，謂不安之〔註33〕勢，薰爍其中〔註34〕也。

薰，許云反。

象曰：艮其限，危薰心也。

謂其固止不能進退，危懼之慮，常薰爍其中心也。

六四：艮其身，无咎。

四，大臣之位，止天下之當止者也。以陰柔而不遇剛陽之君，故不能止物，唯自止其身，則可无咎。所以能无咎者，以止於正也。言止其身无咎，則見其不能止物；施於政，則有咎矣。在上位而僅能善其身，无取之甚也。

〔註29〕《四庫》本作「能」。

〔註30〕底本「拯」與「極」形近混似，據《四庫》本作「極」，九三爲下卦之極也。

〔註31〕底本作「隨」，費解。《四庫》本作「確」，《註評》本引《吉澄》本及《武英殿》本皆作「確」，今從眾。

〔註32〕《四庫》本作「焚」。

〔註33〕一作「其」。

〔註34〕一有「心」字。

象曰：艮其身，止諸躬也。

不能爲天下之止，能止於其身而已，豈足稱大臣之位也？

六五：艮其輔，言有序，悔亡。

五，君位，艮之主也，主天下之止者也；而陰柔之才，不足以當此義，故止以在上取輔〔註35〕義言之〔註36〕。

人之所當愼而止者，唯言行也。五在上，故以輔言；輔，言之所由出也。

艮於〔註37〕輔，則不妄出而有序也。言輕發而无序，則有悔；止之於輔，則〔註38〕悔亡也。

有序，中節有次序也。輔與頰舌，皆言所由出，而輔在中。艮其輔，謂止於中也。

象曰：艮其輔，以中正也。

五之所善者，中也。艮其輔，謂止於中也，言以得中爲正；止之於輔，使不失中，乃得正也。

上九：敦艮，吉。

九以剛實居上，而又成艮之主，在艮之終，止之至堅篤者也。敦，篤實也。居止之極，故不過而爲敦。人之止，難於久終，故節或移於晚，守或失於終，事或廢於久，人之所同患也。上九能敦厚於終，止道之至善，所以吉也。六爻之德，唯此爲吉。

象曰：敦艮之吉，以厚終也。

天下之事，唯終守之爲難；能敦於止，有終者也。上之吉，以其能厚於終也。

䷴ 艮下巽上 **漸**

《序卦》：「艮者，止也。物不可以終止，故受之以漸。漸者，進也。」

止必有進，屈伸消息之理也。止之所生，亦進也；所反，亦進也，漸所以次艮〔註39〕

〔註35〕一有「之」字。
〔註36〕一无「之」字。
〔註37〕一作「其」。
〔註38〕一作「故」。
〔註39〕《四庫》本作「卦」。

也。進以序爲漸，今人以緩進爲漸進，以序不越次，所以緩也。爲卦上巽下艮。

山上有木，木之高而因山，其高〔註40〕有因也。其高有因，乃其進有序也，所以爲漸也。

漸：女歸，吉，利貞。

以卦才兼漸義而言也。

乾坤之變爲巽艮，巽艮重而爲漸。在漸體而言，中二爻交也。由二爻之交，然後男女各得正位。初、終二爻，雖不當位，亦陽上陰下，得尊卑之正。男女各得其正，亦得位也。與歸妹正相對。女之歸，能如是之正，則吉也。

天下之事，進必以〔註41〕漸者，莫如女歸。臣之進於朝，人之進於事，固當有序；不以其序〔註42〕，則陵節犯義，凶咎隨之。然以義之輕重，廉恥之道、女之從人，最爲大也，故以女歸爲義；且男女，萬事之先也。

〔註43〕諸卦多有利貞，而所施或不同：有涉不正之疑，而爲之戒者；有其事必貞，乃得其宜者；有言所以利者，以其有貞也。

所謂涉不正之疑，而爲之戒者，損之九二是也；處陰居說，故戒以宜貞也。有其事必貞，乃得宜者，大畜是也；言所畜利於貞也。有言所以利者，以其有貞者，漸是也；言女歸之所以吉，利於如此貞正也。蓋其固有，非設戒也。漸之義，宜能亨，而不云「亨」者，蓋亨者，通達之義，非漸進之義也。

漸，捷檢反。

彖曰：漸之進也，女歸吉也。

如漸之義而進，乃女歸之吉也；謂正而有漸也，女歸爲大耳。他進亦然。

進得位，往有功也。

漸進之時，而陰陽各得正位，進而有功也。四，復由上進而得正位。三，離下而爲上，遂得正位，亦爲進得位之義〔註44〕。

〔註40〕一有「而」字。
〔註41〕一作「有」。
〔註42〕一作「漸」。
〔註43〕一有「利貞」字。
〔註44〕一有「是往而有功也」六字。

進以正，可以正邦也。

以正道而進，可以正邦國，至於天下也。凡進於事、進於德、進於位，莫不皆當以正也。

其位，剛得中也。

上云「進得位，往有功也」，統言陰陽得位，是以進而有功。復云「其位，剛得中也」，所謂「位」者，五以剛陽中正得尊位也。諸爻之得正，亦可謂之得位矣；然未若五之得尊位，故特言之。

止而巽，動不窮也。

內艮止，外巽順；止爲安靜之象，巽爲和順之義。人之進也，若以欲心之動，則躁而不得其漸，故有困窮。在漸之義，內止靜而外巽順，故其進動不有〔註45〕困窮也。

象曰：山上有木，漸；君子以居賢德善俗。

山上有木，其高有因，漸之義也。君子觀漸之象，以居賢善之德，化美於風俗。人之進於賢德，必有其漸，習而後能安，非可陵節而遽至也。在己且然，教化之於人，不以漸，其能入乎？移風易俗，非一朝一夕所能成，故善俗必以漸也。

初六：鴻漸于干，小子厲，有言，无咎。

漸諸爻皆取鴻象。

鴻之爲物，至有時而群有序，不失其時序，乃爲漸也。干〔註46〕，水湄。水鳥止於水之湄，水至近也，其進可謂漸矣。行而以時，乃所謂漸〔註47〕。進〔註48〕不失漸，得其宜矣。

六居初，至下也；陰之才，至弱也，而上无應援，以此而進，常情之所憂也。君子則深識遠照，知義理之所安，時事之所宜，處之不疑。小人、幼子，唯能見已然之事，從眾人之〔註49〕知，非能燭理也，故危懼而有言。蓋不知，在下，所以有進也；用柔，所以不躁也；无應，所以能漸也：於義自无咎也。若漸之初，而用剛急進，則失漸之義。不能進，而有咎必矣。

〔註45〕一作「有不」。《二程集》：一作「至」。

〔註46〕底本作「于」，形譌，據《四庫》本更正。

〔註47〕一无「漸」字。

〔註48〕《四庫》本作「漸進」。如依《四庫》本，則其斷句爲：「漸進不失，漸得其宜矣。」

〔註49〕一有「所」字。

象曰：小子之厲，義无咎也。

雖小子以爲危厲，在義理實无咎也。

六二：鴻漸于磐，飲食衎衎，吉。

二居中得正，上應於五，進之安裕者也；但居漸，故進不速。磐，石之安平者，江河之濱所有，象進之安。自干之磐，又漸進也。

二與九五之君，以中正之道相應，其進之安，固平易莫加焉；故其飲食和樂衎衎然，吉可知也。

磐，畔干反。衎，若旦反。

象曰：飲食衎衎，不素飽也。

爻辭以其進之安平，故取飲食和樂爲言。夫子恐後人之未喻，又釋之云：「中正君子，遇中正之主，漸進於上，將行其道以及天下。」所謂「飲食衎衎」，謂其得志和樂，不謂空飽飲〔註 50〕食而已。素，空也。

九三：鴻漸于陸，夫征不復，婦孕不育，凶。利御寇。

平高曰陸，平原也。三在下卦之上，進至於陸也。陽，上進者也；居漸之時，志將漸進，而上无應援，當守正以俟時，安處平地，則〔註 51〕得漸之道。若或不能自守，欲有所牽，志有所就，則失漸之道。四，陰在上而密比，陽所說也；三，陽在下而相親，陰所從也。二爻相比而无應。相比，則相親而易合；无應，則无適而相求，故爲之戒。

夫，陽也，謂〔註 52〕三。三若不守正，而與四合，是知征而不知復。征，行也。復，反也。不復〔註 53〕，謂不反顧義理。婦，謂四。若以不正而合，則雖孕而不育；蓋非其道也，如是則凶也。

三之所利，在於禦寇。非理〔註 54〕而至者，寇也。守正以閑〔註 55〕邪，所謂「禦寇」也。不能禦寇，則自失而凶矣。

〔註 50〕一无「飲」字。
〔註 51〕一无「則」字。
〔註 52〕《四庫》本「謂」前有「夫」字。
〔註 53〕底本作「後」，形譌，據《四庫》本更正。
〔註 54〕一作「禮」。
〔註 55〕底本作「閑」，形譌，據《四庫》本更正。《註評》本引《吉澄》本、《武英殿》本亦作「閑」。

象曰：夫征不復，離群醜也；婦孕不育，失其道也；利用御寇，順相保也。
夫征不復，則失漸之正；從欲而失正，離叛其群類，爲可醜也。卦之諸爻，皆无不善；若獨失正，是離其群類。

婦孕不由其道，所以不育也。

所利在禦寇，謂以順道相保。君子之與小人比也，自守以正，豈唯君子自完其己而已乎？亦使小人得不陷於非義，是以順道相保，禦止其惡，故曰「禦寇」。

離，力智反。

六四：鴻漸于木，或得其桷，无咎。
當漸之時，四以陰柔進據剛陽之上，陽剛而上進，豈能安處陰柔之下？故四之處非安地，如鴻之進〔註 56〕于木也。木漸高矣〔註 57〕，而有不安之象。

鴻趾連，不能握枝，故不木棲。桷，橫平之柯。唯平柯之上，乃能安處；謂四之處本危，或能自得安寧之道，則无咎也。如鴻之於木，本不安，或得平柯而處之，則安也。四居正而巽順，宜无咎者也。必以得失言者，因得失以明其義也。

桷，音角。棲，音西。

象曰：或得其桷，順以巽也。
桷者，平安之處。求安之道，唯順與巽；若其義順正，其處卑巽，何處而不安？如四之順正而巽，乃得桷也。

九五：鴻漸于陵，婦三歲不孕，終莫之勝，吉。
陵，高阜也，鴻之所止最高處也，象君之位。雖得尊位，然漸之時，其道之行，固亦非遽。與二爲正應，而中正之德同，乃隔於三、四。三比二，四比五，皆隔其交者也。未能即合，故三歲不孕。然中正之道，有必亨之理；不正豈能隔害之？故終莫之能勝，但其合有漸耳，終得其吉也。以不正而敵中正，一時之爲耳；久，其能勝乎？

象曰：終莫之勝，吉，得所願也。
君臣以中正相交，其道當行；雖有間其間者，終豈能勝哉？徐必得其所願，乃漸之〔註 58〕吉也。

〔註 56〕一作「漸」。
〔註 57〕一无「矣」字。
〔註 58〕《四庫》本無「之」字。

上九：鴻漸于陸，其羽可用為儀，吉。

安定胡公以「陸」爲逵。逵，雲路也，謂虛空之中。《爾雅》：「九達謂之逵。」逵，通達无阻蔽之義也。上九在至高之位，又益上進，是出乎位之外，在它時則爲過矣；於漸之時，居巽之極，必有其序，如鴻之離所止，而飛於雲空。在人，則超逸乎常事之外者也。進至於是，而不失其漸，賢達之高致也，故可用爲儀法而吉也。羽，鴻之所用進也；以其進之用，況上九進之道也。

象曰：其羽可用為儀，吉，不可亂也。

君子之進，自下而上，由微而著，跬步造次，莫不有序。不失其序，則无所不得其吉，故九雖窮高而不失其吉。可用爲儀法者，以其有序而不可亂也。

䷵ 兌下震上 **歸妹**

《序卦》：「漸者，進也。進必有所歸，故受之以歸妹。」

進則必有所至，故漸有歸義，歸妹所以繼漸也。歸妹者，女之歸也。妹，少女之稱。爲卦震上兌下，以少女從長男也。男動而女說，又以說而動，皆男說女，女從男之義。

卦有男女配合之義者四：咸、恒、漸、歸妹也。咸，男女之相感也。男下女，二氣感應，止而說，男女之情相感之象。恒，常也；男上女下，巽順而動，陰陽皆得〔註59〕應，是男女居室，夫婦唱隨之常道。漸，女歸之得其正也；男下女而各得正位，止靜而巽順，其進有漸，男女配合，得其道也。歸妹，女之嫁歸也；男上女下，女〔註60〕從男也，而有說少之義。以說而動，動以說，則不得其正矣，故位皆不當。初與上雖當陰陽之位，而陽在下，陰在上，亦不當位也，與漸正相對。

咸、恒，夫婦之道；漸、歸妹，女歸之義。咸與歸妹，男女之情也。咸止而說，歸妹動於說，皆以說也。恒與漸，夫婦之義也。恒巽而動，漸止而巽，皆以巽順也。男女之道，夫婦之義，備於是矣。

歸妹爲卦，澤上有雷；雷震而澤動，從之象也。物之隨動，莫如水。男動於上而女從之，嫁歸從男之象。震，長男。兌，少女。少女從長男，以說而動，動而相說也。人之所說者，少女，故云「妹」，爲女歸之象。又有長男說少女之義，故爲歸妹也。

〔註59〕《四庫》本作「相」。
〔註60〕一无「女」字。

歸妹：征凶，无攸利。

以說而動，動而不當，故凶。不當，位不當也。征凶，動則凶也。如卦之義，不獨女歸，无所往而利也。

彖曰：歸妹，天地之大義也。

一陰一陽之謂道。陰陽交感、男女配合，天地之常理也。歸妹，女歸於男也，故云「天地之大義也」。男在女上，陰從陽動，故爲女歸之象。

天地不交，而萬物不興；歸妹，人之終始也。

天地不交，則萬物何從而生？女之歸男，乃生生相續之道。男女交而後有生息，有生息而後其終不窮。前者有終，而後者有始，相續不窮，是人之終始也。

說以動，所歸妹也。征凶，位不當也。

以二體釋歸妹之義。

男女相感，說而動者，少女之事，故以說而動所歸者，妹也。所以征則凶者，以諸爻皆不當位也。所處皆不正，何動而不凶？大率以說而動，安有不失正者？

說，音悅。

无攸利，柔乘剛也。

不唯位不當也，又有乘剛之過；三、五皆乘剛。

男女有尊卑之序，夫婦有唱隨之禮，此〔註61〕常理也；如恒是也。苟不由常正之道，徇情肆欲，唯說是動，則夫婦瀆亂；男牽欲而失其剛，婦狃說而忘其順，如歸妹之乘剛是也。所以凶，无所往而利也。

夫陰陽之配合，男女之交構〔註62〕，理之常也；然從欲而流放，不由義理，則淫邪无所不至，傷身敗德，豈人理哉？歸妹之所以〔註63〕凶也。

象曰：澤上有雷，歸妹；君子以永終知敝。

雷震於上，澤隨而動；陽動於上，陰說而從，女從男之象也，故爲歸妹。

君子觀男女配合，生息相續之象，而以永其終，知有敝也。永終，謂生息嗣續，

〔註61〕一无「此」字。

〔註62〕《四庫》本作「媾」。

〔註63〕一有「征」字。

永久其傳也。知敝，謂知物有敝壞，而為相續〔註 64〕之道也。女歸則有生息，故有永終之義。又夫婦之道，當常永有終。必知其有敝壞之理，而戒慎之。敝壞，謂離隙。

歸妹，說以動者也，異乎恒之巽而動、漸之止而巽也。少女之說，情之感動；動則失正，非夫婦正而可常之道，久必敝壞。知其必敝，則當思永其終也。天下之反目者，皆不能永終者也。不獨夫婦之道，天下之事，莫不有終有敝，莫不有可繼可久之道。觀歸妹，則當思永終之戒也。

初九：歸妹以娣，跛能履，征吉。

女之歸，居下而无正應，娣之象也。剛陽，在婦人為賢〔註 65〕貞之德；而處卑順，娣之賢正者也。處說居下為順義。

娣之卑下，雖賢，何所能為？不過自善其身，以承助其君而已；如跛之能履，言不能及遠也。然在其分為善，故以是而行則吉也。

娣，大計反。跛，波我反。

象曰：歸妹以娣，以恒也；跛能履吉，相承也。

歸妹之義，以說而動，非夫婦能常之道。九乃剛陽，有賢〔註 66〕貞之德，雖娣之微，乃能以常者也。雖在下，不能有所為，如跛者之能履，然征而吉者，以其能相承助也。能助其君，娣之吉也。

九二：眇能視，利幽人之貞。

九二，陽剛而得中，女之賢正〔註 67〕者也。上有正應，而反陰柔之質，動於說者也。乃女賢而配不良，故二雖〔註 68〕賢，不能自遂以成其內助之功，適可〔註 69〕善其身而小施之，如眇者之能視而已，言不能及遠也。

男女之際，當以正禮；五雖不正，二自守其幽靜貞正，乃所利也。二有剛正之德，幽靜之人也。二之才如是，而言利貞者〔註 70〕，利，言宜於如是之貞〔註 71〕，非不

〔註 64〕《四庫》本作「繼」。
〔註 65〕一作「堅」。
〔註 66〕一作「堅」。
〔註 67〕一作「貞」。
〔註 68〕一作「之」。
〔註 69〕《四庫》本作「可以」。
〔註 70〕一无此五字。

足而爲之戒也。

眇，彌小反。

象曰：利幽人之貞，未變常也。

守其幽貞，未失夫婦常正之道也。世人以媟狎爲常，故以貞靜爲變常，不知乃常久之道也。

六三：歸妹以須，反歸以娣。

三居下之上，本非賤者，以失德而无正應，故爲欲有歸而未得其歸。

須，待也。待者，未有所適也。六居三，不當位，德不正也；柔而尙〔註72〕剛，行不順也；爲說之主，以說求歸，動非禮也；上无應，无受之者也。无所適，故須也。

女子之處如是，人誰取之？不可以爲人配矣，當反歸而求爲娣媵則可也，以不正而失其所也。

象曰：歸妹以須，未當也。

未當者，其處、其德、其求歸之道，皆不當；故无取之者，所以須也。

九四：歸妹愆期，遲歸有時。

九以陽居四；四，上體，地之高也。陽剛，在女子爲正德，賢明者也；无正應，未得其歸也。過時未歸，故云「愆期」。女子居貴高之地，有賢明之資，人情所願娶，故其愆期，乃爲有時。蓋自有待，非不售也，待得佳配而後行也。九居四，雖不當位，而處柔，乃婦人之道〔註73〕；以无應，故爲愆期之義，而聖人推理，以女賢而愆期，蓋有待也。

象曰：愆期之志，有待而行也。

所以愆期者，由己而不由彼。賢女，人所願娶，所以愆期，乃其志欲有所待，待得佳配而後行也。

六五：帝乙歸妹，其君之袂，不如其娣之袂良。月幾望，吉。

六五居尊位，妹之貴高者也；下應於二，爲下嫁之象。王姬下嫁，自古而然，至帝

〔註71〕一无「之貞」字。
〔註72〕一作「上」。
〔註73〕一有「也」字。

乙而後正婚姻之禮，明男女之分，雖至貴之女，不得失柔巽之道，有貴驕之志；故《易》中陰尊而謙降者，則曰「帝乙歸妹」，泰六五是也。

貴女之歸，唯謙降以從禮，乃尊高之德也，不事容飾以說於人也。娣媵者，以容飾爲事者也，衣袂所以爲容飾也。六五尊貴之女，尙禮而不尙飾，故其袂不及其娣之袂良也。良，美好也。

月望，陰之盈也，盈則敵陽矣。幾望，未至於盈也。五之貴高，常不至於盈極，則不亢其夫，乃爲吉也，女之處尊貴之道也。

袂，彌世反。幾，音機。

象曰：帝乙歸妹，不如其娣之袂良也；其位在中，以貴行也。

以帝乙歸妹之道，言其袂不如其娣之袂良，尙禮而不尙飾也。五以柔中在尊高之位，以尊貴而行中道也。柔順降屈，尙禮而不尙飾，乃中道也。

上六：女承筐无實，士刲羊无血，无攸利。

上六，女歸之終，而无應，女歸之无終者也。婦者，所以承先祖，奉祭祀；不能奉祭祀，則不可以爲婦矣。

筐篚之實，婦職所供也。古者，房中之俎，俎歜〔註 74〕之類，后夫人職之。諸侯之祭，親割牲，卿大夫皆然。割取血以祭，《禮》云「血祭」，盛氣也，女當承事。筐篚而无實，无實，則无以祭，謂不能奉祭祀也。

夫婦共承宗廟，婦不能奉祭祀，乃夫不能承祭祀也；故刲羊而无血，亦无以祭也，謂不可以承祭祀也。婦不能奉祭祀，則當離絕矣〔註 75〕；是夫婦之无終者也，何所往而利哉？

象曰：上六无實，承虛筐也。

筐无實，是空筐也；空筐，可以祭乎？言不可以奉祭祀也。女不可以承祭祀，則離絕而已，是女歸之无終者也。

離下
震上 **豐**

〔註 74〕一作「醢」

〔註 75〕一无「矣」字。

《序卦》:「得其所歸者，必大，故受之以豐。」

物所歸聚，必成其大，故歸妹之後，受之以豐也。豐，盛大之義。爲卦震上離下。震，動也。離，明也。以明而動，動而能〔註76〕明，皆致豐之道。明足以照，動足以亨，然後能致豐大也。

豐：亨，王假之，勿憂，宜日中。

豐爲盛大，其義自亨。極天下之光大者，唯王者能至之。假，至也。天位之尊，四海之富，群生之眾，王道之大，極豐之道，其唯王者乎？豐之時，人民之繁庶，事物之殷盛，治之豈易周？爲可憂〔註77〕慮，宜如日中之盛明廣照，无所不及，然後无憂也。

豐，芳忠反。假，庚白反；下同。

彖曰：豐，大也。明以動，故豐。

豐者，盛大之義。離明而震動，明動相資，而成豐大也。

王假之，尚大也。

王者，有四海之廣，兆民之眾，極天下之大也；故豐大之道，唯王者能致之。所有既大，其保之、治之之道，亦當大也，故王者之所尚至大也。

勿憂，宜日中，宜照天下也。

所有既廣，所治既眾，當憂慮而〔註78〕不能周及，宜如日中之盛明，普照天下，无所不至，則可勿憂矣。如是，然後能保其豐大。保有豐大，豈小才小知之所能也？

日中則昃，月盈則食；天地盈虛，與時消息；而況於人乎？況於鬼神乎？

既言豐盛之至，復言其難常，以爲戒也。

日中盛極，則當昃昳；月既盈滿，則有虧缺。天地之盈虛，尚與時消息，況人與鬼神乎？盈虛，謂盛衰。消息，謂進退。天地之運，亦隨時進退也。鬼神，謂造化之跡；於萬物盛衰，可見其消息也。於豐盛之時，而爲此誡，欲其守中，不至過盛。處豐之道，豈易也哉？

〔註76〕一无「能」字。
〔註77〕一作「患」。
〔註78〕《四庫》本作「其」。

象曰：雷電皆至，豐；君子以折獄致刑。

雷電皆至，明震並行也。二體相合，故云「皆至」。明動相資，成豐之象。

離，明也，照察之象。震，動也，威斷之象。折獄者，必照其情實，惟明克允。致刑者，以威於〔註 79〕奸惡，唯斷乃成。故君子觀雷電明動之象，以折獄致刑也。

噬嗑言「先王飭〔註 80〕法」，豐言「君子折獄」：以明在上，而麗於威震，王者之事，故爲制刑立法；以明在下，而麗於威震，君子之用，故爲折獄致刑。旅，明在上，而云「君子」者，旅取慎用刑與不留獄，君子皆當然也。

折，之舌反。

初九：遇其配主，雖旬无咎，往有尚。

雷電皆至，成豐之象；明動相資，致豐之道。非明，无以照；非動，无以行〔註 81〕。相須猶形影，相資猶表裡。

初〔註 82〕九，明之初；九〔註 83〕四，動之初；宜相須以成其用，故雖旬而相應。位則相應，用則相資，故初謂四爲配主，己所配也。配雖匹稱，然就之者也；如配天，以配君子。故初於四云「配」，四於初云「夷」也。

雖旬无咎：旬，均也。天下之相應者，常非均敵，如陰之應陽，柔之從剛，下之附上。敵則安肯相從？唯豐之初、四，其用則相資，其應則相成；故雖均是陽剛，相從而无過咎也。蓋非〔註 84〕明，則動无所之；非動，則明无所用，相資而成用。同舟，則胡越一心；共難，則仇怨協力，事勢使然也。往而相從，則能成其豐，故云「有尚」，有可嘉尚也。在它卦，則不相下而離隙矣。

象曰：雖旬无咎，過旬災也。

聖人因時而處宜，隨事而順理。夫勢均則不相下者，常理也。然有雖敵而相資者，則相求也，初、四是也，所以雖旬而无咎也。與人同而力均者，在乎降己以相求，協力〔註 85〕以從事。若懷先〔註 86〕己之私，有加上之意，則患當至矣，故曰「過旬

〔註 79〕一作「其」。
〔註 80〕底本作「飾」，形譌，據《四庫》本更正。
〔註 81〕一作「亨」。
〔註 82〕一无「初」字。
〔註 83〕一无「九」字。
〔註 84〕一有「剛」字。
〔註 85〕一作「心」。

災也」。均而先己，是過旬也；一求勝，則不能同矣。

六二：豐其蔀，日中見斗，往得疑疾，有孚發若，吉。

明動相資，乃能成豐。二爲明之主，又得中正，可謂明者也；而五在正應之地，陰柔不正，非能動者。二、五雖皆陰，而在明動相資之時，居相應之地，五〔註87〕才不足〔註88〕，既其應之才〔註89〕不足資，則獨明不能成豐；既不能成豐，則喪其明功，故爲「豐其蔀」。

日中見斗：二，至明之才，以所應不足與，而不能成其豐，喪其明功。无明功，則爲昏暗，故云「見斗」。斗，昏見者也。蔀，周匝之義。用障蔽之物，掩晦於明者也。斗屬陰，而主運乎〔註90〕象。五以陰柔而當君位，日中盛明之時，乃見斗，猶豐大之時，乃〔註91〕遇柔弱之主。斗以昏見，言見斗，則是明喪〔註92〕而暗矣。二雖至明中正之才，所遇乃柔暗不正之君，既不能下求於己，若往求之，則反得疑猜忌疾。暗主如是也，然則如之何而可？

夫君子之事上也，不得其心，則盡其至誠，以感發其志意而已。苟誠意能動，則雖昏蒙可開也，雖柔弱可輔也，雖不正可正也。古人之事庸君常主，而克行其道者，己之誠意〔註93〕上達，而君見信之篤耳。管仲之相桓公，孔明之輔後主是也。若能以誠信發其志意，則得行其道，乃爲吉也。

蔀，普苟反；又音部。

象曰：有孚發若，信以發志也。

有孚發若，謂以己之孚信，感發上之心志也。苟能發，則其吉可知；雖柔〔註94〕暗，有可發之道也。

九三：豐其沛，日中見沬，折其右肱，无咎。

沛字，古本有作「旆」字者。王弼以爲幡幔，則是旆也。幡幔，圍蔽於內者。豐其

〔註86〕一作「先懷」。
〔註87〕一作「乃」。
〔註88〕一有「耳」字。
〔註89〕一无「才」字。
〔註90〕《二程集》作「平」。
〔註91〕一作「而」。
〔註92〕一作「喪明」。
〔註93〕一无「意」字。
〔註94〕一作「昏」。

沛，其暗更甚於蔀也。

三，明體，而反暗於四者，所應陰暗故也。三居明體之上，陽剛得正，本能明者也。豐之道，必明動相資而成。三應於上，上陰柔，又无位，而處震之終；既終則止矣，不能動者也。它卦，至終則極，震至終則止矣。三无上之應，則不能成豐。沬，星之微小无名數者〔註95〕；見沬，暗之甚也。豐之時而遇上六，日中而見沬者也。

右肱，人之所用，乃折矣，其无能爲可知。賢智之才，遇明君，則能有爲於天下。上无可賴之主，則不能有爲，如人之折其右肱也。人之爲，有所失，則有所歸咎，曰：「由是，故致是。」若欲動而无右肱，欲爲而上无所賴，則不能而已，更復何言？无所歸咎也。

沬，亡對反；又音妹。肱，古弘反。

象曰：豐其沛，不可大事也；折其右肱，終不可用也。

三應於上，上陰〔註96〕而无位；陰柔无勢力，而處既終，其可共濟大事乎？既无所賴，如右肱之折，終不可用矣。

九四：豐其蔀，日中見斗，遇其夷主，吉。

四雖陽剛，爲動之主，又得大臣之位；然以不中正，遇陰暗柔弱之主，豈能致豐大也？故爲「豐其蔀」。蔀，周圍掩蔽之物。周圍則不大，掩蔽則不明。日中見斗，當盛明之時，反昏暗也。

夷主，其等夷也；相應，故謂之主。初、四皆陽，而居初是其德同；又居相應之地，故爲夷主。居大臣之位，而得〔註97〕在下之賢，同德相輔，其助豈小也哉？故吉也。

如四之才，得在下之賢爲之助，則能致豐大乎？曰：「在下者，上有當位爲之與；在上者，下有賢才爲之助，豈无益乎？故吉也。然而，致天下之豐，有君而後能也。五，陰柔居尊而震體，无虛中巽順下賢之象，下雖多賢，亦將何爲？蓋非陽剛中正，不能致天下之豐也。」

象曰：豐其蔀，位不當也。

位不當，謂以不中正居高位，所〔註98〕以暗而不能致豐〔註99〕。

〔註95〕一有「是」字

〔註96〕《四庫》本作「應」。

〔註97〕一作「德」；又有「同」字。

〔註98〕一作「非」。

日中見斗，幽不明也。

謂幽暗不能光明，君陰柔而臣不中正故也。

遇其夷主，吉行也。

陽剛相遇，吉之行也。下就於初，故云「行」，下求則爲吉也。

六五：來章，有慶譽，吉。

五以陰柔之才，爲豐之主，固不能成其豐大；若能來致在下章美之才而用之，則有福慶，復得美譽，所謂吉也。

六二，文明中正，章美之才也。爲五者，誠能致之，在位而委任之，可以致豐大之慶，名譽之美，故吉也。章美之才，主二而言。然初與三、四，皆陽剛之才，五能用賢，則彙征矣。

二雖陰，有文明中正之德，大賢之在下者也。五與二雖非陰陽正應，在明動相資之時，有相爲用之義。五若能來章，則有慶譽而吉也；然六五无虛己下賢之義，聖人設此義以爲教耳。

象曰：六五之吉，有慶也。

其所〔註100〕吉者，可以有慶福及於天下也。人君雖柔暗，若能用賢才，則可以爲天下之福；唯患不能耳。

上六：豐其屋，蔀其家，闚其戶，闃其无人，三歲不覿，凶。

六以陰柔之質，而居豐之極，處動之終，其滿假躁動甚矣。

處豐大之時，宜乎謙屈，而處極高；致豐大之功，在乎剛健，而體陰柔；當豐大之任，在乎得時，而不當位。如上〔註101〕六者，處无一當，其凶可知。

豐其屋，處大高也。蔀其家，居不明也。以陰柔居豐大，而在无位之地，乃高亢昏暗，自絕於人，人誰與之？故闚其戶，闃其无人也。至於三歲之久，而不知變，其凶宜矣。

不覿，謂尚不見人，蓋不變也。六居卦終，有變之義；而不能遷，是其才不能也。

〔註99〕一有「乎」字。
〔註100〕《四庫》本作「所謂」。
〔註101〕一无「上」字。

闚，苦規反。闃，苦鶪反。

象曰：豐其屋，天際翔也；闚其戶，闃其无人，自藏也。

六處豐大之極，在上而自高，若飛翔於天際，謂其高大之甚。闚其戶而无人者，雖居豐大之極，而實无位之地〔註102〕。人以其昏暗自高大，故皆棄絕之，自藏避而弗與親也。

䷷ 艮下離上 旅

《序卦》：「豐，大也。窮大者必失其居，故受之以旅。」

豐盛至於窮極，則必失其所安，旅所以次豐也。爲卦離上艮下。山止而不遷，火行而不居，違去而不處之象，故爲旅也。又：麗乎外，亦旅之象。

旅：小亨。旅貞吉。

以卦才言也。如卦之才，可以小亨，得旅之貞正而吉也。

旅，力舉反。

彖曰：旅，小亨；柔得中乎外而順乎剛，止而麗乎明，是以小亨，旅貞吉也。

六上居五，柔得中乎外也。麗乎上下之剛，順乎剛也。下艮止，上離麗，止而麗於明也。柔順而得在外之中，所止能麗於明，是以小亨，得旅之貞正而吉也。

旅困之時，非陽剛中正有助於下，不能致大亨也，所謂得在外之中。中非一揆，旅有旅之中也。止麗於明，則不失時宜，然後得〔註103〕處旅之道。

旅之時義大矣哉！

天下之事，當隨時各適其宜；而旅爲難處，故稱其時義之大。

象曰：山上有火，旅〔註104〕；君子以明慎用刑，而不留獄。

火之在高，明无不照；君子觀明照之象，則以明愼用刑。明不可恃，故戒於愼。明

〔註102〕底本作「也」字，費解，應爲形譌。據《四庫》本更正。
〔註103〕一作「能」。
〔註104〕底本作「振」，費解；又不合《象》行文貫例，應爲形譌，據《四庫》本更正。

而止，亦愼象。觀火行不處之象，則不留獄。獄者，不得已而設；民有罪而入，豈可留滯淹久也。

初六：旅瑣瑣，斯其所取災。

六以陰柔在旅之時，處於卑下，是柔弱之人，處旅困而在卑賤，所存污下者也。志卑之人，既處旅困，鄙猥瑣細，无所不至；乃其所以致悔辱，取災咎也。

瑣瑣，猥細之狀。當旅困之時，才質如是，上雖有援，无能爲也。四，陽性而離體，亦非就下者也；又在旅，與它卦爲大臣之位者，異矣。

瑣，悉果反。

象曰：旅瑣瑣，志窮災也。

志意窮迫，益自取災也。災眚，對言則有分，獨言則謂災患耳。

六二：旅即次，懷其資，得童僕貞。

二有柔順中正之德。柔順則衆與之，中正則處不失當；故能保其所有，童僕亦盡其忠信。雖不若五有文明之德、上下之助，亦處旅之善者也。

次舍，旅所安也。財貨，旅所資也。童僕，旅所賴也。得就次舍，懷畜其資財，又得童僕之貞良，旅之善也。柔弱在下者，童也；強壯處外者，僕也。二柔順中正，故得內外之心。在旅所親比者，童僕也；不云「吉」者，旅寓之際，得免於災厲〔註 105〕，則已善矣。

象曰：得童僕貞，終无尤也。

羈旅之人所賴者，童僕也；既得童僕之忠貞，終无尤悔矣。

九三：旅焚其次，喪其童僕貞，厲。

處旅之道，以柔順謙下爲先。三剛而不中，又居下體之上與艮之上，有自高之象。在旅而過剛自高，致困災之道也。自高，則不順於上，故上不與而焚其次，失所安也。上離爲焚象，過剛則暴下，故下離而喪其童僕之貞信，謂失其心也。如此，則〔註 106〕危厲之道也。

象曰：旅焚其次，亦以傷矣；以旅與下，其義喪也。

〔註 105〕底本作「屬」，形譌，據《四庫》本更正。《註評》本據《吉澄》本亦作「厲」。
〔註 106〕一作「者」。

旅焚，失其次舍，亦以困傷矣。以旅之時，而與下之道如此，義當喪也。在旅，而以過剛自高待下，必喪其忠貞，謂失其心也。在旅而失其童僕之心，爲可危也。

九四：旅于處，得其資斧，我心不快。

四，陽剛，雖不居中，而處柔，在上體之下，有用柔能下之象，得旅之宜也。以剛明之才，爲五所與，爲初所應，在旅之善者也。然四非正位，故雖得其處止，不若二之就次舍也。有剛明之才，爲上下所與，乃旅而得貨財之資、器用之利也。雖在旅爲善，然上无剛陽之與，下唯陰柔之應，故不能伸其才、行其志，其心不快也。云〔註107〕「我」者，據四而言。

象曰：旅于處，未得位也；得其資斧，心未快也。

四以近君爲當位；在旅，五不取君義，故四爲未得位也。曰：「然則以九居四，不正，爲有咎矣？」曰：「以剛居柔，旅之宜也。九以剛明之才，欲得時而行其志，故雖得資斧，於旅爲善，其心志未快也。」

六五：射雉，一矢亡，終以譽命。

六五有文明柔順之德，處得中道，而上下與之，處旅之至善者也。人之處旅，能合文明之道，可謂善矣。羈旅之人，動而或失，則困辱隨之；動而无失，然後爲善。

離爲雉，文明之物。射雉，謂取則於文明之道而必合，如射雉，一矢而亡之，發无不中，則終能致譽命也。

譽，令聞也。命，福祿也。五居文明之位，有文明之德，故動必中文明之道也。五，君位；人君无旅，旅則失位，故不取君義。

射，食亦反。

象曰：終以譽命，上逮也。

有文明柔順之德，則上下與之。逮，與也。能順承於上，而上與之，爲上所逮也。在〔註108〕上而得乎下，爲下所上〔註109〕逮也。在旅而上下與之，所以致譽命也。旅者，困而未得所安之時也。終以譽命，終當致譽命也。已譽命，則非旅也。困而親寡則爲旅，不必在外也。

〔註107〕底本作「天」，疑爲「夫」字，形譌。但《四庫》本作「云」，《註評》本據《吉澄》本、《武英殿》本亦作「云」。今從眾。

〔註108〕《四庫》本作「言」。

〔註109〕一无「上」字。

上九：鳥焚其巢，旅人先笑，後號咷。喪牛于易，凶。

鳥，飛騰處高者也。上九，剛，不中，而處最高；又離體，其亢可知，故取鳥象。在旅之時，謙降柔和，乃可自保；而過剛自高，失其所宜安矣。巢，鳥所安止〔註 110〕。焚其巢，失其所安，无所止也。在離上，為焚象。陽剛自處於至高，始快其意，故先笑；既而失安莫與，故號咷。輕易以喪其順德，所以凶也。

牛，順物；喪牛于易，謂忽易以失其順也。離火性上，為躁易之象；上承鳥焚其巢，故更加「旅人」字。不云「旅人」，則是鳥笑哭也。

號，戶羔反。咷，直羔反。喪、易，並去聲。

象曰：以旅在上，其義焚也；喪牛于易，終莫之聞也。

以旅在上，而以尊高自處，豈能保其居？其義當有焚巢之事。方以極剛自高，為得志而笑，不知喪其順德於躁易，是終莫之聞，謂終不自聞知也。使自覺知，則不至於極而號咷矣。陽剛不中而處極，固有高亢躁動之象；而火復炎象，則又甚焉。

䷸ 巽下
巽上 **巽**

《序卦》：「旅而无所容，故受之以巽。巽者，入也。」

羈旅親寡，非巽順何所取容？苟能巽順，雖旅困之中，何往而不能入？巽所以次旅也。為卦，一陰在二陽之下，巽順於陽，所以為巽也。

巽：小亨，利有攸往，利見大人。

卦之才，可以小亨；利有攸往，利見大人也。

巽與兌皆剛，中正巽說〔註 111〕，義亦相類；而兌則亨，巽乃小亨者：兌，陽之為也；巽，陰之為也。兌柔在外，用柔也；巽柔在內，性柔也，巽之亨所以小也。

彖曰：重巽以申命，

重巽者，上下皆巽也。上順道以出命，下奉命而順從；上下皆順，重巽之象也。

又：重為重復之義，君子體重巽之義，以申復其命令。申，重復也，丁寧之謂也。

〔註 110〕一有「上」字

〔註 111〕一作「兑」。

剛巽乎中正而志行，柔皆順乎剛，是以小亨。

以卦才言也。陽剛居巽，而得中正，巽順於中正之道也。陽性上，其志在以中正之道上行也。又：上下之柔，皆巽順於剛。其才如是，雖內柔，可以小亨也。

利有攸往，利見大人。

巽順之道，无往不能入，故利有攸往。巽順雖善道，必知所從，能巽順於陽剛中正之大人，則爲利，故利見大人也。如五、二之陽剛中正，大人也。巽順不於大人，未必不爲過也。

象曰：隨風，巽；君子以申命行事。

兩風相重〔註112〕，隨風也。隨，相繼之義；君子觀重巽相繼以順之象，而以申命令、行政事。隨與重，上下皆順也。上順下而出之，下順上而從之；上下皆順，重巽之義也。命令、政事，順理則合民心，而民順從矣。

初六：進退，利武人之貞。

六以陰柔居卑，巽而不中，處最下而承剛，過於卑巽者也。陰柔之人，卑巽大〔註113〕過，則志意恐畏而不安；或進或退，不知所從。其所利，在武人之貞；若能用武人剛貞之志，則爲宜也。勉爲剛貞，則无過卑恐畏之失矣。

象曰：進退，志疑也；利武人之貞，志治也。

進退不知所安者，其志疑懼也。利用武人之剛貞，以立其志，則其志治也。治，謂修立也。

九二：巽在牀下，用史巫紛若，吉，无咎。

二居巽時，以陽處陰而在下，過於巽者也。牀，人之所安；巽在牀下，是過於巽，過所安矣。人之過於卑巽，非恐怯，則諂說，皆非正也。二實剛中，雖巽體而居柔，爲過於巽，非有邪心也。恭巽之過，雖非正禮，可以遠恥辱、絕怨咎，亦吉道也。

史巫者，通誠意於神明者也。紛若，多也。苟至誠，安於謙巽，能使通其誠意者多，則吉而无咎，謂其誠足以動人也。人不察其誠意，則以過巽爲諂矣。

象曰：紛若之吉，得中也。

〔註112〕一作「從」。

〔註113〕《四庫》本作「太」。

二以居柔在下，爲過巽之象；而能使通其誠意者，眾多紛然，由得中也。陽居中，爲中實之象。中既誠實，則〔註 114〕人自當信之。以誠意則非諂畏也，所以吉而无咎。

九三：頻巽，吝。

三以陽處剛，不得其中，又在下體之上，以剛亢之質而居巽順之時，非能巽者，勉而爲之，故屢失也。

居巽之時，處下而上臨之以巽；又四以柔巽相親，所乘者剛，而上復有重剛，雖欲不巽，得乎？故頻失而頻巽，是可吝也。

象曰：頻巽之吝，志窮也。

三之才質，本非能巽，而上臨之以巽，承重剛而履剛，勢不得行其志，故頻失而頻巽，是其志窮困，可吝之甚也。

六四：悔亡，田獲三品。

陰柔无援，而承乘皆剛，宜有悔也。而四以陰居陰，得巽之正；在上體之下，居上而能下也。居上之下，巽於上也；以巽臨下，巽於下也。善處如此，故得悔亡。所以得悔亡，以如田之獲三品也。田獲三品，及於上下也。

田獵之獲，分三品：一爲乾豆；一供賓客與充庖；一頒徒御。四能巽於上下之陽，如田之獲三品，謂遍及上下也。

四之地，本有悔，以處之至善，故悔〔註 115〕亡而復有功。天下之事，苟善處，則悔或可以爲功也。

象曰：田獲三品，有功也。

巽於上下，如田之獲三品，而遍及上下，成巽之功也。

九五：貞吉，悔亡，无不利。无初有終，先庚三日，後庚三日，吉。

五居尊位，爲巽之主，命令之所出也。處得中正，盡巽之善；然巽者，柔順之道，所利在貞，非五之不足，在巽當戒也。既貞，則吉而悔亡，无所不利。

貞，正中也，處巽出令，皆以中正爲吉。柔巽而不貞，則有悔，安能无所不利也？

命令之出，有所變更也。无初，始未善也。有終，更之使善也。若已善，則何用命

〔註 114〕一无「則」字。
〔註 115〕一无「悔」字。

也？何用更也？

先庚三日，後庚三日，吉：出命更改〔註 116〕之道，當如是也。甲者，事之端也。庚者，變更之始也。十干戊己爲中，過中則變，故謂之庚。事之改更，當原始要終，如先甲後甲之義，如是則吉也。解在蠱卦。

先，西薦反。

象曰：九五之吉，位正中也。

九五之吉，以處正中也。得正中之道則吉，而其悔亡也。正中，謂不過、无不及〔註 117〕，正得其中也。處柔巽與出命令，唯得中爲善，失中則悔也。

上九：巽在牀下，喪其資斧，貞凶。

牀，人所安也。在牀下，過所安之義也。九居巽之極，過於巽者〔註 118〕也。資，所有也。斧，以斷也。陽剛本有斷，以過巽而失其剛斷，失其所有，喪資斧也。居上而過巽，至於自失，在正道爲凶也。

象曰：巽在牀下，上窮也；喪其資斧，正乎？凶也。

巽在牀下，過於巽也。處卦之上，巽至於窮極也。居上而過極於巽，至於自失，得爲正乎？乃凶道也。巽本善行，故疑之曰：「得爲正乎？」；復斷之曰：「乃凶也。」

䷹ 兌下兌上 **兌**

《序卦》：「巽者，入也。入而後說之，故受之以兌。兌者，說也。」

物相入則相說，相說則相入，兌所以次巽也。

兌：亨，利貞。

兌，說也。說，致亨之道也。能說於物，物莫不說而與之，足以致亨。然爲說之道，利於貞正；非道求說，則爲邪諂而有悔咎〔註 119〕，故戒利貞也。

兌，徒外反。

〔註 116〕一作「故」。
〔註 117〕一作「无過不及」。
〔註 118〕一无「者」字。
〔註 119〕一作「吝」。

彖曰：兌，說也。剛中而柔外，說以利貞，是以順乎天而應乎人。說以先民，民忘其勞；說以犯難，民忘其死。說之大，民勸矣哉！

兌之義，說也。一陰居二陽之上，陰說於陽，而爲陽所說也。陽剛居中，中心誠實之象。柔爻在外，接物和柔之象，故爲說而能貞也。

利貞，說之道宜正〔註120〕也。卦有剛中之德，能貞者也。說而能貞，是以上順天理，下應人心，說道之至正至善者也。若夫違道以干百姓之譽者，苟說之道。違道不順天，干譽非應人，苟取一時之說耳，非君子之正道。

君子之道，其說於民，如天地之施，感於其心，而說服无斁。故以之先民，則民心說隨而忘其勞；率之以犯難，則民心〔註121〕說服於義，而不恤其死。

說道之大，民莫不知勸。勸，謂信之而勉力順從。人君〔註122〕之道，以人心說服爲本，故聖人贊其大。

應，應對之應。說，音悅。先，西薦反。難，乃旦反。

象曰：麗澤，兌；君子以朋友講習。

麗澤，二澤相附麗也。兩澤相麗，交相浸潤，互有滋益之象；故君子觀其象，而以朋友講習。朋友講習，互相益也；先儒謂，天下之可說，莫若〔註123〕朋友講習。朋友講習，固可說之大者，然當明相益之象。

初九：和兌，吉。

初雖陽爻，居說體而在最下，无所係應，是能卑下和順以爲說，而无所偏私者也。以和爲說而无所偏〔註124〕私，說之正也。陽剛則不卑，居下則能巽，處說則能和，无應則不偏。處說如是，所以吉也。

象曰：和兌之吉，行未疑也。

有求而和，則涉於邪諂。初隨時順處〔註125〕，心无所係，无所爲也，以和而已，是以吉也。《象》又以其處說，在下而非中正，故云「行未疑也」。其行未有可疑，謂未

〔註120〕一作「貞」。
〔註121〕一无「心」字。
〔註122〕一作「君人」。
〔註123〕《四庫》本作「如」。
〔註124〕一无「偏」字。
〔註125〕一作「處順」。

見其有失也。若得中正，則无是言也。說以中正爲本，爻直陳其義，《象》則推而盡之。

九二：孚兌，吉，悔亡。

二承比陰柔；陰柔，小人也，說之則當有悔。二，剛中之德，孚信內充；雖比小人，自守不失。君子和而不同，說而不失剛中，故吉而悔亡。非二之剛中，則有悔矣，以自守而亡也。

象曰：孚兌之吉，信志也。

心之所存爲志。二剛實居中，孚信存於中也。志存誠信，豈至說小人而自失乎？是以吉也。

六三：來兌，凶。

六三，陰柔不中正之人，說不以道者也。來兌，就之以求說也。比於在下之陽，枉己非道，就以求說，所以凶也。之內爲來；上下俱陽，而獨之內者，以同體而陰性〔註 126〕下也，失道下行也。

象曰：來兌之凶，位不當也。

自處不中正，无與而妄求說，所以凶也。

九四：商兌未寧，介疾有喜。

四上承中正之五，而下比柔邪之三，雖剛陽而處非正。三，陰柔，陽所說也，故不能決而商度。未寧，謂擬議；所從而未決，未能有定也。

兩間謂之介，分限也。地之界則加田，義乃同也。故人有節守，謂之介。若介然守正，而疾遠邪惡，則有喜也。

從五，正也。說三，邪也。四，近君之位，若剛介守正，疾遠邪惡，將得君以行道，福慶及物，爲有喜也。若四者，得失未有定，繫所從耳。

象曰：九四之喜，有慶也。

所謂喜者，若守正而君說之，則得行其剛陽之道，而福慶及物也。

九五：孚于剝，有厲。

〔註 126〕一作「性陰」

九五得尊位，而處中正，盡說道之善矣，而聖人復設有厲之戒。

蓋堯、舜之盛，未嘗无戒也，戒所當戒而已。雖聖賢在上，天下未嘗无小人；然不敢肆其惡也，聖人亦說其能勉而革面也。彼小人者，未嘗不知聖賢之可說也；如四凶，處堯朝，隱惡而順命是也。聖人非不知其終惡也，取其畏罪而強仁耳。五若誠心，信小人之假善爲實善，而不知其包藏，則危道也。小人者，備之不至，則害於善，聖人爲戒之意深矣。

剝者，消陽之名，陰，消陽者也，蓋指上六，故孚于剝則危也。以五在說之時，而密比於上六，故爲之戒。雖舜之聖，且畏巧言令色，安得不戒也？說之惑人，易入而可懼也如此。

象曰：孚于剝，位正當也。

戒孚于剝者，以五所處之位正當戒也。密比陰柔，有相說之道，故戒在信之也。

上六：引兌。

它卦，至極則變；兌爲說，極則愈說。上六，成說之主，居說之極，說不知已者也；故說既極矣，又引而長之。然而不至悔咎，何也？曰：「方言其說不知已，未見其所說善惡也；又下乘九五之中正，无所施其邪說。六三則承乘皆非正，是以有凶。」

象曰：上六引兌，未光也。

說既極矣，又引而長之，雖說之之心不已，而事理已過，實无所說。事之盛，則有光輝；既極而強引之長，其无意味甚矣，豈有光也？未，非必之辭。《象》中多用。非必能有光輝，謂不能光也。

䷺ 坎下巽上 **渙**

《序卦》：「兌者，說也。說而後散之，故受之以渙。」

說則舒散也。人之氣，憂則結聚，說則舒散；故說有散義，渙所以繼兌也。爲卦巽上坎下。風行於水上，水遇風則渙散，所以爲渙也。

渙：亨。王假有廟，利涉大川，利貞。

渙，離散也。人之離散，由乎中；人心離，則散矣。治乎散，亦本於〔註 127〕中；能〔註 128〕收合人心，則散可聚也。故卦之義，皆主於中。利貞，合渙散之道，在乎正固也。

渙，呼亂反。假，庚白反。

彖曰：渙亨。剛來而不窮，柔得位乎外而上同。

渙之能亨者，以卦才如是也。渙之成渙，由九來居二，六上居四也。剛陽之來，則不窮極於下，而處得其中；柔之往，則得正位於外，而上同於五之中。巽順於五，乃上同也。

四、五，君臣之位，當渙而比，其義相通；同五，乃從中也。當渙之時，而守其中，則不至於離散，故能亨也。

王假有廟，王乃在中也。

王假有廟之義，在萃卦詳矣。

天下離散之時，王者收合人心，至於有廟，乃是在其中也。在中，謂求得其中，攝其心之謂也。中者，心之象。剛來而不窮，柔得位而上同。卦才之義，皆主於中也。王者拯渙之道，在得其中而已。孟子曰：「得其民有道。得其心，斯得民矣。」

享帝立廟，民心所歸從也。歸人心之道，无大於此，故云「至于有廟」。拯渙之道極於此也。

利涉大川，乘木有功也。

治渙之道，當濟於險難，而卦有乘木涉〔註 129〕川之象。上巽，木也；下坎水，大川也：利涉險以濟〔註 130〕渙也。木在水上，乘木之象；乘木所以涉川也。涉則有濟渙之功。卦有是義，有是象也。

象曰：風行水上，渙；先王以享于帝，立廟。

風行水上，有渙散之象。先王觀是象，救天下之渙散，至于享帝立廟也。收合人心，无如宗廟。祭祀之報，出於其心；故享帝立廟，人心之所歸也。係人心、合

〔註 127〕一作「必由」。
〔註 128〕一有「利貞」字。
〔註 129〕《四庫》本作「濟」。
〔註 130〕底本作「齊」，應爲形譌，據《四庫》本更正。

〔註 131〕離散之道，无大於此。

初六：用拯馬壯，吉。

六居卦之初，渙之始也。始渙而拯之，又得馬壯，所以吉也。六爻獨初不云「渙」者，離散之勢，辨之宜早；方始而拯之，則不至於渙也。爲教深矣。

馬，人之所託也；託於壯馬，故能拯渙。馬，謂二也。二有剛中之才，初陰柔順，兩皆无應；无應，則親比相求。初之柔順，而託於剛中之才，以拯其渙；如得壯馬以致遠，必有濟矣，故吉也。渙拯於始，爲力則易，時之順也。

象曰：初六之吉，順也。

初之所以吉者，以其能順從剛中之才也。始渙而用拯，能順乎時也。

九二：渙奔其机，悔亡。

諸爻皆云「渙」，謂渙之時也。在渙離之時，而處險中，其有悔可知。若能奔就所安，則得悔亡也。

机者，俯憑以爲安者也。俯，就下也。奔，急往也。二與初雖非正應，而當渙離之時，兩皆无與，以陰陽親比相求，則相賴者也。故二目初爲机，初謂二爲馬；二急就於初以爲安，則能亡其悔矣。初雖坎體，而不在險中也。

或疑初之柔微，何足賴？蓋渙之時，合力爲〔註 132〕勝；先儒皆以五爲机，非也。方渙離之時，二陽豈能同也？若能同，則成濟渙之功，當大〔註 133〕，豈能〔註 134〕悔亡而已？机，謂俯就也。

机，音几。

象曰：渙奔其机，得願也。

渙散之時，以合爲安；二居險中，急親〔註 135〕於初，求安也。賴之如机，而亡其悔，乃得所願也。

六三：渙其躬，无悔。

〔註 131〕底本作「台」，應爲形譌，據《四庫》本更正。
〔註 132〕一作「而」。
〔註 133〕一有「吉」字。
〔註 134〕《四庫》本作「止」。
〔註 135〕《四庫》本作「就」。

三在渙時，獨有應與，无渙散之悔也。然以陰柔之質，不中正之才，上居无位之地，豈能拯時之渙而及人也？止於其身，可以无悔而已。上加「渙」字，在渙之時，躬，无渙之悔也。

象曰：渙其躬，志在外也。

志應於上，在外也；與上相應，故其身得免於渙而无悔。悔亡者，本有而得亡；无悔者，本无也。

六四：渙其群，元吉。渙有丘，匪夷所思。

渙，四、五二爻，義相須，故通言之，《彖》故曰「上同」也。

四，巽順而正，居大臣之位。五，剛中而正，居君位。君臣合力，剛柔相濟，以拯〔註136〕天下之渙者也。方渙散之時，用剛，則不能使之懷附；用柔，則不足爲之依歸。四以巽順之正道，輔剛中正之君；君臣同功，所以能濟渙也。天下渙散，而能〔註137〕使之群聚，可謂大善之吉也。

渙有丘，匪夷所思，贊美之辭也。丘，聚之大也；方渙散而能致其大聚，其功甚大，其事甚難，其用至妙。夷，平常也；非平常之見所能思及也。非大賢智，孰能如是？

象曰：渙其群，元吉，光大也。

稱「元吉」者，謂其功德光大也。元吉光大不在五，而在四者，二爻之義通言也。於四言其施用，於五言其成功，君臣之分也。

九五：渙汗其大號，渙王居，无咎。

五與四，君臣合德，以剛中正巽順之道治渙，得其道矣。唯在浹洽於人心，則順從也。當使號令洽〔註138〕於民心，如人身之汗，浹於四體，則信服而從矣。如是，則可以濟天下之渙，居王位，爲稱而无咎。

大號，大政令也，謂新民之大命，救渙之大政。再云「渙」者，上謂渙之時，下謂處渙如是，則无咎也。在四已言「元吉」，五唯言稱其位也。

渙之四、五通言者，渙以離散爲害，拯之使合也；非君臣同功合力，其能濟乎？爻

〔註136〕底本作「極」，應爲形譌，據《四庫》本更正。

〔註137〕一无「能」字。

〔註138〕一作「浹」。

義相須，時之宜也已〔註 139〕。

汗，五旦反。

象曰：王居无咎，正位也。

王居，謂正位，人君之尊位也。能如五之爲，則居尊位爲稱而无咎也。

上九：渙其血去逖出，无咎。

渙之諸爻，皆无係應，亦渙離之象。唯上應於三，三居險陷之極，上若下從於彼，則不能出於渙也。險，有傷害、畏懼之象，故云「血惕」。

然九以陽剛處渙之外，有出渙之象。又居巽之極，爲能巽順於事理，故云：「若能使其血去，其惕出，則无咎也。」其者，所有也。渙之時，以能合爲功；獨九居渙之極，有係而臨險，故以能出渙遠害爲善也。

去，羌呂反。逖，湯歷反。

象曰：渙其血，遠害也。

若如《象》文，爲「渙其血」，乃與「屯其膏」同也；義則不然。蓋血字下脫「去」字。血去惕出，謂能遠害則无咎也。

䷻ 兌下坎上 **節**

《序卦》：「渙者，離也。物不可以終離，故受之以節。」

物既離散，則當節止之，節所以次渙也。爲卦澤上有水。澤之容有限，澤上置水，滿則不容，爲有節之象，故爲節。

節：亨。苦節，不可貞。

事既有節，則能致亨通，故節有亨義。節貴適中，過則苦矣。節至於苦，豈能常也？不可固守以爲常，不可貞也。

彖曰：節亨，剛柔分，而剛得中。

節之道，自有亨義，事有節則能亨也。又：卦之才，剛柔分處，剛得中而不過，亦

〔註 139〕《四庫》本無「已」字。一作「而已」。

所以爲節，所以能亨也。

苦節不可貞，其道窮也。

節至於極而苦，則不可堅固常守，其道已窮極也。

說以行險，當位以節，中正以通。

以卦才言也。內兌外坎，說以行險也。人於〔註 140〕所說，則不知已，遇艱險則思止。方說而止，爲節之義。

當位以節：五居尊，當位也；在澤上，有節也。當位而以節，主節者也。處得中正，節而能通也。中正則通，過則苦矣。

天地節而四時成。節以制度，不傷財，不害民。

推言節之道。天地有節，故能成四時，无節則失序也。聖人立制度以爲節，故能不傷財害民。人欲之无窮也，苟非節以制度，則侈肆至於傷財害民矣。

象曰：澤上有水，節；君子以制數度，議德行。

澤之容水有限，過則盈溢，是有節，故爲節也。君子觀節之象，以制立數度。凡物之大小、輕重、高下、文質，皆有數度，所以爲節也。

數，多寡。度，法制。議德行者，存諸中爲德，發於外爲行。人之德行，當義則中節。議，謂商度，求中節也

行，下孟反。

初九：不出戶庭，无咎。

戶庭，戶外之庭；門庭，門內〔註 141〕之庭。初以陽在下，上復有應，非能節者也。又當節之初，故〔註 142〕戒之謹守，至於不出戶庭，則无咎也。初能固守，終或渝之；不謹於初，安能有卒？故於節之初，爲戒甚嚴也。

象曰：不出戶庭，知通塞也。

爻辭於節之初，戒之謹守，故云：「不出戶庭，則无咎也。」《象》恐人之泥於言也，故復明之云：「雖當謹守，不出戶庭，又必知時之通塞也。」通則行，塞則止；義當

〔註 140〕一作「之」。
〔註 141〕一作「外」。
〔註 142〕一无「故」字。

出則出矣。尾生之信〔註 143〕，水至不去，不知通塞也。故君子貞而不諒。

《繫辭》所解，獨以言者，在人所節，唯言與行。節於言，則行可知，言當在先也。

九二：不出門庭，凶。

二雖剛中之質，然處陰居說而承柔。處陰，不正也；居說，失剛也；承柔，近邪也。節之道，當以剛中正，二失其剛中之德，與九五剛中正異矣。

不出門庭，不之於外也，謂不從於五也。二、五非陰陽正應，故不相從。若以剛中之道相合，則可以成節之功；唯其失德失時，是以凶也。不合於五，乃不正之節也。以剛中正爲節，如懲忿窒慾，損過抑有餘〔註 144〕是也。不正之節，如嗇節於用，懦節於行是也。

象曰：不出門庭，凶，失時極也。

不能上從九五剛中正之道，成節之功，乃係於私暱之陰柔，是失時之至極，所以凶也。失時，失其所宜也。

六三：不節若，則嗟若，无咎。

六三不中正，乘剛而臨險，固宜有咎。然柔順而和說，若能自節而順於義，則可以无過；不然，則凶咎必至，可傷嗟也，故「不節若，則嗟若」。己所自致，无所歸咎也。

象曰：不節之嗟，又誰咎也。

節則可以免〔註 145〕過，而不能自節，以致可嗟，將誰咎乎？

六四：安節，亨。

四，順承九五剛中正之道，是以中正爲節也。以陰居陰，安於正也。當位，爲有節之象，下應於初。四，坎體，水也。水上溢爲无節，就下，有節也。如四之義，非強節之，安於節者也，故能致亨。節以安爲善，強守而不安，則不能常，豈能亨也？

象曰：安節之亨，承上道也。

四能安節之義非一，《象》獨舉其重者。上承九五剛中正之道以爲節，足以亨矣〔註 146〕，

〔註 143〕一无「信」字。
〔註 144〕一作「益不及」。
〔註 145〕一作「无」。
〔註 146〕一作「是以亨也」。

餘善亦不出於中正也。

九五：甘節，吉，往有尚。

九五剛中正，居尊位，爲節之主，所謂「當位以節，中正以通」者也。在己則安，行天下則說從，節之甘美者也，其吉可知。以此而行，其功大矣，故往則有可嘉尙也。

象曰：甘節之吉，居位中也。

既居尊位，又得中道，所以吉而有功。節以中爲貴，得中則正矣；正，不能盡中也。

上六：苦節，貞凶，悔亡。

上六居節之極，節之苦者也。居險之極，亦爲苦義，固守則凶，悔則凶亡。悔，損過從中之謂也。節之悔亡，與他卦之悔亡，辭同而義異也。

象曰：苦節貞凶，其道窮也。

節既苦，而貞固守之則凶；蓋節之道，至於窮極矣。

䷼ 兌下巽上 中孚

《序卦》：「節而信之，故受之以中孚。」

節者，爲之制節，使不得過越也。信而後能行，上能信守之，下則信從之，節而信之也，中孚所以次節也。爲卦澤上有風。

風行澤上，而感于水中，爲中孚之象。感，謂感而動也。內外皆實而中虛，爲中孚之象。又：二、五皆陽〔註147〕，中實亦爲孚義。在二體則中實，在全體則中虛。中虛，信之本；中實，信之質。

中孚：豚魚，吉，利涉大川，利貞。

豚躁、魚冥，物之難感者也，孚信能感於豚魚，則无不至矣，所以吉也。忠信可以蹈水火，況涉川乎？守信之道，在乎堅正，故利於貞也。

孚，芳夫反。豚，徒尊反。

彖曰：中孚，柔在內而剛得中。

〔註147〕一有「而」字。

二柔在內，中虛，爲誠之象。二剛得上下體之中，中實，爲孚之象，卦所以爲中孚也。

說而巽，孚乃化邦也。

以二體言卦之用也。上巽下兌〔註 148〕，爲上至誠以順巽於下，下有孚以說從其上。如是，其孚乃能化於邦國也。若人不說從，或違拂事理，豈能化天下乎？

說，音悅；下同。

豚魚吉，信及豚魚也。

信能及於豚魚，言〔註 149〕道至矣，所以吉也。

利涉大川，乘木舟虛也。

以中孚〔註 150〕涉〔註 151〕險難，其利如乘木濟川，而以虛舟也。舟虛〔註 152〕，則无沉覆之患〔註 153〕。卦虛中，爲虛舟之象。

中孚以利貞，乃應乎天也。

中孚而貞，則應乎天矣。天之道，孚貞而已。

象曰：澤上有風，中孚；君子以議獄緩死。

澤上有風，感於澤中。水體虛，故風能入之。人心虛，故物能感之。風之動乎澤，猶物之感于中，故爲中孚之象。

君子觀其象，以議獄與緩死。君子之於議獄，盡其忠而已；於決死，極於惻而已，故誠意常求於緩。緩，寬也。於天下之事，无所不盡其忠，而議獄緩死，最其大者也。

初九：虞吉，有它不燕。

九當中孚之初，故戒在審其所信。虞，度也，度其可信而後從也。雖有至信，若〔註 154〕不得其所，則有悔咎，故虞度而後信，則吉也。

既得所信，則當誠一；若有它，則不得其燕安矣。燕，安裕也。有它，志不定也。

〔註 148〕《四庫》本作「說」。
〔註 149〕《四庫》本作「信」。
〔註 150〕一作「虛」。
〔註 151〕底本作「步」。《象》言「利涉大川」，以「涉」爲是，依《四庫》本更正。
〔註 152〕一有「中」字。
〔註 153〕一无「之患」二字。
〔註 154〕《四庫》本作「苦」。

人志不定，則惑而不安。初與四爲正應；四，巽體而居正，无不善也。爻以謀始之義大，故不取相應之義；若用應，則非虞也。

燕，音薦。

象曰：初九虞吉，志未變也。

當信之始，志〔註155〕未有所從，而虞度所信，則得其正，是以吉也。蓋其志未有變動；志有所從，則是變動，虞之不得其正矣。在初，言求所信之道也。

九二：鳴鶴在陰，其子和之；我有好爵，吾與爾靡之。

二，剛實於〔註156〕中，孚之至者也，孚至則能感通。鶴鳴於幽隱之處，不聞也；而其子相應和，中心之願相通也。

好爵我有，而彼亦係慕，說好爵之意同也。

有孚於中，物无不應，誠同故也。至誠，无遠近幽深之間，故《繫辭》云：「善，則千里之外應之；不善，則千里〔註157〕違之。」言誠通也。至誠感通之理，知道者，爲能識之。

和，胡臥反。靡，亡池反。

象曰：其子和之，中心願也。

中心願，謂誠意所願也，故通而相應。

六三：得敵，或鼓或罷，或泣或歌。

敵，對敵也，謂所交孚者，正應上九是也。三、四皆以虛中爲成孚之主，然所處則異。四得位居正，故亡匹以從上。三不中，失正，故得敵以累志〔註158〕。以柔說之質，既有所係，唯所信是從。或鼓張、或罷廢、或悲泣、或歌樂，動息憂樂，皆係乎所信也。唯係所信，故未知吉凶；然非明達君子之所爲也。

罷，音皮。

象曰：或鼓或罷，位不當也。

〔註155〕一无「志」字。

〔註156〕《四庫》本無「於」字。

〔註157〕《四庫》本有「之外」二字。

〔註158〕一作「心」。

居不當位，故无所主，唯所信是從。所處得正，則所信有方矣。

六四：月幾望，馬匹亡，无咎。

四爲成孚之主，居近君之位，處得其正，而上信之至〔註 159〕，當孚之任者也。如月之幾望，盛之至也。已望則敵矣；臣而敵君，禍敗必至，故以幾望爲至盛。

馬匹亡：四與初爲正應，匹也。古者，駕車用四馬，不能備純色，則兩服兩驂，各一色。又小大必相稱，故兩馬爲匹，謂對也。馬者，行物也。初上應四，而四亦進從五，皆上行，故以馬爲象。

孚道在一，四既從五，若復下係於初，則不一而害於孚，爲有咎矣，故馬匹亡則无咎也。上從五而不係於初，是亡其匹也。係初則不進，不能成孚之功也。

幾，音機。

象曰：馬匹亡，絕類上也。

絕其類而上從五也。類，謂〔註 160〕應也。

上，時掌反。

九五：有孚攣如，无咎。

五居君位。人君之道，當以至誠感通天下，使天下之心信之，固結如拘攣然，則爲无咎也。人君之孚，不能使天下固結如是，則億兆之心，安能保其不離乎？

攣，力圓反。

象曰：有孚攣如，位正當也。

五居君位之尊，由中正之道，能使天下信之，如拘攣之固，乃稱其位。人君之道，當如是也。

上九：翰音登于天，貞凶。

翰音者，音飛而實不從。處信之終，信終則衰；忠篤內喪，華美外颺，故云「翰音登天」，正亦滅矣。陽性上進，風體飛颺；九居中孚之時，處於最上，孚於上進而不知止者也。其極至於羽翰之音，登聞于天，貞固於此，而不知變，凶可知矣。夫子曰：「好信不好學，其蔽也賊。」固守而不通之謂也。

〔註 159〕一作「位」。
〔註 160〕一作「相」。

翰，胡旦反。

象曰：翰音登于天，何可長也？
守孚至於窮極，而不知變，豈可長久也？固守而〔註161〕不通，如是則凶也。

䷽ 艮下震上 小過

《序卦》:「有其信者，必行之，故受之以小過。」

人之所信則必行，行則過也，小過所以繼中孚也。爲卦山上有雷。雷震於高，其聲過常，故爲小過。

又：陰居尊位，陽失位而不中，小者過其常也。蓋爲小者過，又爲小事過，又爲過之小。

小過：亨，利貞。
過者，過其常也；若矯枉而過正，過所以就正也。事，有時而當然有待過而後能亨者，故小過自有亨義。

利貞者，過之道，利於貞也；不失時宜之謂正。

過，古臥反。

可小事，不可大事。飛鳥遺之音，不宜上，宜下，大吉。
過，所以求就中也；所過者，小事也。事之大者，豈可過也？於大過論之詳矣。

飛鳥遺之音，謂過之不遠也。不宜上，宜下，謂宜順也。順則大吉，過以就之，蓋順理也。過而順理，其吉必大。

彖曰：小過，小者過而亨也。
陽大陰小。陰得位，剛失位而不中，是小者過也，故爲小事過，過之小。小者與小事，有時而當過，過之亦小，故爲小過。事固有待過而後能亨者，過之所以能〔註162〕亨也。

過以利貞，與時行也。

〔註161〕一无「而」字。
〔註162〕一作「求」。

過而利於貞，謂與時行也。時當過而過，乃非過也，時之宜也，乃所謂正也。

柔得中，是以小事吉也。剛失位而不中，是以不可大事也。有飛鳥之象焉。

小過之道，於小事有過則吉者，而《彖》以卦才言吉義。

柔得中，二、五居中也。陰柔得位，能致小事吉耳，不能濟大事也。剛失位而不中，是以不可大事；大事，非剛陽之才不能濟。三不中，四失位，是以不可大事。小過之時，自不可大事；而卦才又不堪大事，與時合也。

有飛鳥之象焉：此一句不類《彖》體，蓋解者之辭，誤入《彖》中。中剛〔註 163〕外柔，飛鳥之象。卦有此象，故就飛鳥爲義。

飛鳥遺之音，不宜上，宜下，大吉，上逆而下順也。

事有時而過當，所以從宜，然豈可甚過也？如過恭、過哀、過儉，大過則不可，所以在小過也。所過當如飛鳥之遺音。鳥飛迅疾，聲出而身已過，然豈能相遠也？事之當過者，亦如是。身不能甚遠於聲，事不可〔註 164〕遠過其常，在得宜耳。

不宜上，宜下，更就鳥音取宜順之義。過之道，當如飛鳥之遺音。夫聲逆而上則難，順而下則易，故在高則大。山上有雷，所以爲過也。過之道，順行則吉，如飛鳥之遺音宜順也；所以過者，爲順乎宜也。能順乎宜，所以大吉。

象曰：山上有雷，小過；君子以行過乎恭，喪過乎哀，用過乎儉。

雷震於山上，其聲過常，故爲小過。天下之事，有時當過，而不可過甚，故爲小過。君子觀小過之象，事之宜過者，則勉之；行過乎恭，喪過乎哀，用過乎儉是也。當過而過，乃其宜也。不當過而過，則過矣。

行，下孟反。

初六：飛鳥以凶。

初六，陰柔在下，小人之象。又上應於四，四復動體。小人躁易，而上有應助，於所當過，必至過甚，況不當過而過乎？其過如飛鳥之迅疾，所以凶也。躁疾如是〔註 165〕，所以過之速且遠，救止莫及也。

〔註 163〕一作「貴」。
〔註 164〕一作「能」。
〔註 165〕一有「則」字。

象曰：飛鳥以凶，不可如何也。

其過之疾，如飛鳥之迅，豈容救止也？凶其宜矣。不可如何，无所用其力也。

六二：過其祖，遇其妣；不及其君，遇其臣，无咎。

陽之在上者，父之象。尊於父者，祖之象。四在三上，故爲祖。二與五居相應之地，同有柔中之德，志不從於三、四；故過四而遇五，是過其祖也。五陰而尊，祖妣之象，與二同德相應。在它卦，則陰陽相求。過之時，必過其常，故異也。无所不過，故二從五，亦戒其過。

不及其君，遇其臣，謂上進而不陵及於君，適當臣道，則无咎也。遇，當也。過臣之分，則其咎可知。

妣，必履反。

象曰：不及其君，臣不可過也。

過之時，事无不過其常，故於上進，則戒及其〔註 166〕君。臣不可過，不可過〔註 167〕臣之分也。

九三：弗過防之，從或戕之，凶。

小過，陰過陽，失位之時，三獨居正；然在下，无所能爲，而爲陰所忌惡，故有〔註 168〕當過者，在過防於小人。若弗過防之，則或從而戕害之矣，如是則凶也。三於陰過之時，以陽居剛，過於剛也。既戒之過防，則過剛亦在所戒矣。防小人之道，正己爲先。三不失正，故无必凶之義，能過防則免矣。三居下之上，居上爲下，皆如是也。

戕，在良反。

象曰：從或戕之，凶如何也！

陰過之時，必害於陽；小人道盛，必害君子，當過爲之防。防之不至，則爲其所戕矣，故曰「凶如何也」，言其甚也。

九四：无咎。弗過遇之，往厲必戒，勿用永貞。

四當小過之時，以剛處柔，剛不過也，是以无咎。既弗過，則合其宜矣，故云「遇之」，謂得其道也。若往則有危，必當戒懼也。往，去柔而以剛進也。

〔註 166〕一作「其及」。
〔註 167〕《四庫》本無「不可過」三字。
〔註 168〕一作「所」。

勿用永貞：陽性堅剛，故戒以隨宜，不可固守也。方陰過之時，陽剛失位，則君子當隨時順處，不可固守其常也。四居高位，而无上下之交，雖比五應初，方陰過之時，彼豈肯從陽也？故往則有厲。

象曰：弗過遇之，位不當也；往厲必戒，終不可長也。

位不當，謂處柔。九四當過之時，不過剛而反居柔，乃得其宜，故曰「遇之」，遇其宜也。以〔註 169〕九居四，位不當也。居柔，乃遇其宜也。當陰過之時，陽退縮自保，足矣，終豈能長而盛也？故往則有危，必當戒也。

長，上聲。作平聲，則大失《易》意。以夬與剝觀之，可見與夬之《象》，文同而音異也。

六五：密雲不雨，自我西郊，公弋取彼在穴。

五以陰柔居尊位，雖欲過爲，豈能成功？如密雲而不能成雨。所以不能成雨，自西郊故也。陰不能成雨，小畜卦中已解。

公弋取彼在穴：弋，射取之也。射止是射，弋有取義。穴，山中之空；中虛，乃空也。在穴，指六二也。五與二本非相應，乃弋而取之。五當位，故云「公」，謂公上也。同類相取，雖得之，兩陰豈能濟大事乎？猶密雲之不能成雨也。

弋，餘職反。

象曰：密雲不雨，已上也。

陽降陰升，合則和而成雨。陰已在上，雲雖密，豈能成雨乎？陰過，不能成大之義也。

上六：弗遇過之，飛鳥離之，凶，是謂災眚。

六，陰而動體，處過之極，不與理遇，動皆過之；其違理過常，如飛鳥之迅速，所以凶也。離，過之遠也。是謂災眚，是當有災眚也。災者，天殃；眚者，人爲。既過之極，豈唯人眚，天災亦至，其凶可知。天理、人事皆然也。

象曰：弗遇過之，已亢也。

居過之終，弗遇於理而過之，過已亢極，其凶宜也〔註 170〕。

〔註 169〕一无「以」字。
〔註 170〕一作「矣」。

䷾ 離下坎上 既濟

《序卦》:「有過物者，必濟，故受之以既濟。」

能過於物，必可以濟，故小過之後，受之以既濟也。爲卦水在火上。水火相交，則爲用矣；各當其用，故爲既濟，天下萬事已濟之時也。

既濟：亨小，利貞；初吉，終亂。

既濟之時，大者既已亨矣，小者尚有〔註 171〕亨也。雖既濟之時，不能无小未亨也。「小」字在下，語當然也。若言小亨，則爲亨之小也。

利貞，處既濟之時〔註 172〕，利在貞固以守之也。初吉，方濟之時也。終亂，濟極則反也。

濟，節計反。

彖曰：既濟，亨，小者亨也。利貞，剛柔正而位當也。

既濟之時，大者固〔註 173〕已亨矣，唯有小者〔註 174〕亨也。時既濟矣，固宜貞固以守之。卦才剛柔正當其位，當位者，其常也，乃正固之義，利於如是之貞〔註 175〕也。陰陽各得正位，所以爲既濟也。

初吉，柔得中也。

二以柔順文明而得中，故能成既濟之功。二居下體，方濟之初也；而又善處，是以吉也。

終止則亂，其道窮也。

天下之事，不進則退，无一定之理。濟之終，不進而止矣。无常止也，衰亂至矣，蓋其道已窮極也。九五之才，非不善也，時極道窮，理當必變也，聖人至此奈何？曰〔註 176〕：「唯聖人爲能通其變於未窮，不使至於極也，堯、舜是也，故有終而无亂。」

〔註 171〕一有「未」字。底本「未」作「末」，形譌，據《註評》本、《二程集》更正。
〔註 172〕一无「之時」字。
〔註 173〕一无「固」字。
〔註 174〕一有「未」字。
〔註 175〕一有「正」字。
〔註 176〕一无「曰」字。

象曰：水在火上，既濟；君子以思患而豫防之。

水火既交，各得其用，爲既濟。時當既濟，唯慮患害之生，故思患〔註 177〕豫防，使不至於患也。自古天下既濟而致禍亂者，蓋不能思患而豫防也　。

初九：曳其輪，濡其尾，无咎。

初以陽居下，上應於四；又火體，其進之志鋭也。然時既濟矣，進不已則及於悔咎〔註 178〕，故曳其輪，濡其尾，乃得无咎。輪所以行，倒曳之，使不進也。獸之涉水，必揭其尾；濡其尾，則不能濟。方既濟之初，能止其進，乃得无咎；不知已，則至於咎也。

曳，以制反。濡，音儒。

象曰：曳其輪，義无咎也。

既濟之初，而能止其進，則不至於極，其義自无咎也。

六二：婦喪其茀，勿逐，七日得。

二以文明中正之德，上應九五剛陽中正之君，宜得行其志也。然五既得尊位，時已既濟，无復進而有爲矣，則於在下賢才，豈有求用之意？故二不得遂其行也。

自古既濟而能用人者，鮮矣！以唐太宗之用言，尚怠於終，況其下者乎？於斯時也，則剛中反爲中滿，坎離乃爲相戾矣。人能識時知變，則可以言《易》矣。

二，陰也，故以婦言。茀，婦人出門以自蔽者也；喪其茀，則不可行矣。二不爲五之求用，則不得行，如婦之喪茀也。然中正之道，豈可廢也？時過則行矣。

逐者，從物也。從物則失其素守，故戒勿逐。自守不失，則七日當復得也。卦有六位，七則變矣。七日得，謂時變也。雖不爲上所用，中正之道，无終廢之理。不得行於今，必行於異時也。聖人之〔註 179〕勸戒深矣。

喪，息浪反。茀，方拂反。

象曰：七日得，以中道也。

中正之道，雖不爲時所用，然无終不行之理，故喪茀，七日當復得；謂自守其中，異時必行也。不失其中，則正矣。

〔註 177〕《四庫》本作「而」。
〔註 178〕一作「吝」。
〔註 179〕一有「爲」字。

九三：高宗伐鬼方，三年克之，小人勿用。

九三當既濟之時，以剛居剛，用剛之至也。既濟而用剛如是，乃高宗伐鬼方之事。高宗，必商之高宗；天下之事既濟，而遠伐暴亂也。威武可及，而以救民為心，乃王者之事也，唯聖賢之君則可；若騁威武，忿不服，貪土地，則殘民肆欲也，故戒不可用小人。小人為之，則以貪忿私意也；非貪忿，則莫肯為也。

三年克之，見其勞憊之甚。聖人因九三當既濟而用剛，發此義以示人，為法為誡，豈淺見所能及也？

象曰：三年克之，憊也。

言憊，以見其事之至難，在高宗為之則可；无高宗之心，則貪忿以殃〔註 180〕民也。

憊，備拜反。

六四：繻有衣袽，終日戒。

四在濟卦而水體，故取舟為義。

四，近君之位，當其任者也。當既濟之時，以防患慮變為急。繻，當作濡，謂滲漏也。舟有罅漏，則塞以衣袽。有衣袽以備濡漏，又終日戒懼不怠，慮患當如是也。不言吉，方免於患也。既濟之時，免患則足矣，豈復有加也？

繻，而朱反。袽，女居反。

象曰：終日戒，有所疑也。

終日戒懼，常疑患之將至也。處既濟之時，當畏慎如是也。

九五：東鄰殺牛，不如西鄰之禴祭，實受其福。

五，中實，孚也；二，虛中，誠也。故皆取祭祀為義。

東鄰，陽也，謂五；西鄰，陰也，謂二。殺牛，盛祭也；禴，薄祭也。盛不如薄者，時不同也。二、五皆有孚誠中正之德。二在濟下，尚有進也，故受福。五處濟極，无所進矣，以至誠中正守之，苟未至於反耳，理，无極而終不反者也。已至於極，雖善處，无如之何矣，故《爻象》唯言其時也。

禴，羊略反。

〔註 180〕一作「殘」

象曰：東鄰殺牛，不如西鄰之時也；實受其福，吉大來也。

五之才德非不善，不如二之時也。二在下，有進之時，故中正而孚，則其吉大來，所謂受福也。吉大來者，在既濟之時為大來也，「亨小」、「初吉」是也。

上六：濡其首，厲。

既濟之極，固不安而危也；又陰柔處之，而在險體之上。坎為水，濟亦取水義，故言其窮，至於濡首，危可知也。既濟之終，而小人處之，其敗壞可立而待也。

象曰：濡其首厲，何可久也？

既濟之窮，危至於濡首，其能長久乎？

䷿ 坎下 離上 **未濟**

《序卦》：「物不可窮也，故受之以未濟終焉。」

既濟矣，物之窮也；物窮而不變，則无不已之理。易者，變易而不窮也，故既濟之後，受之以未濟而終焉。未濟則未窮也，未窮則有生生之義。為卦離上坎下。火在水上，不相為用，故為未濟。

未濟：亨。小狐汔濟，濡其尾，无攸利。

未濟之時，有亨之理；而卦才復有致亨之道，唯在慎處。

狐能渡水，濡尾則不能濟。其老者多疑畏，故履冰而聽，懼其陷也。小者則未能畏慎，故勇於濟。

汔，當為仡，壯勇之狀。《書》曰：「仡仡勇夫。」小狐果於濟，則濡其尾而不能濟也。未濟之時，求濟之道，當至慎則能亨，若如小狐之果，則不能濟也；既不能濟，无所利矣。

汔，許訖反。

彖曰：未濟，亨，柔得中也。

以卦才言也。所以能亨者，以柔得中也。五以柔居尊位，居剛而應剛，得柔之中也。剛柔得中，處未濟之時，可以亨也。

小狐汔濟，未出中也。

據二而言也。二以剛陽居險中，將濟者也。又上應於五險，非可安之地。五有當從之理，故果於濟，如小狐也。既果於濟，故有濡尾之患，未能出於險中也。

濡其尾，无攸利，不續終也。

其進銳者，其退速。雖〔註 181〕勇於濟，不能繼續而終之，无所往而利也。

雖不當位，剛柔應也。

雖陰陽不當位，然剛柔皆相應。當未濟而有與，若能重慎，則有可濟之理。二以汔濟，故濡尾也。卦之諸爻，皆不得位，故爲未濟。《雜卦》云：「未濟，男之窮也。」謂三陽皆失位也。斯義也，聞之成都隱者。

象曰：火在水上，未濟；君子以慎辨物居方。

水火不交，不相濟爲用，故爲未濟。火在水上，非其處也；君子觀其處不當之象，以慎處於事物，辨其所當，各居其方，謂止於其所也。

初六：濡其尾，吝。

六以陰柔在下，處險而應四。處險，則不安其居；有應，則志行於上。然己既陰柔，而〔註 182〕四非中正之才，不能援之以濟也。獸之濟水，必揭其尾，尾濡則不能濟。濡其尾，言不能濟也。不度其才力而進，終未〔註 183〕能濟，可羞吝也。

象曰：濡其尾，亦不知極也。

不度其才力而進，至於濡尾，是不知之極也。

九二：曳其輪，貞吉。

在它卦，九居二，爲居柔得中，无過剛之義也。於未濟，聖人深取卦象以爲戒，明事上恭順之道。

未濟者，君道艱難之時也。五以柔處君位，而二乃剛陽之才，而居相應之地，當用者也。剛有陵柔之義，水有勝火之象。方艱難之時，所賴者才臣耳，尤當盡恭順之道，故戒曳其輪，則得正而吉也。

〔註 181〕《四庫》本作「始雖」字。
〔註 182〕一无「而」字。
〔註 183〕《二程集》作「不」。

倒曳其輪，殺其勢，緩其進，戒用剛之過也；剛過，則好犯上〔註 184〕而順不足。唐之郭子儀、李晟，當艱危未濟之時，能極其恭順，所以爲得正，而能保其終吉也。

於六五，則言其貞吉光輝，盡君道之善。於九二，則戒其恭順，盡臣道之正，盡上下之道也。

象曰：九二貞吉，中以行正也。

九二得正而吉者，以曳輪而得中道，乃正也。

六三：未濟，征凶，利涉大川。

未濟征凶，謂居險，无出險之用而行，則凶也。必出險而後可征。

三以陰柔不中正之才而居險，不足以濟；未有可濟之道、出險之用而征，所以凶也。然未濟，有可濟之道；險，終有出險之理。上有剛陽之應，若能涉險而往從之，則濟矣，故利涉大川也。然三之陰柔，豈能出險而往？非時不可，才不能也。

象曰：未濟征凶，位不當也。

三征則凶者，以位不當也；謂陰柔不中正，无濟險之才也。若能涉險〔註 185〕以從應，則利矣。

九四：貞吉，悔亡。震用伐鬼方，三年有賞于大國。

九四陽剛，居大臣之位。上有虛中明順之主，又已出於險，未濟已過中矣，有可濟之道也。濟天下之艱難，非剛健之才不能也。九雖陽而居四，故戒以貞固則吉而悔亡。不貞則不能濟，有悔者〔註 186〕也。

震，動之極也。古之人，用力之甚者，伐鬼方也，故以爲義。力勤而遠伐，至于三年，然後成功，而行大國之賞。必如是，乃能濟也。濟天下之道，當貞固如是。四居柔，故設此戒。

象曰：貞吉悔亡，志行也。

如四之才，與時合而加以貞固，則能行其志，吉而悔亡。鬼方之伐，貞之至也。

六五：貞吉，无悔。君子之光，有孚，吉。

〔註 184〕一无「上」字。
〔註 185〕一无「險」字。
〔註 186〕一无「者」字。

五，文明之主，居剛而應剛。其處得中，虛其心，而陽爲之輔；雖以柔居尊，處之至正至善，无不足也。既得貞正，故吉而无悔。貞其固有，非戒也。以此而濟，无不濟也。

五，文明之主，故稱其光。君子德輝之盛，而功實稱之，有孚也。上云「吉」，以貞也；柔而能貞，德之吉也。下云「吉」，以功也；既光而有孚，時可濟也。

象曰：君子之光，其暉吉也。

光盛則有暉；暉，光之散也。君子積充而光盛，至於有暉，善之至也，故重云「吉」。

暉〔註 187〕，許歸反。

上九：有孚于飲酒，无咎。濡其首，有孚失是。

九以剛在上，剛之極也；居明之上，明之極也。剛極而能明，則不爲躁而爲決。明能燭理，剛能斷義。

居未濟之極，非得濟之位，无可濟之理，則當樂天順命而已。若否終則有傾，時之變也。未濟則无極而自濟之理，故止爲未濟之極。至誠安於義命而自樂，則可无咎。飲酒，自樂也。不樂其處，則忿躁隕穫，入于凶咎矣。若從樂而耽肆過禮，至濡其首，.亦非能安其處也。

有孚，自信于中也。失是，失其宜也。如是，則於有孚爲失也。人之處患難，知其无可奈何，而放意不反者，豈安於義命者哉？

象曰：飲酒濡首，亦不知節也。

飲酒至於濡首，不知節之甚也。所以至如是，不能安義命也；能安，則不失其常矣。

《周易》下經　卷第六終

〔註 187〕底本作「揮」，形譌，據《象》文更正。

附錄一　《宋史・程頤傳》

程頤，字正叔。年十八，上書闕下，欲天子黜世俗之論，以王道爲心。游太學，見胡瑗問諸生以顏子所好何學，頤因答曰：

學以至聖人之道也。聖人可學而至歟？曰：然。學之道如何？曰：天地儲精，得五行之秀者爲人，其本也眞而靜；其未發也，五性具焉，曰仁、義、禮、智、信。形既生矣，外物觸其形而動其中矣。其中動而七情出焉，曰喜、怒、哀、樂、愛、惡、欲。情既熾而益蕩，其性鑿矣。是故覺者約其情，使合於中；正其心，養其性。愚者則不知制之，縱其情而至於邪僻，梏其性而亡之。

然學之道，必先明諸心，知所養，然後力行以求至，所謂「自明而誠」也。誠之之道，在乎信道篤。信道篤，則行之果；行之果，則守之固。仁義忠信不離乎心，造次必於是，顚沛必於是，出處語默必於是。久而弗失，則居之安，動容周旋中禮，而邪僻之心無自生矣。

故顏子所事，則曰：「非禮勿視，非禮勿聽，非禮勿言，非禮勿動。」仲尼稱之，則曰：「得一善，則拳拳服膺而弗失之矣。」又曰：「不遷怒，不貳過。」有不善，未嘗不知，知之未嘗復行。此其好之篤，學之得其道也。然聖人則不思而得，不勉而中；顏子則必思而後得，必勉而後中。其與聖人相去一息，所未至者守之也，非化之也。以其好學之心，假之以年，則不日而化矣。

後人不達，以謂聖本生知，非學可至，而爲學之道遂失。不求諸己，而求諸外，以博聞強記、巧文麗辭爲工，榮華其言，鮮有至於道者。則今之學，與顏子所好異矣。

瑗得其文，大驚異之，即延見，處以學職。呂希哲首以師禮事頤。

治平、元豐間，大臣屢薦，皆不起。哲宗初，司馬光、呂公著共疏其行義曰：「伏見河南府處士程頤，力學好古，安貧守節，言必忠信，動遵禮法。年逾五十，不求仕進，眞儒者之高蹈，聖世之逸民。望擢以不次，使士類有所矜式。」詔以爲西京國子監教授，力辭。

尋召爲秘書省校書郎。既入見，擢崇政殿說書。即上疏言：「習與智長，化與心成。今夫人民善教其子弟者，亦必延名德之士，使與之處，以薰陶成性。況陛下春秋之富，雖睿聖得於天資，而輔養之道不可不至。大率一日之中，接賢士大夫之時多，親寺人宮女之時少，則氣質變化，自然而成。願選名儒入侍勸講，講罷留之分直，以備訪問。或有小失，隨事獻規，歲月積久，必能養成聖德。」頤每進講，色甚莊，繼以諷諫。聞帝在宮中盥而避蟻，問：「有是乎？」曰：「然，誠恐傷之爾。」頤曰：「推此心以及四海，帝王之要道也。」

神宗喪未除，冬至，百官表賀，頤言：「節序變遷，時思方切，乞改賀爲慰。」既除喪，有司請開樂置宴，頤又言：「除喪而用吉禮，尚當因事張樂，今特設宴，是喜之也。」皆從之。帝嘗以瘡疹不御邇英累日，頤詣宰相問安否，且曰：「上不御殿，太后不當獨坐。且人主有疾，大臣可不知乎？」翌日，宰相以下始奏請問疾。

蘇軾不悅於頤，頤門人賈易、朱光庭不能平，合攻軾。胡宗愈、顧臨詆頤不宜用，孔文仲極論之，遂出管勾西京國子監。久之，加直秘閣，再上表辭。董敦逸復摭其有怨望語，去官。紹聖中，削籍竄涪州。李清臣、尹洛，即日迫遣之，欲入別叔母，亦不許。明日，贐以銀百兩，頤不受。徽宗即位，徙峽州，俄復其官，又奪于崇寧。卒年七十五。

頤於書無所不讀。其學本於誠，以《大學》、《語》、《孟》、《中庸》爲標指，而達於《六經》。動止語默，一以聖人爲師，其不至乎聖人不止也。張載稱，其兄弟從十四五時，便脫然欲學聖人，故卒得孔、孟不傳之學，以爲諸儒倡。其言之旨，若布帛菽粟然，知德者尤尊崇之。嘗言：「今農夫祁寒暑雨，深耕易耨，播種五穀，吾得而食之；百工技藝，作爲器物，吾得而用之；介冑之士，被堅執銳，以守土宇，吾得而安之。無功澤及人，而浪度歲月，晏然爲天地間一蠹，唯綴緝聖人遺書，庶幾有補爾。」於是著《易》、《春秋傳》以傳於世。

平生誨人不倦，故學者出其門最多，淵源所漸，皆爲名士。涪人祠頤於北巖，世稱爲伊川先生。嘉定十三年，賜謚曰正公。淳祐元年，封伊陽伯，從祀孔子廟庭。

附錄二　馬端臨《文獻通考・伊川易傳》卷一百七十六・經籍考三

《伊川易傳》十卷

程子序:「至微者，理也；至著者，象也。體用一源，顯微无間。觀會通以行其典禮，則辭無所不備。故善學者，求言必自近；易於近者，非知言者也。予所傳者，辭也；由辭以得意，則在乎人焉。」

《遺書》張閎中以書問《易》之義，本起於數。程子答曰:「謂義起數則非也。有理而後有象，有象而後有數。《易》，因象以知數，得其義，則象在其中矣。必欲窮象之隱微，盡數之毫忽，乃尋流逐末，術家所尚，非儒者之務也。管輅、郭璞之學是已。」又曰:「理，無形也，故因象以明理。理見乎辭者也，則可由辭以觀象。故曰:『得其義，則象數在其中矣。』」門弟子請問《易傳》事，雖有一字之疑，伊川必再三喻之。蓋其潛心甚久，未嘗容易下一字也。

伊川以《易傳》示門人曰:「亦只說得七分，後人更需自體究。」

朱子曰:「自秦、漢以來，考《象辭》者，泥於術數，而不得其弘通簡易之法；談義理者，淪於空寂，而不適乎仁義中正之歸。求其因時立教，以承三聖不同於法而同於道者，則惟伊川先生程氏之書而已。後之君子，誠能日取其一卦若一爻者，熟復而深玩之，如己有疑，將決於筮而得之者，虛心端意推之於事，而反之於身，以求其所以處此之實，則於吉凶消長之理，進退存亡之道，將無所求而不得。邇之事父，遠之事君，亦無處而不當矣。」

程子高弟尹公嘗謂:「《易傳》乃夫子自著，欲知道者，求於此足矣，不必旁觀他書。蓋語錄或有他人所記，未必盡得先生意。」又言:「先生踐履，盡一部《易》。其作《傳》，只是因而寫成。」此言尤有味。

又曰:「《易傳》不看本文，亦自成一書。」

又曰：「《易傳》明白，無難看處。但此是先生以天下許多道理，散入六十四卦三百八十四爻之中。將作《易》看，卻無意味。須將來作事看，即句句字字有用處耳。程先生《易傳》義理精，字數足，無一毫欠缺，只是於本義不相合。《易》本是卜筮之書，程先生只說得一理。」

《程易》言理甚備，象數卻欠在。

按：「伊川之《易》，精於義理，而略於卜筮象數，此固先儒之說；然愚嘗以爲，《易》之象數卜筮，豈出於義理之外？蓋有此理則有此象、有此數，而卜筮之說，其所謂『趨吉避凶、惠迪從逆』云者，又未嘗不一出於義理。平時本諸踐履，則觀象玩辭，此義理也；一旦謀及卜筮，則觀變玩占，亦此義理也。初不必岐而二之。然言出聖賢之口，則單辭片語，皆有妙理；假借旁通，悉爲至教。往往多借《易》以明理，初不拘於說《易》也。自夫子而然矣，何也？『君子學以聚之，問以辨之，寬以居之，仁以行之。』爲乾九二而言也，而乾之九二，豈有學問寬仁之義乎？『日往則月來，月往則日來，日月相推而明生焉。寒往則暑來，暑往則寒來，寒暑相推而歲成焉。』爲咸之九四而言也，而咸之九四，豈有歲時代謝之義乎？蓋其初因講《易》，遂借《易》以言理；言理雖精，而於《易》此卦此爻之旨則遠矣。如程子因『君子豹變』而發爲自暴自棄之論，因『君子得輿』而發爲《匪風・下泉》之論，亦是意也。晦庵所謂『不看本文，自成一書』者是已。」

鼂氏曰：「朱震言頤之學出於周敦頤。敦頤得之穆修，亦本於陳摶與邵雍之學。然考正叔之解，不及象數，頗與胡翼之相類。景迂云：『胡武平、周茂叔，同師潤州鶴林寺僧壽涯。其後武平傳其學於家，茂叔則授二程。』與震之說不同。」

按：伊川之學，出自濂溪，此先儒通論也；而鼂、朱之說，以爲濂溪所師，本於希夷及一僧，則固老釋之宗旨矣。此論未之前聞。

陳氏曰：「伊川止解六十四卦，不解《大傳》，而以《序卦》分置諸卦之首。唐李鼎祚《集解》亦然。」

附錄三　朱彝尊《經義考·程氏頤易傳考》卷二十·易十九

程氏頤《易傳》，《通考》十卷（《宋志·傳》九卷、《繫辭解》一卷）

《東都事略》：「頤，字正叔，以經術爲諸儒倡。哲宗即位，司馬光、呂公著上其行事於朝，授汝州團練推官、西京國子監教授。頤力辭。又以爲祕書郎，召至京師，除崇政殿說書。罷職，監西京國子監。父喪服除，尋以直祕閣判西京國子監，主管崇福宮。紹聖中，黨論興，頤坐貶官涪州安置，元符末放還。崇寧初，復判西京國子監。屛居伊闕山數年，卒年七十五。學者尊之，稱爲伊川先生。有《易傳》六卷。諸經解說未成，編者附於《集》。」

程子《自序》曰：（見《易傳序》全文）

尹焞曰：「先生平生用意，惟在《易傳》；求先生之學，觀此足矣。」

楊時《跋》曰：「伊川先生著《易傳》，方草具，未及成書，而先生得疾。將啓手足，以其書授門人張繹。未幾，繹卒，故其書散亡，學者所傳無善本。政和之初，予友謝顯道得其書於京師，示予，錯亂重複，幾不可讀。東歸，待次毘陵，乃始校定，去其重複，踰年而始完。先生道學足爲世師，而於《易》尤盡心焉。其微辭妙旨，蓋有書不能傳者，恨得其書晚，不及親受旨訓。其謬誤有疑而未達者，姑存之以俟知者，不敢輒加損也。然學者得其書，得其意，忘言可爾。」

晁公武曰：「朱震言，頤之學出於周惇頤。惇頤得之穆修，亦本於陳摶，與邵雍之學本同。然考正叔之解，不及象數，頗與胡翼之相類。景迂云：『胡武平、周茂叔，同師潤州鶴林寺僧壽涯。其後武平傳其學於家，茂叔則授二程。』與震之言不同。」

陳造曰：「程氏之學，與蘇氏角立，通儒碩士，不可偏廢，多所發明。」

呂祖謙《跋》曰：「伊川先生遺言見於世者，獨《易傳》爲成書。傳摹浸舛，失其本眞，學者病之。某舊所藏本，出尹和靖先生家，標注皆和靖親筆。近復得新安朱元晦所訂，讎校精甚；遂合尹氏、朱氏書，與一、二同志，手自參定，其同異兩存之，以待知者。既又從小學家是正其文字，雖未敢謂無遺恨，視諸本亦或庶幾焉。會稽周汝能堯夫、鄮山樓鍔景山，方職教東陽，迺取刊諸學宮。」又曰：「《程氏易傳》理到語精，平易的當，立言無毫髮遺憾。」

馮當可曰：「王輔嗣蔽於虛無，而易與人事疏。伊川專於治亂，而《易》與天道遠。」又曰：「近有伊川，然後《易》與世故通，而王氏之說爲可廢。然伊川往往舍畫求《易》，故時有不合；又不會通一卦之體，以觀其全，每求之爻辭離散之間，故其誤十猶五六。」

陳振孫曰：「伊川止解六十四卦，不解《大傳》，而以《序卦》分置諸卦之首。唐李鼎祚《集解》亦然。」

朱子《跋》曰：「《易》之爲書，更三聖而制作不同。若包羲氏之象，文王之辭，皆依卜筮以爲教，而其法則異。至於孔子之贊，則又一以義理爲教，而不專於卜筮也。是豈其故相反哉？俗之淳漓既異，故其所以爲教爲法，不得不異，而道則未嘗不同也。然自秦、漢以來，考《象辭》者，泥於術數，而不得其弘通簡易之法；論義理者，淪於空寂，而不適乎仁義中正之歸。求其因時立教，以承三聖，不同於法同於道者，則惟伊川先生程氏之書而已。」

陳淳曰：「自秦以來，《易》幸全於遺燼，道則晦而不章。卑者，泥於窮象數，而穿鑿附會，爲災異之流；高者，溺於談性命，而支離放蕩，爲虛無之歸。程子蓋深病焉，於是作《傳》以明之，一掃諸儒之陋見，而傳即日用事物之著，發明人心天理之實。學者於是始知《易》爲人事切近之書。」

魏了翁曰：「《程易》明白正大，切於治身，切於用世，未易輕議，故無智愚皆知好之。」

馬端臨曰：「伊川之《易》，精於義理，而略於卜筮象數，此固先儒之說；然愚嘗以爲《易》之象數卜筮，豈出於義理之外？蓋有此理則有此象、有此數，而卜筮之說，其所謂『趨吉避凶、惠迪從逆』云者，又未嘗不一出於義理。平時本諸踐履，則觀象玩辭，此義理也；一旦謀及卜筮，則觀變玩占，亦此義理也。初不必岐而二之。然言出聖人之口，則單辭片語，皆有妙理；假借旁通，悉爲至教。往往多借《易》以明理，初不拘於說《易》也。自夫子而然矣，何也？『君子學以聚之，問以辨之，寬以居之，仁以行之。』爲乾九二而言也，而乾之九二，豈有學問寬仁之義乎？『日往則月來，月往則日來，日月相推而明生焉。寒來則暑往，暑往則寒來，寒暑相推而歲成焉。』爲咸之九四而言也，而咸之九四，豈有歲時代謝之義乎？蓋其初因講

《易》，遂借《易》以言理；言理雖精，而於《易》此卦此爻之旨則遠矣。如程子因『君子豹變』而發爲自暴自棄之論，因『君子得輿』而發爲《匪風・下泉》之論，亦是意也，晦庵所謂『不看本文，自成一書』者是已。」

董眞卿曰：「《程傳》正文，只據王弼本，亦只有六十四卦。《繫》、《序》《傳》有及爻卦者，掇入《傳》中，故無《繫辭》以後。至東萊呂氏始集周子、二程子、張子諸家經說、語錄及程子門人共十四家之說，爲《精義》以補之。」

朱升曰：「京房吹律，其爲數也，徒煩於推衍。王弼亡象，其爲理也，遂荒於高虛。程子發明《易》之理，而加一倍法之言，則知數者，莫程子若也。」

王禕曰：「邵子之《易》本於數，程子之《易》本於理，爲得先天後天之祕；而理數二者，未始相離也。」

何喬新曰：「自漢以來，考象占者，泥於術數，而不得其弘通簡易之法；談義理者，淪於空寂，而不適乎仁義中正之歸。迨程子作《易傳》，《易》之義理始大明；朱子作《本義》，《易》之象占始益著。蓋程子之《易》，發揮孔子之《十翼》者也；朱子之《易》，則推三聖教人卜筮之旨者也。後世有功於《易》道，非程子而何哉？」

李瓚曰：「伊川之《易》，有用之學也，自是程氏之《易》與孔子《十翼》同功，非特解經而已。或者例以注疏觀之，非眞知程子者矣。」

楊時喬曰：「《程傳》說理精到，而於卜筮未合。」又曰：「程伯子論《易》理，叔子著《易傳》，惟舉所聞於周子太極之說，與自家體貼發明，無遺理。」

郝敬曰：「程正叔《易傳》，大抵因王輔嗣之舊廓而充之，於象數闊略，徒執君子小人治亂生解。其於三極之道，殊覺偏枯。」

附錄四　《四庫全書·伊川易傳提要》

《伊川易傳》四卷

宋程子撰。程子事蹟具《宋史·道學傳》。卷首有元符二年自序。考程子以紹聖四年編管涪州，元符三年遷峽州，則當成於編管涪州之後。王偁《東都事略》載是書作六卷，《宋史·藝文志》作九卷，《二程全書》通作四卷。考楊時《跋語》稱：「伊川先生著《易傳》，未及成書，將啓手足，以其書授門人張繹。未幾繹卒，故其書散亡，學者所傳無善本。謝顯道得其書於京師，以示余，錯亂重複，幾不可讀。東歸，待次毘陵，乃始校正，去其重複，踰年而始完」云云。則當時本無定本，故所傳各異耳。

其書但解上下《經》，及《彖》、《象》、《文言》。用王弼注本，以《序卦》分置諸卦之首。用李鼎祚《周易集解》例，惟《繫辭傳》、《說卦傳》、《雜卦傳》無注。董眞卿謂亦從王弼。今考程子《與金堂謝湜書》謂：「《易》當先讀王弼、胡瑗、王安石三家。」謂程子有取於弼，不爲無據。謂不注《繫辭》、《說卦》、《雜卦》以擬王弼，則似未盡然。當以楊時「草具未成」之說爲是也。

程子不信邵子之數，故邵子以數言《易》，而程子此《傳》則言理；一闡天道，一切人事。蓋古人著書，務抒所見而止，不妨各明一義。守門戶之見者，必堅護師說，尺寸不容踰越，亦異乎先儒之本旨矣。乾隆四十六年十月恭校。

附錄五　丁晏《周易述傳・書後》

蒙少而讀《易》，自漢、唐迄宋、元、明之注解，汎濫旁求，無慮百數十家，鶩然而無所得。迨年逾六旬，篤嗜程子之傳，朱墨點勘，日翫一卦，兩閱月而卒業，爲之歎絕，以爲孔子之後，一人而已。

夫程子之《傳》，憂患之書也。自序稱元符二年己卯正月，已在紹聖中坐黨論削籍之後，正竄逐涪州之時也。《傳》言未濟三陽失位，聞之成都隱者，足見《易傳》作於在蜀之時。呂堅中記伊川自涪歸，《易傳》已成。未出示人，門弟子請業，方取書篋，身自發之。呂氏謂其潛心甚久，未嘗輕易下一字。馮忠恕記伊川歸自涪，氣貌容色髭髮，皆勝平昔。門人問何以得此，曰：「學之力也。素患難，行乎患難，其得力在於學《易》。古人所謂『蒙難艱貞也』。」竊謂，非程子明理之學，不能爲此《傳》；非程子進講之忠，不能爲此《傳》；非程子身罹憂患，遠竄流離，亦不能爲此《傳》。惟其閱歷既深，造詣益進，洞然於陰陽消長之數，吉凶悔吝之機。其見幾也微，其取旨也遠；言之者無罪，聞之者足以戒。可以立身，可以處事。舉而措之，可以治天下國家。此聖人之學也，第視爲解經，抑末矣！

夫聖人《十翼》之傳，明白顯易，不煩注言，而後儒之說《易》者，解愈繁而義愈晦，理愈鑿而道愈歧。即使探賾索隱，抉幽洞微，非聖人易知簡能之學，支離曼衍，庸有當於《易》乎？程子之學，明於政治得失之原，切於身心日用之要，欲學聖人之《易》，舍程子無由入也。《繫辭》之傳，所指者不過十數卦，而大義揭明。聖人之言，引而不發，至程子暢發無遺，啓天人之奧秘，所謂「體用一源，顯微無間」。其說《易》一依聖人之傳，不取周子太極、無極之說，亦不取邵子河洛先天之說，使學者曉然於平易之旨、中正之歸，而不流於術數。得聖人之正傳者，程子也。朱子《本義》每云《程傳》備矣，不讀《程傳》，則《本義》仍不能明。由朱子而上契程子，由程子而上契孔子，斯聖人之立教，《易傳》所以昭示來茲也。

然使程子經筵侍講得志於朝，而其《傳》之立言或不能如是之痛切。不幸有孔文仲輩忮害而摧抑之，至於阻漢江之渡，觸灩澦之舟，亦云危矣，而其學卒以不朽，又安知天之所以阨之者，非即所以成之也與？《易》之終也，不曰「小人道消」，而曰「小人道憂」，蒙於程子《易傳》，而知其憂之深也。清咸豐乙卯七月。

附錄六　〈楊守敬記〉

右元至正己丑積德書堂刊本，中缺宋諱，當爲重翻宋本。唯首載朱子九圖，又《精義》題晦菴先生校正，恐皆是坊賈所爲。其東萊一跋，此本亦遺之。據董鼎《周易會通》補入。按《東都事略》、《書錄題解》，並云《易傳》六卷。而《文獻通考》及《宋志》均作十卷（《宋志》：《傳》九卷，《繫辭解》一卷）。《二程遺書》則併爲四卷。惟錢遵王《敏求記》載有六卷本。其參差之故，或謂當時本無定本，故所傳各異；而其實非也。余謂《遺書》之四卷，爲明人所併。端臨之十卷，蓋據時坊刻《程朱傳義合刊》云然；而《宋志》因之，非別有所據傳鈔本也。日本昌平學藏有《程朱傳義》十卷，元延祐甲寅孟冬，翠巖精舍刊本（余亦得殘本二冊），亦缺宋諱，則其根源於宋本無疑。蓋自宋董楷有《周易傳義附錄十四卷》，坊賈遂以朱子所定之古文從《程傳》，而以《程傳》之卷第從《本義》，又刪其所載異同（唯明廣東崇德堂刊本載異同，而音義亦刪除），而二書皆失本眞。後來各析爲書，而二書又各相攘奪。近世《本義》有重刊吳革本，始復朱子之舊，而《程傳》原本終不可見。此本乃爲六卷，又異同兩存，其爲東萊定本無疑。至《繫辭精義》，《書錄解題》稱館閣書目，以爲託祖謙之名。今按所載諸家之說，翦截失當，謂爲僞託，似不誣然。此書流傳尤少，其中所載《龜山易說》，久已失傳，存之亦未必不無考證焉。光緒癸未嘉平月宜都楊守敬記。

後　記

點校《易程傳》，從斷句始，然後電腦打字，至一校再校，卒之定稿，歷時年餘。付梓之前，又修正閱月。點校過程可謂誠惶誠恐，彷彿萬一之漏，即不足以告慰伊川先生在天之靈也。

在此之前，坊間已見《易程傳》之點校成果，唯余不敏，只道所持之六卷刻本，頗多桀誤，難以卒讀，遂立志點校。先取《文淵閣四庫全書》之《伊川易傳》參校，別其異同。後陸續發現，黃忠天《周易程傳註評》、蘇俊源《白話易程傳》、梁書弦《程氏易傳導讀》及王孝魚《二程集》等，已在坊間流通。《二程集》刊行於 1981 年，距今 27 年，余從未涉獵，聞之不禁赧顏。

於是，爲彌補疏漏，先後羅致。每得一本，即與手稿並肩校讎，即使標點符號亦不輕放。每遇斷句不同處，更反覆誦讀，比較文意異同，方下定奪。如是者，《程傳》讀之再三，不知凡幾。

余之點校原則，大體而言，於斷句部分，俾使現代人閱讀方便，句逗宜多不宜少；即文句可斷可不斷者，斷之，以求其文意清晰。於標點部分，或因讀者理解意見不一，又或對標點使用之觀念亦異，固難一概而論也；要之，務求體例一貫，不致前後雜亂而已。略舉其例言之。

一、文句可斷可不斷者，斷之，以求其文意清晰。

如乾卦：

乾：元、亨、利、貞。

《二程集》：

重乾爲乾。乾，天也。天者天之形體，乾者天之性情。

本書點校：

重乾爲乾。乾，天也。天者，天之形體；乾者，天之性情。

又《二程集》：

元亨利貞謂之四德。元者萬物之始，亨者萬物之長，利者萬物之遂，貞者萬物之成。

本書點校：

元、亨、利、貞，謂之四德。元者，萬物之始；亨者，萬物之長；利者，萬物之遂；貞者，萬物之成。

二、標點務求體例一貫，不致前後雜亂。

如小畜卦上九：

象曰：既與既處，德積載也；君子征凶，有所疑也。

「德積載也」後，有作句號者，有作分號者。《象》所論，皆由卦爻辭來，言二事，間之句號，或作分號，皆可也。《象》凡言二事，二事之間本書皆作分號，所謂體例一貫也。如於此爲句號，於彼爲分號，則亂無制度矣。

或曰：「前賢點校《程傳》之功已著，踵其事，尙可增其華乎？」曰：「余點校《程傳》，志在進德修業耳，豈敢望與前賢爭勝。然在參校過程中，心領神會處，或有愚者之一得也。」舉二例言之：

如師卦六三：師或輿尸，凶。象曰：師或輿尸，大无功也。《程傳》：

倚付二三安能成功豈唯无功所以致凶也。

《二程集》點校爲：

倚付二三，安能成功？豈唯无功，所以致凶也。（《註評》本、《導讀》本同。）

本書點校則爲：

倚付二，三安能成功？豈唯无功，所以致凶也。（《白話》本同）

推敲之，《白話》本與本書點校更符《程傳》原意。理由厥有二端：

1. 倚者，靠也，有所靠必有所偏，非二即三也。如囊括二、三，則不能稱「倚」矣。

2. 《程傳》於「師卦六三爻辭」云：

「師旅之事，任當專一。二既以剛中之才，爲上信倚，必專其事，乃有成功。若或更使眾人主之，凶之道也。輿尸，眾主也，蓋指三也。」

味其言，謂倚於二則可，乃有成功；若倚三，不但无功，尙且致凶也。「輿尸，眾主也，蓋指三也。」據此，故知「倚付二三」之斷句爲非是。

又如大畜卦，象曰：……。剛上而尙賢，能止健，大正也。

《二程集》：

剛上，陽居上也。陽剛居尊位之上爲尚賢之義。止居健上，爲能止健之義。止乎健者，非大正則安能以剛陽在上與尊尚賢德？能止至健，皆大正之道也。(《導讀》本與之相同，不另列。)

《註評》本：

剛上，陽居上也，陽剛居尊位之上，爲尚賢之義。止居健上，爲能止健之義，止乎健者，非大正則安能？以剛陽在上，與尊尚賢德，能止至健，皆大正之道也。

《白話》本：

剛上，陽居上也。陽剛居尊位之上，爲尚賢之義。止居健上，爲能止健之義。止乎健者，非大正則安能以剛陽在上與尊尚賢德？能止至健，皆大正之道也。

本書點校：

剛上，陽居上也。陽剛居尊位之上，爲尚賢之義。止居健上，爲能止健之義。止乎健者，非大正，則安能以剛陽在上與尊尚賢德？能止至健，皆大正之道也。

《二程集》之疏略，在「陽剛居尊位之上爲尚賢之義」與「非大正則安能以剛陽在上與尊尚賢德」二句，宜斷而未斷。《註評》本斷句無誤，唯宜用句號處卻作逗號。《白話》本病在「非大正則安能以剛陽在上與尊尚賢德」一句，亦宜斷而未斷也。

分析之：「剛上，陽居上也。」此釋「剛上」之義，義理完備，宜斷爲一句，加句號。「陽剛居尊位之上，爲尚賢之義。」此釋「尚賢」，義理完備，亦宜爲一句，加句號。惟《二程集》不斷句，讀來語氣冗長，美中不足。「止居健上，爲能止健之義。」此釋「能止健」，義理完備，亦宜爲一句，加句號。唯《註評》本加逗號，連下讀，致義理不明矣。

「止乎健者，非大正，則安能以剛陽在上與尊尚賢德？」此句標點，《二程集》、《白話》本「非大正」不斷句，共十六字，冗長難讀，理解頗費時。《註評》本於「安能」後斷句，加問號，語氣突兀，文義亦異矣，不得不辨。依《註評》本之斷句，則大正之道有三：剛陽在上，尊尚賢德，能止至健。如依本書之斷句，則凡能「止乎健者，皆大正之道也」。何者較合《程傳》本意？請讀者自辨。

此節程氏釋大正之道，十分重要，乃其政治哲學之大本也；詳辨之，非欲與前賢爭勝，不得不已也。君人之道，以大正爲本；讀《易程傳》，余知治道矣。不敢以點校爲功，但「願無伐善，無施勞」，聖訓言猶在耳。余五十始學《易》，兢兢於是，但求無愧於古人。

本書承蒙何教授廣棪推薦付梓，謹識於文末，以表謝意。　　2008/3/31